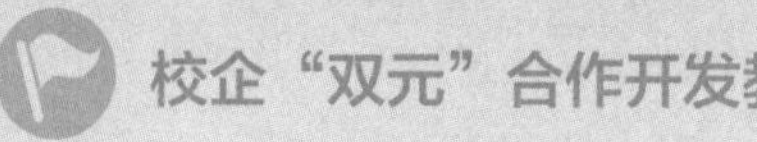

职业院校旅游类专业新形态活页式教材

户外运动与旅游

主编◎管萍　马素萍　朱志慧　　副主编◎贾雪梅　李勇

OUTDOOR SPORTS AND TOURISM

校企双元
合作开发

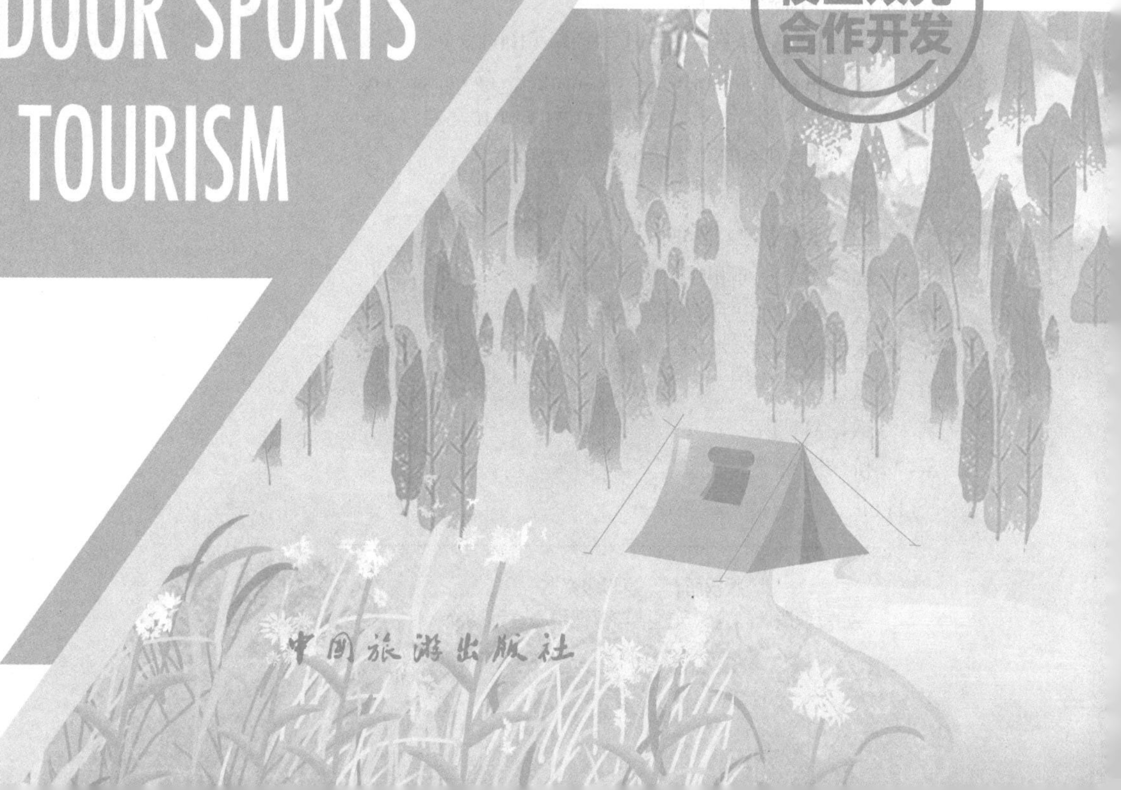

中国旅游出版社

项目策划：段向民
责任编辑：孙妍峰
责任印制：钱 宬
封面设计：武爱听

图书在版编目（CIP）数据

户外运动与旅游 / 管萍，马素萍，朱志慧主编；贾雪梅，李勇副主编 . -- 北京 : 中国旅游出版社，2023.9

校企“双元”合作开发教材 职业院校旅游类专业新形态活页式教材

ISBN 978-7-5032-7037-6

Ⅰ . ①户… Ⅱ . ①管… ②马… ③朱… ④贾… ⑤李… Ⅲ . ①体育锻炼－职业教育－教材②体育－旅游－职业教育－教材 Ⅳ . ① G806 ② F590.7

中国版本图书馆 CIP 数据核字 (2022) 第 173491 号

书 名：户外运动与旅游

主 编：管 萍 马素萍 朱志慧
副 主 编：贾雪梅 李 勇
出版发行：中国旅游出版社
（北京静安东里 6 号 邮编：100028）
http://www.cttp.net.cn E-mail:cttp @ mct.gov.cn
营销中心电话：010-57377103，010-57377106
读者服务部电话：010-57377107
排 版：小武工作室
经 销：全国各地新华书店
印 刷：北京墨阁印刷有限公司
版 次：2023 年 9 月第 1 版 2023 年 9 月第 1 次印刷
开 本：787 毫米 × 1092 毫米 1/16
印 张：14.5
字 数：237 千
定 价：59.80 元
ISBN 978-7-5032-7037-6

PREFACE 前言

随着人们生活压力的增大以及环境问题带来的困扰，大家对健康品质生活的需求越来越强烈。走进户外、拥抱自然、感悟美好，是每个人心之所向、身之所往。因此兼具运动、旅游、休闲、文化、交友等多重功能的户外旅游，逐渐受到人们的追捧。它不仅是强身健体的一种运动方式，还是“玩”“会玩”“玩好”的一种高级体验式旅游。

本书是为广大户外旅游爱好者精心打造的入门级书籍，也是一本助力户外运动旅游人才培养的教材。

本教材的主要特色和创新之处：

1. 本教材编写遵循文化是核心，旅游是载体，运动是形式的理念，构建知识—技能—应用三级学习体系。“知识”指的是课堂理论教学；“技能”指的是户外实操技能；“应用”是将所学知识、技能应用到户外领队带队、户外线路策划、户外品牌赛事打造等工作领域，三个环节循序渐进，逐步提升学生综合能力。

2. 教材内容的遴选和编排以项目为主体，以任务为导向。对接户外领队、户外线路策划、户外赛事品牌打造等工作岗位内容，梳理提炼 5 个典型项目 17 个任务，由任务引入、任务描述、任务学习目标、任务必备知识、任务实施、任务评价、任务巩固等组成完整的学习过程，引导学生开展有目的的学习，培养学生的职业能力和可持续发展能力。

3. 校企、校校共同研发教材，编写团队多元化。教材编写成员由本校教师、其他院校教师、企业精英共同组成。李勇是太原工业学院教师，是国家职业资格山地户外培训教师、国家职业资格攀岩中级社会体育指导员、中国登山协会攀冰指导员、公开水域皮划艇教练员、中国登山协会山地户外裁判员、全国青少年户外体育活动营地主任；朱志慧是山西省体育产业协会徒步委员会秘书长、山西平安国际旅行社有限公司创始人、世界晋商徒步旅发起人、北京青年国际研学旅行公司山西分公司总经理；管萍，太原旅游职业学院教师，擅长旅游文化教学；马素萍，太原旅游职业学院教师，擅长旅游线路设计；贾雪梅，太原旅游职业学院教师，擅长旅游教育教学。教材编写组是有丰富教学经验和企业实践经验的优质团队，我们以科学严谨的工作态度和职业精神，确保教材内容的典型性、先进性和可操作性。

4. 本教材落实“立德树人”的根本任务，除注重户外专业知识输入、专业技能传授、专业素养培育外，还融入思想政治教育。每个项目均有明确的思政育人目标，“任务引入”润物无声的思政内容搭配任务内一目了然的“思政园地”，课程思政“显隐结合”，有助于提升思政育人成效。

5. 本教材为“活页”形式。具有可拆解、可组合特性，教材页可以随着工作过程和需求及时抽出或加入新的教学内容。知识、技能、应用三部分内容，既能纵向循序渐进，也可以就教学目标的不同横向抽取相关内容展开教学。

6. 该教材已完成线上教学资源录制，并在超星公司“学银在线”平台上线运营。在搜索引擎中输入“学银在线”，点击进入平台，搜索《户外运动与旅游》课程，加入课程，就可以找到丰富的在线资源，可选择自主学习。

本教材由管萍负责确定体例、拟定框架，编写项目一、二、三；马素萍负责编写项目四、五；贾雪梅负责挖掘整理思政元素；李勇为本书编写提供技术指导和配图；朱志慧为本书编写提供案例。

此外，该教材编写得到太原旅游职业学院领导及旅游管理系领导的鼎力支持，朱兴涛、曹彩宏、刘占才 、翟俊凯老师为本书提供部分图片及视频讲解资料，中国旅游出版社段向民老师一直给予本书编写指导，在此一并致以由衷的谢意。

因编者水平有限，本书难免存在不足和疏漏之处，敬请专家、学者和广大读者给予批评指正。

管萍　马素萍

2022 年 12 月

CONTENTS 目录

项目四　驾轻就熟——户外领队培养

项目五　身体力行——户外活动策划

绪论

党的二十大是在全党全国各族人民迈上全面建设社会主义现代化国家新征程、向第二个百年奋斗目标进军的关键时刻召开的一次十分重要的大会，是一次高举旗帜、凝聚力量、团结奋进的大会。党的二十大在政治上、理论上、实践上取得了一系列重大成果，就新时代新征程党和国家事业发展制定了大政方针和战略部署，是我们党团结带领人民全面建设社会主义现代化国家、全面推进中华民族伟大复兴的政治宣言和行动纲领，对于全党全国各族人民更加紧密团结在以习近平同志为核心的党中央周围，万众一心、接续奋斗，在新时代新征程夺取中国特色社会主义新的伟大胜利，具有极其重大而深远的意义。学习贯彻党的二十大精神，习近平总书记强调的“五个牢牢把握”是最精准的解读、最权威的辅导。要从战略和全局高度完整、准确、全面理解把握党的二十大精神，增强学习贯彻的政治自觉、思想自觉、行动自觉，为实现党的二十大确定的目标任务不懈奋斗。

一、深刻认识党的二十大胜利召开的伟大意义，提升新时代大学生政治站位

党的二十大担负起全党的重托和人民的期待，从战略全局深刻阐述了新时代坚持和发展中国特色社会主义的一系列重大理论和实践问题，科学谋划了未来一个时期党和国家事业发展的目标任务和大政方针，在党和国家历史上具有重大而深远的意义。

（一）这是中国共产党在百年辉煌成就和十年伟大变革的高起点上创造新时代更大荣光的大会

中国共产党在百年历程中共召开了十九次全国代表大会。党的二十大是我们党在建党百年后召开的首次全国代表大会，也是在新时代十年伟大变革的时间坐标上召开的全国代表大会，具有特别的里程碑意义。

（二）这是推进实践基础上的理论创新、开辟马克思主义中国化时代化新境界的大会

马克思主义中国化时代化既是马克思主义的自身要求，又是中国共产党坚持和发

学习笔记

展马克思主义的必然路径。中国共产党为什么能，中国特色社会主义为什么好，归根到底是马克思主义行，是中国化时代化的马克思主义行。党的二十大深刻阐述了习近平新时代中国特色社会主义思想的科学内涵和精神实质，深入阐释了开辟马克思主义中国化时代化新境界的重大命题并提出了明确要求，具有重大理论意义。

（三）这是谋划全面建设社会主义现代化国家、以中国式现代化全面推进中华民族伟大复兴的大会

现代化是各国人民的共同期待和目标。百年来，我们党团结带领人民进行的一切奋斗、一切牺牲、一切创造，就是为了把我国建设成为现代化强国，实现中华民族伟大复兴。在新中国成立特别是改革开放以来的长期探索和实践基础上，经过党的十八大以来在理论和实践上的创新突破，我们党成功推进和拓展了中国式现代化，创造了人类文明新形态。党的二十大明确提出以中国式现代化全面推进中华民族伟大复兴的使命任务，精辟论述了中国式现代化的中国特色、本质要求和重大原则，深刻阐释了中国式现代化的历史渊源、理论逻辑、实践特征和战略部署，大大深化了我们党关于中国式现代化的理论和实践。

（四）这是致力于推动构建人类命运共同体、携手开创人类更加美好未来的大会

当前，世界之变、时代之变、历史之变正以前所未有的方式展开，人类社会面临前所未有的挑战。世界又一次站在历史的十字路口，何去何从取决于各国人民的抉择。党的二十大深刻把握世界大势和时代潮流，宣示中国在变局、乱局中促进世界和平与发展、推动构建人类命运共同体的政策主张和坚定决心，为共创人类更加美好的未来注入强大信心和力量。

（五）这是推动解决大党独有难题、以党的自我革命引领社会革命的大会

全面建设社会主义现代化国家、全面推进中华民族伟大复兴，关键在党。党的二十大明确提出：我们党作为世界上最大的马克思主义执政党，要始终赢得人民拥护、巩固长期执政地位，必须时刻保持解决大党独有难题的清醒和坚定。

二、深刻把握党的二十大主题，激发新时代大学生爱国热情

党的二十大的主题，正是我们党对这些事关党和国家事业继往开来、事关中国特色社会主义前途命运、事关中华民族伟大复兴战略性问题的明确宣示，是大会的灵魂。习近平总书记在党的二十大报告中，开宗明义指出大会的主题：“高举中国特色社会主义伟大旗帜，全面贯彻新时代中国特色社会主义思想，

弘扬伟大建党精神，自信自强、守正创新，踔厉奋发、勇毅前行，为全面建设社会主义现代化国家、全面推进中华民族伟大复兴而团结奋斗。”这一主题明确宣示了我们党在新征程上带领人民举什么旗、走什么路、以什么样的精神状态、朝着什么样的目标继续前进等重大问题。《中国共产党第二十次全国代表大会关于十九届中央委员会报告的决议》指出：“报告阐明的大会主题是大会的灵魂，是党和国家事业发展的总纲。”学习理解党的二十大精神，必须把握这一“灵魂”，抓住这一“总纲”。大会主题中的六个关键词语值得我们高度重视。

（一）旗帜

新时代新征程党高举的旗帜就是“中国特色社会主义伟大旗帜”。大会主题写入这一根本要求，既体现了中国特色社会主义历史演进的连续性、继承性，又体现了新时代党坚持和发展中国特色社会主义的坚定性、恒久性。

（二）思想

大会主题所指示的“全面贯彻新时代中国特色社会主义思想”，就是要求在新时代新征程必须全面贯彻习近平新时代中国特色社会主义思想。党的二十大报告对此作出全面部署。

（三）精神

继在庆祝中国共产党成立 100 周年大会上习近平总书记提出并号召继承发扬伟大建党精神后，党的二十大主题写入了“弘扬伟大建党精神”的要求，新修改的党章载入了伟大建党精神“坚持真理、坚守理想，践行初心、担当使命，不怕牺牲、英勇斗争，对党忠诚、不负人民”的内涵，这是党在自己最高权力机关及最高章程上的庄严宣示，明确回答了党以什么样的精神状态走好新的赶考之路的重大问题，不仅是贯穿大会报告的重要红线，也是今后党的全部理论和实践的重要遵循。

（四）现代化

“现代化”即“全面建设社会主义现代化国家”。这一重要主题彰显了当前和今后一个时期党的中心任务。党的二十大庄严宣告：“从现在起，中国共产党的中心任务就是团结带领全国各族人民全面建成社会主义现代化强国、实现第二个百年奋斗目标，以中国式现代化全面推进中华民族伟大复兴。”“中国式现代化”成为这次大会的重要标识。

（五）复兴

在党的二十大主题中，前后用了三个“全面”，即“全面贯彻新时代中国特色社会主义思想”“全面建设社会主义现代化国家”“全面推进中华民族伟大复兴”。第一个“全面”规定了新时代党的创新科学理论的指导地位，第二

学习笔记

个“全面”规定了新时代新征程的中心任务，第三个“全面”规定了党在新时代新征程的奋斗目标。大会主题中的前两个“全面”，以及报告全文使用的其他一百多个“全面”，都是为了实现“全面推进中华民族伟大复兴”这一根本目标。

（六）团结奋斗

“团结奋斗”是党的二十大主题的鲜明特色。除了在主题中要求“为全面建设社会主义现代化国家、全面推进中华民族伟大复兴而团结奋斗”外，“团结奋斗”一词还体现在党的二十大报告的标题、导语、正文、结束语各个部分。报告全文共使用 7 次“团结奋斗”、27 次“团结”，突出表达了这次大会的主基调。

三、深入学习领悟过去五年工作和新时代十年伟大变革的重大意义，增强新时代大学生民族自豪感

过去五年和新时代以来的十年，在党和国家发展进程中极不寻常、极不平凡。习近平总书记在党的二十大报告中全面回顾总结了过去五年的工作和新时代十年的伟大变革，深刻指出新时代十年的伟大变革，在党史、新中国史、改革开放史、社会主义发展史、中华民族发展史上具有里程碑意义。学习宣传、贯彻落实党的二十大精神，必须深入学习领悟过去五年工作和新时代十年伟大变革的重大意义，坚定历史自信、增强历史主动，自觉在思想上政治上行动上同以习近平同志为核心的党中央保持高度一致。

党的二十大报告在总结党的十九大以来五年工作基础上，用“三件大事”、三个“历史性胜利”高度概括新时代十年走过的极不寻常、极不平凡的奋斗历程，从 16 个方面全面回顾党和国家事业发展取得的举世瞩目的重大成就，从 4 个方面总结提炼新时代十年伟大变革的里程碑意义。新时代十年的伟大变革，充分证明中国特色社会主义道路不仅走得对、走得通，而且走得稳、走得好。

四、深刻领会“两个结合”是推进马克思主义中国化时代化的根本途径，加强新时代大学生弘扬中华优秀传统文化教育

党的二十大报告提出，中国共产党为什么能，中国特色社会主义为什么好，归根到底是马克思主义行，是中国化时代化的马克思主义行。100 多年来，我们党洞察时代大势，把握历史主动，进行艰辛探索，坚持解放思想和实事求是相统一、培元固本和守正创新相统一，把马克思主义基本原理同中国具体实

际相结合、同中华优秀传统文化相结合，不断推进理论创新、进行理论创造，不断推进马克思主义中国化时代化，带领中国人民不懈奋斗，中华民族迎来了从站起来、富起来到强起来的伟大飞跃，实现中华民族伟大复兴进入了不可逆转的历史进程。

马克思主义理论不是教条，而是行动指南。习近平总书记在党的二十大报告中指出："我们坚持以马克思主义为指导，是要运用其科学的世界观和方法论解决中国的问题，而不是要背诵和重复其具体结论和词句，更不能把马克思主义当成一成不变的教条。"坚持和发展马克思主义，必须同中国具体实际相结合。100 多年来，我们党把坚持马克思主义和发展马克思主义统一起来，既始终坚持马克思主义基本原理不动摇，又根据中国革命、建设、改革实际，创造性地解决自己的问题，不断开辟马克思主义中国化时代化新境界。坚持和发展马克思主义，必须同中华优秀传统文化相结合。只有植根本国、本民族历史文化沃土，马克思主义真理之树才能根深叶茂。中华优秀传统文化源远流长、博大精深，是中华文明的智慧结晶，其中蕴含的天下为公、民为邦本、为政以德、革故鼎新、任人唯贤、天人合一、自强不息、厚德载物、讲信修睦、亲仁善邻等，是中国人民在长期生产生活中积累的宇宙观、天下观、社会观、道德观的重要体现，同科学社会主义核心价值观主张具有高度契合性。中国共产党之所以能够领导人民成功走出中国式现代化道路、创造人类文明新形态，很重要的一个原因就在于植根中华文化沃土，不断推进马克思主义中国化时代化，推动中华优秀传统文化创造性转化、创新性发展。

五、牢牢把握全面建设社会主义现代化国家开局起步的战略部署，指引新时代大学生守正创新促发展

党的二十大站在党和国家事业发展的制高点，科学谋划了未来五年乃至更长时期党和国家事业发展的目标任务和大政方针，发出了全面建设社会主义现代化国家、全面推进中华民族伟大复兴的动员令。

"全面建成社会主义现代化强国，总的战略安排是分两步走：从二〇二〇年到二〇三五年基本实现社会主义现代化；从二〇三五年到本世纪中叶把我国建成富强民主文明和谐美丽的社会主义现代化强国。"党的二十大对全面建成社会主义现代化强国两步走战略安排进行了宏观展望，又围绕统筹推进"五位一体"总体布局、协调推进"四个全面"战略布局，从 11 个方面对未来五年工作作出全面部署，全面构建了推进社会主义现代化建设的实践体系。特别是把教育科技人才、全面依法治国、维护国家安全和社会稳定单列部分进行具体

学习笔记

安排，充分体现了抓关键、补短板、防风险的战略考量，是党中央基于新的战略机遇、新的战略任务、新的战略阶段、新的战略要求、新的战略环境做出的科学判断和战略安排，必将引领全党全国各族人民有效应对世界之变、时代之变、历史之变，推动全面建设社会主义现代化国家开好局、起好步。

六、深入把握党的二十大关于文化和旅游工作的部署要求，推动文旅融合高质量发展

党的二十大作出推进文化自信自强、铸就社会主义文化新辉煌的重大战略部署，要准确把握社会主义文化建设的指导思想和原则目标、战略重点和主要任务以及中国立场和时代要求。

（一）要准确把握社会主义文化建设的指导思想和原则目标

报告指出："全面建设社会主义现代化国家，必须坚持中国特色社会主义文化发展道路，增强文化自信，围绕举旗帜、聚民心、育新人、兴文化、展形象建设社会主义文化强国，发展面向现代化、面向世界、面向未来的，民族的科学的大众的社会主义文化，激发全民族文化创新创造活力，增强实现中华民族伟大复兴的精神力量。"报告明确提出了社会主义文化建设的根本指导思想、基本原则和奋斗目标，坚持为人民服务、为社会主义服务，以社会主义核心价值观为引领，发展社会主义先进文化，弘扬革命文化，传承中华优秀传统文化，满足人民日益增长的精神文化需求，巩固全党全国各族人民团结奋斗的共同思想基础，不断提升国家文化软实力和中华文化影响力。

（二）要准确把握社会主义文化建设的战略重点和主要任务

党的二十大报告提出了建设具有强大凝聚力和引领力的社会主义意识形态、广泛践行社会主义核心价值观、提高全社会文明程度、繁荣发展文化事业和文化产业、增强中华文明传播力影响力五个方面的战略任务，准确把握、全面落实好这些战略重点和主要任务，对于推进文化自信自强，铸就社会主义文化新辉煌具有重要基础支撑作用。

（三）要准确把握社会主义文化建设的中国立场和时代要求

党的二十大报告指出："中华优秀传统文化源远流长、博大精深，是中华文明的智慧结晶。"要把马克思主义基本原理与中华优秀传统文化相结合，不断推进马克思主义中国化，增强中华文明的传播力和影响力。

（四）以文塑旅、以旅彰文、推进文化和旅游深度融合发展

党的二十大报告明确提出："加大文物和文化遗产保护力度，加强城乡建设中历史文化保护传承，建好用好国家文化公园。坚持以文塑旅、以旅彰文，

学习笔记

推进文化和旅游深度融合发展。”这些重要论述，为文旅行业把握新发展阶段，贯彻新发展理念，构建新发展格局，推动高质量发展点明了方向，指明了路径，是未来 5 年乃至更长一段时间内文旅行业融合发展实践的根本遵循和行动指南，对文旅行业实现理念重构和实践创新具有非常重要的现实指导意义。

七、深刻把握团结奋斗的新时代要求，为文旅行业培养高素质人才

在党的二十大上，习近平总书记宣示新时代新征程党的使命任务，发出了全面建设社会主义现代化国家、全面推进中华民族伟大复兴的动员令。从现在起，中国共产党的中心任务就是团结带领全国各族人民全面建成社会主义现代化强国、实现第二个百年奋斗目标，以中国式现代化全面推进中华民族伟大复兴。

美好的蓝图需要埋头苦干、团结奋斗才能变为现实。习近平总书记的铿锵宣示充满信心和力量——“党用伟大奋斗创造了百年伟业，也一定能用新的伟大奋斗创造新的伟业”。让我们更加紧密地团结在以习近平同志为核心的党中央周围，全面贯彻习近平新时代中国特色社会主义思想，坚定信心、同心同德，埋头苦干、奋勇前进，深入贯彻落实党的二十大精神和党中央决策部署，为全面建设社会主义现代化国家、全面推进中华民族伟大复兴而团结奋斗，在新的赶考之路上向历史和人民交出新的优异答卷！

相关链接1

关于二十大报告，必须知道的“关键词”

2022 年 10 月 16 日，中国共产党第二十次全国代表大会开幕，习近平代表第十九届中央委员会向大会作报告。一起学习报告里的这些“关键词”。

【大会的主题】

大会的主题是：高举中国特色社会主义伟大旗帜，全面贯彻新时代中国特色社会主义思想，弘扬伟大建党精神，自信自强、守正创新，踔厉奋发、勇毅前行，为全面建设社会主义现代化国家、全面推进中华民族伟大复兴而团结奋斗。

【三个“务必”】

中国共产党已走过百年奋斗历程。我们党立志于中华民族千秋伟业，致力于人类和平与发展崇高事业，责任无比重大，使命无上光荣。全党同志务必不忘初心、牢记使命，务必谦虚谨慎、艰苦奋斗，务必敢于斗争、善于斗争，坚定历史自信，增强历史主动，谱写新时代中国特色社会主义更加绚丽的华章。

学习笔记

【极不寻常、极不平凡的五年】

党的十九大以来的五年，是极不寻常、极不平凡的五年。党中央统筹中华民族伟大复兴战略全局和世界百年未有之大变局，就党和国家事业发展作出重大战略部署，团结带领全党全军全国各族人民有效应对严峻复杂的国际形势和接踵而至的巨大风险挑战，以奋发有为的精神把新时代中国特色社会主义不断推向前进。

【三件大事】

十年来，我们经历了对党和人民事业具有重大现实意义和深远历史意义的三件大事：一是迎来中国共产党成立一百周年，二是中国特色社会主义进入新时代，三是完成脱贫攻坚、全面建成小康社会的历史任务，实现第一个百年奋斗目标。

【新时代十年的伟大变革】

新时代十年的伟大变革，在党史、新中国史、改革开放史、社会主义发展史、中华民族发展史上具有里程碑意义。

【归根到底是两个“行”】

实践告诉我们，中国共产党为什么能，中国特色社会主义为什么好，归根到底是马克思主义行，是中国化时代化的马克思主义行。拥有马克思主义科学理论指导是我们党坚定信仰信念、把握历史主动的根本所在。

【中国共产党的中心任务】

从现在起，中国共产党的中心任务就是团结带领全国各族人民全面建成社会主义现代化强国、实现第二个百年奋斗目标，以中国式现代化全面推进中华民族伟大复兴。

【中国式现代化】

中国式现代化，是中国共产党领导的社会主义现代化，既有各国现代化的共同特征，更有基于自己国情的中国特色。

——中国式现代化是人口规模巨大的现代化。

——中国式现代化是全体人民共同富裕的现代化。

——中国式现代化是物质文明和精神文明相协调的现代化。

——中国式现代化是人与自然和谐共生的现代化。

——中国式现代化是走和平发展道路的现代化。

中国式现代化的本质要求是：坚持中国共产党领导，坚持中国特色社会主义，实现高质量发展，发展全过程人民民主，丰富人民精神世界，实现全体人民共同富裕，促进人与自然和谐共生，推动构建人类命运共同体，创造人类文明新形态。

【全面建设社会主义现代化国家开局起步的关键时期】

未来五年是全面建设社会主义现代化国家开局起步的关键时期。

【五个“坚持”】

我国发展进入战略机遇和风险挑战并存、不确定难预料因素增多的时期，各种“黑天鹅”“灰犀牛”事件随时可能发生。我们必须增强忧患意识，坚持底线思维，做到居安思危、未雨绸缪，准备经受风高浪急甚至惊涛骇浪的重大考验。前进道路上，必须牢牢把握以下重大原则。

——坚持和加强党的全面领导。

——坚持中国特色社会主义道路。

——坚持以人民为中心的发展思想。

——坚持深化改革开放。

——坚持发扬斗争精神。

【加快构建新发展格局】

必须完整、准确、全面贯彻新发展理念，坚持社会主义市场经济改革方向，坚持高水平对外开放，加快构建以国内大循环为主体、国内国际双循环相互促进的新发展格局。

【发展经济着力点】

坚持把发展经济的着力点放在实体经济上，推进新型工业化，加快建设制造强国、质量强国、航天强国、交通强国、网络强国、数字中国。

【实施科教兴国战略】

必须坚持科技是第一生产力、人才是第一资源、创新是第一动力，深入实施科教兴国战略、人才强国战略、创新驱动发展战略，开辟发展新领域新赛道，不断塑造发展新动能新优势。

坚持创新在我国现代化建设全局中的核心地位。完善党中央对科技工作统一领导的体制，健全新型举国体制，强化国家战略科技力量，优化配置创新资源，提升国家创新体系整体效能。

【全过程人民民主】

全过程人民民主是社会主义民主政治的本质属性，是最广泛、最真实、最管用的民主。必须坚定不移走中国特色社会主义政治发展道路，坚持党的领导、人民当家作主、依法治国有机统一。

【全面依法治国】

全面依法治国是国家治理的一场深刻革命，关系党执政兴国，关系人民

学习笔记

学习笔记

幸福安康，关系党和国家长治久安。必须更好发挥法治固根本、稳预期、利长远的保障作用，在法治轨道上全面建设社会主义现代化国家。

【文化自信自强】

全面建设社会主义现代化国家，必须坚持中国特色社会主义文化发展道路，增强文化自信，围绕举旗帜、聚民心、育新人、兴文化、展形象建设社会主义文化强国，发展面向现代化、面向世界、面向未来的，民族的科学的大众的社会主义文化，激发全民族文化创新创造活力，增强实现中华民族伟大复兴的精神力量。

【为民造福】

治国有常，利民为本。为民造福是立党为公、执政为民的本质要求。必须坚持在发展中保障和改善民生，鼓励共同奋斗创造美好生活，不断实现人民对美好生活的向往。

【完善分配制度】

坚持按劳分配为主体、多种分配方式并存，构建初次分配、再分配、第三次分配协调配套的制度体系。努力提高居民收入在国民收入分配中的比重，提高劳动报酬在初次分配中的比重。坚持多劳多得，鼓励勤劳致富，促进机会公平，增加低收入者收入，扩大中等收入群体。规范收入分配秩序，规范财富积累机制，保护合法收入，调节过高收入，取缔非法收入。

【推动绿色发展】

大自然是人类赖以生存发展的基本条件。尊重自然、顺应自然、保护自然，是全面建设社会主义现代化国家的内在要求。必须牢固树立和践行绿水青山就是金山银山的理念，站在人与自然和谐共生的高度谋划发展。

【总体国家安全观】

国家安全是民族复兴的根基，社会稳定是国家强盛的前提。必须坚定不移贯彻总体国家安全观，把维护国家安全贯穿党和国家工作各方面全过程，确保国家安全和社会稳定。

【新安全格局】

我们要坚持以人民安全为宗旨、以政治安全为根本、以经济安全为基础、以军事科技文化社会安全为保障、以促进国际安全为依托，统筹外部安全和内部安全、国土安全和国民安全、传统安全和非传统安全、自身安全和共同安全，统筹维护和塑造国家安全，夯实国家安全和社会稳定基层基础，完善参与全球安全治理机制，建设更高水平的平安中国，以新安全格局保障新发展格局。

学习笔记

【开创国防和军队现代化新局面】

实现建军一百年奋斗目标，开创国防和军队现代化新局面。

如期实现建军一百年奋斗目标，加快把人民军队建成世界一流军队，是全面建设社会主义现代化国家的战略要求。必须贯彻新时代党的强军思想，贯彻新时代军事战略方针，坚持党对人民军队的绝对领导，坚持政治建军、改革强军、科技强军、人才强军、依法治军，坚持边斗争、边备战、边建设，坚持机械化信息化智能化融合发展，加快军事理论现代化、军队组织形态现代化、军事人员现代化、武器装备现代化，提高捍卫国家主权、安全、发展利益战略能力，有效履行新时代人民军队使命任务。

【坚持和完善“一国两制”，推进祖国统一】

“一国两制”是中国特色社会主义的伟大创举，是香港、澳门回归后保持长期繁荣稳定的最佳制度安排，必须长期坚持。

坚持贯彻新时代党解决台湾问题的总体方略，牢牢把握两岸关系主导权和主动权，坚定不移推进祖国统一大业。

解决台湾问题是中国人自己的事，要由中国人来决定。我们坚持以最大诚意、尽最大努力争取和平统一的前景，但决不承诺放弃使用武力，保留采取一切必要措施的选项，这针对的是外部势力干涉和极少数“台独”分裂分子及其分裂活动，绝非针对广大台湾同胞。国家统一、民族复兴的历史车轮滚滚向前，祖国完全统一一定要实现，也一定能够实现！

【人类命运共同体】

中国提出了全球发展倡议、全球安全倡议，愿同国际社会一道努力落实。我们真诚呼吁，世界各国弘扬和平、发展、公平、正义、民主、自由的全人类共同价值，促进各国人民相知相亲，尊重世界文明多样性，以文明交流超越文明隔阂、文明互鉴超越文明冲突、文明共存超越文明优越，共同应对各种全球性挑战。中国人民愿同世界人民携手开创人类更加美好的未来。

【新时代党的建设新的伟大工程】

全面建设社会主义现代化国家、全面推进中华民族伟大复兴，关键在党。我们党作为世界上最大的马克思主义执政党，要始终赢得人民拥护、巩固长期执政地位，必须时刻保持解决大党独有难题的清醒和坚定。全党必须牢记，全面从严治党永远在路上，党的自我革命永远在路上，决不能有松劲歇脚、疲劳厌战的情绪，必须持之以恒推进全面从严治党，深入推进新时代党的建设新的伟大工程，以党的自我革命引领社会革命。

学习笔记

【五个“必由之路”】

全党必须牢记，坚持党的全面领导是坚持和发展中国特色社会主义的必由之路，中国特色社会主义是实现中华民族伟大复兴的必由之路，团结奋斗是中国人民创造历史伟业的必由之路，贯彻新发展理念是新时代我国发展壮大的必由之路，全面从严治党是党永葆生机活力、走好新的赶考之路的必由之路。

【战略性工作】

青年强，则国家强。当代中国青年生逢其时，施展才干的舞台无比广阔，实现梦想的前景无比光明。全党要把青年工作作为战略性工作来抓，用党的科学理论武装青年，用党的初心使命感召青年，做青年朋友的知心人、青年工作的热心人、青年群众的引路人。

资料来源：人民网·中国共产党新闻网.

相关链接2

9个重要表述，带你理解高质量

习近平在党的二十大报告中提出，必须完整、准确、全面贯彻新发展理念，坚持社会主义市场经济改革方向，坚持高水平对外开放，加快构建以国内大循环为主体、国内国际双循环相互促进的新发展格局。

中国式现代化

报告原文

在新中国成立特别是改革开放以来长期探索和实践基础上，经过十八大以来在理论和实践上的创新突破，我们党成功推进和拓展了中国式现代化。

中国式现代化，是中国共产党领导的社会主义现代化，既有各国现代化的共同特征，更有基于自己国情的中国特色。

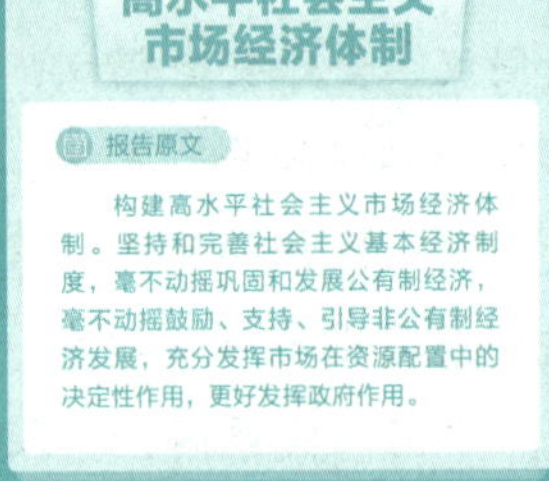

高水平社会主义市场经济体制

报告原文

构建高水平社会主义市场经济体制。坚持和完善社会主义基本经济制度，毫不动摇巩固和发展公有制经济，毫不动摇鼓励、支持、引导非公有制经济发展，充分发挥市场在资源配置中的决定性作用，更好发挥政府作用。

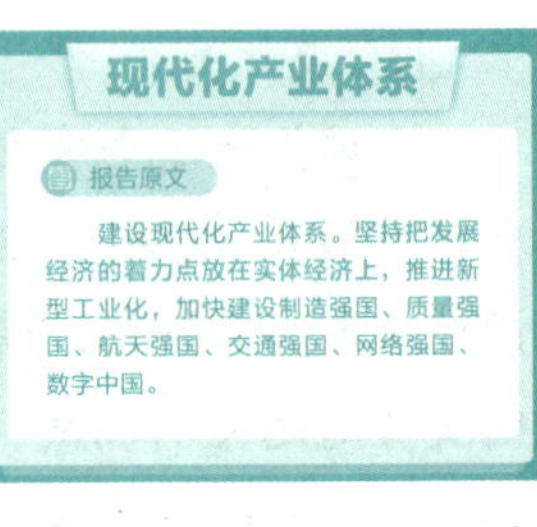

现代化产业体系

报告原文

建设现代化产业体系。坚持把发展经济的着力点放在实体经济上，推进新型工业化，加快建设制造强国、质量强国、航天强国、交通强国、网络强国、数字中国。

乡村振兴

报告原文

全面推进乡村振兴。坚持农业农村优先发展，坚持城乡融合发展，畅通城乡要素流动。扎实推动乡村产业、人才、文化、生态、组织振兴。全方位夯实粮食安全根基，牢牢守住十八亿亩耕地红线。深化农村土地制度改革，赋予农民更加充分的财产权益。保障进城落户农民合法土地权益，鼓励依法自愿有偿转让。

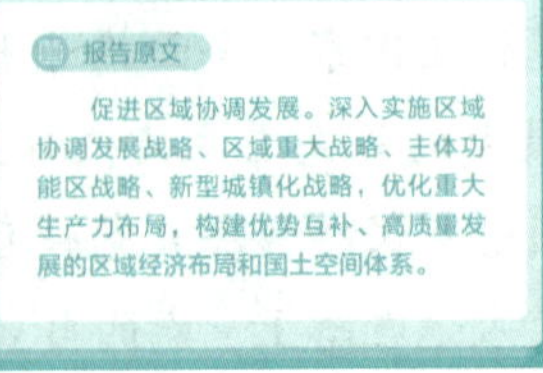

区域协调发展

报告原文

促进区域协调发展。深入实施区域协调发展战略、区域重大战略、主体功能区战略、新型城镇化战略，优化重大生产力布局，构建优势互补、高质量发展的区域经济布局和国土空间体系。

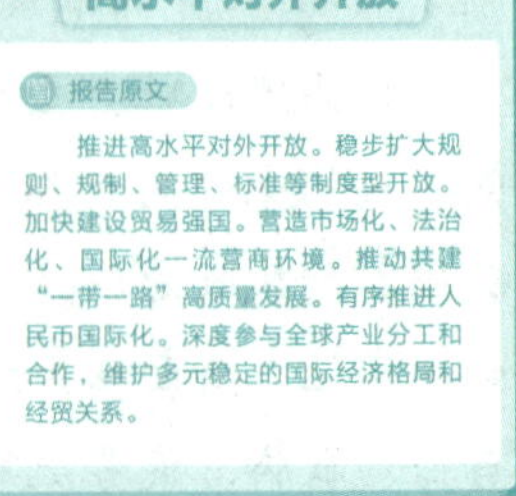

高水平对外开放

报告原文

推进高水平对外开放。稳步扩大规则、规制、管理、标准等制度型开放。加快建设贸易强国。营造市场化、法治化、国际化一流营商环境。推动共建“一带一路”高质量发展。有序推进人民币国际化。深度参与全球产业分工和合作，维护多元稳定的国际经济格局和经贸关系。

学习笔记

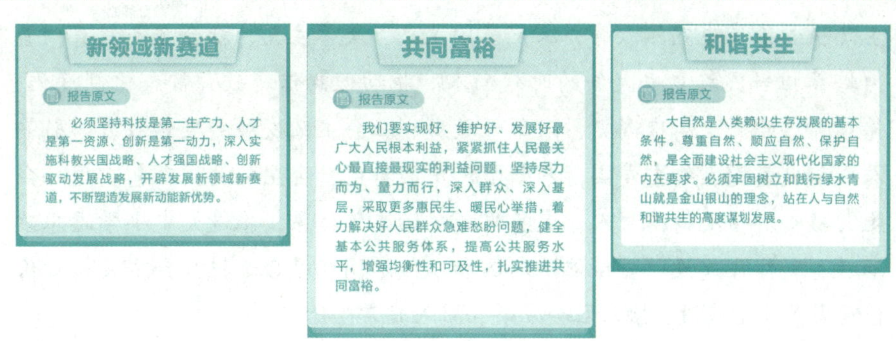

资料来源：http://finance.people.com.cn/n1/2022/1018/c1004-32547280.html

相关链接3

高举中国特色社会主义伟大旗帜
为全面建设社会主义现代化国家而团结奋斗
——在中国共产党第二十次全国代表大会上的报告（节选）

八、推进文化自信自强，铸就社会主义文化新辉煌

全面建设社会主义现代化国家，必须坚持中国特色社会主义文化发展道路，增强文化自信，围绕举旗帜、聚民心、育新人、兴文化、展形象建设社会主义文化强国，发展面向现代化、面向世界、面向未来的，民族的科学的大众的社会主义文化，激发全民族文化创新创造活力，增强实现中华民族伟大复兴的精神力量。

我们要坚持马克思主义在意识形态领域指导地位的根本制度，坚持为人民服务、为社会主义服务，坚持百花齐放、百家争鸣，坚持创造性转化、创新性发展，以社会主义核心价值观为引领，发展社会主义先进文化，弘扬革命文化，传承中华优秀传统文化，满足人民日益增长的精神文化需求，巩固全党全国各族人民团结奋斗的共同思想基础，不断提升国家文化软实力和中华文化影响力。

（一）建设具有强大凝聚力和引领力的社会主义意识形态

意识形态工作是为国家立心、为民族立魂的工作。牢牢掌握党对意识形态工作领导权，全面落实意识形态工作责任制，巩固壮大奋进新时代的主流思想舆论。健全用党的创新理论武装全党、教育人民、指导实践工作体系。加强全媒体传播体系建设，塑造主流舆论新格局。健全网络综合治理体系，推动形成良好网络生态。

（二）广泛践行社会主义核心价值观

社会主义核心价值观是凝聚人心、汇聚民力的强大力量。弘扬以伟大建党精神为源头的中国共产党人精神谱系，用好红色资源，深入开展社会

学习笔记

主义核心价值观宣传教育，深化爱国主义、集体主义、社会主义教育，着力培养担当民族复兴大任的时代新人。推动理想信念教育常态化制度化，持续抓好党史、新中国史、改革开放史、社会主义发展史宣传教育，引导人民知史爱党、知史爱国，不断坚定中国特色社会主义共同理想。用社会主义核心价值观铸魂育人，完善思想政治工作体系，推进大中小学思想政治教育一体化建设。坚持依法治国和以德治国相结合，把社会主义核心价值观融入法治建设、融入社会发展、融入日常生活。

（三）提高全社会文明程度

实施公民道德建设工程，弘扬中华传统美德，加强家庭家教家风建设，加强和改进未成年人思想道德建设，推动明大德、守公德、严私德，提高人民道德水准和文明素养。统筹推动文明培育、文明实践、文明创建，推进城乡精神文明建设融合发展，在全社会弘扬劳动精神、奋斗精神、奉献精神、创造精神、勤俭节约精神，培育时代新风新貌。加强国家科普能力建设，深化全民阅读活动。完善志愿服务制度和工作体系。弘扬诚信文化，健全诚信建设长效机制。发挥党和国家功勋荣誉表彰的精神引领、典型示范作用，推动全社会见贤思齐、崇尚英雄、争做先锋。

（四）繁荣发展文化事业和文化产业

坚持以人民为中心的创作导向，推出更多增强人民精神力量的优秀作品，培育造就大批德艺双馨的文学艺术家和规模宏大的文化文艺人才队伍。坚持把社会效益放在首位、社会效益和经济效益相统一，深化文化体制改革，完善文化经济政策。实施国家文化数字化战略，健全现代公共文化服务体系，创新实施文化惠民工程。健全现代文化产业体系和市场体系，实施重大文化产业项目带动战略。加大文物和文化遗产保护力度，加强城乡建设中历史文化保护传承，建好用好国家文化公园。坚持以文塑旅、以旅彰文，推进文化和旅游深度融合发展。广泛开展全民健身活动，加强青少年体育工作，促进群众体育和竞技体育全面发展，加快建设体育强国。

（五）增强中华文明传播力影响力

坚守中华文化立场，提炼展示中华文明的精神标识和文化精髓，加快构建中国话语和中国叙事体系，讲好中国故事、传播好中国声音，展现可信、可爱、可敬的中国形象。加强国际传播能力建设，全面提升国际传播效能，形成同我国综合国力和国际地位相匹配的国际话语权。深化文明交流互鉴，推动中华文化更好走向世界。

资料来源：http://www.gov.cn/xinwen/2022-10/25/content_5721685.htm.

项目一　探本穷源——初识户外旅游

项目导读

未来学家格雷厄姆·莫利托预测，人类将在走过信息时代的高峰之后进入休闲时代。随着国内整体收入水平与生活品质的提高，人们对生活方式的追求更趋向于健康化与自然化，曾经的观光旅游产品已经不能充分满足一些旅游者实现个性、寻求与众不同的旅游体验的需求。《商旅周刊》刊登过一篇题为"户外旅游数十亿利润分配困局"的文章，其中提到"户外旅游正由小众爱好变成大众选择"。户外旅游作为人类最为健康的一种休闲方式，既能强身健体又不失为一种绝佳的生命体验活动，像攀岩、游艇、冲浪、登山、徒步、露营等休闲方式日益成为现代社会中一道最迷人的风景线，已然成为一种时尚的生活方式。

学习目标

项目目标	基础理论与知识	1.了解户外运动的起源和发展 2.了解户外运动的分类以及户外运动的理念 3.熟悉户外旅游项目
	基本技能与能力	1.掌握信息和资料的搜集、整理方法 2.培养发现问题、分析问题的能力
	基本素养与价值观	1.树立健康生活理念、塑造积极向上的精神气质 2.激发户外运动乐趣 3.引导学生奔赴热爱、追逐梦想 4.倡导低碳环保的生活方式
	思政育人目标	1.感悟攀登精神的时代价值 2.引导学生感恩自然、爱护自然、敬畏自然 3.树立科学、安全、环保的户外运动理念 4.引导学生热爱祖国资源，培育民族自豪感

项目实施

本项目实施主要是让学生了解户外运动的概念、起源以及发展状况，理解户外是旅游、体育、文化三者的结合体，进而践行健康的生活方式；通过对户外运动的分类以及户外运动项目的学习，掌握常见户外运动与旅游的结合方式，进一步明晰户外运动的需求和理念。

学习笔记

任务一 户外运动起源

● 任务引入

长期玩手机，正在让你变得越来越丑！

手机已经和我们的生活密切相关，手机不离身是大多数人的常态，只要手机在手就莫名地兴奋，一旦玩起手机根本停不下来。很多重度依赖手机用户发现自己出现了脖子前倾、手指变形、面色暗淡等情况。其实休闲方式有很多种，不妨回归自然，一起去进行户外旅游吧（见图 1-1）！

图 1-1 大自然 管萍提供

随着我国经济发展水平的提高，人们的生活方式发生转变，对健康生活的追求日益强烈，户外运动作为一种健康的生活方式已经从最开始的小众群体参与发展成一种现象级运动。

● 任务描述

户外运动是从原始的战争、劳动生产、科学探险中提炼出来的体育运动，且一旦成为体育运动，它的目的就不再是物质财富的生产，而是促进人自身在身体、心智方面的发展，认识自我、完善自我、挑战自我，不断地注入新的科学文化内涵，提供娱乐和身体锻炼的手段，丰富生活，提升生活品质。通过了解户外运动的概念和起源，从而更好地理解户外运动的本质。

● 任务学习目标

知识目标	技能目标	价值目标
1.辨析户外运动的概念 2.了解户外运动的起源	1.培养学生辨析问题的能力 2.提升学生概括、归纳、总结的能力	1.号召学生热爱自然，感恩自然 2.引导学生回归自然、保持初心

● 任务必备知识

一、关于户外运动的解读

户外运动，从字面上说，就是在户外环境中开展的体育运动。户外运动这

学习笔记

个词汇，太过广泛，容易被理解为“房子外面的运动”。其实，我们指的户外运动是在野外自然环境中进行的体育运动，并不包括室外体育场地中进行的诸如球类、游泳、田径等运动。所以，称之为“野外运动”更为确切，但从英文 outdoor 这个单词转化来的户外运动已经被长期、广泛使用，而且读起来很顺畅，不像野外运动有些拗口，也就约定俗成地取代了“野外运动”。原国家体育总局登山运动管理中心户外部主任李舒平将户外运动（outdoor sports）定义为一组以自然环境为运动场地，具有探险性或体验探险的体育运动项目群。从休闲方向解读，包括漂流、攀岩、暴走、野外拓展等户外运动，这些项目也是休闲旅游的主要方式之一。所以，户外运动不是一种简单的体育运动，是一种融休闲、娱乐及健身于一体的集体项目群；也不同于中国传统的旅游方式，而是一种把旅游、运动、文化、人际交流紧密结合起来的生活方式（见图 1–2）。

图 1–2 皮划艇运动 翟俊凯提供

知识卡片

户外运动的广义和狭义之分

户外运动分为广义的户外运动和狭义的户外运动。广义的户外运动是指在室外进行的一切活动，包括室外的球类、登山、露营等。狭义上的户外运动则是指：“人们在空闲的时候，为了达到自身身体健康、放松和休息、人际交往以及寻求刺激和冒险等目的，采用体育运动的形式在山地、湖泊、沙漠、高原等各种特殊自然环境下进行的各种休闲活动。”若没有作出特别的说明，户外运动一般都是指狭义的户外运动。

学习笔记

二、户外运动的起源

户外运动的历史，可追溯到18世纪的欧洲。18世纪中叶，阿尔卑斯山以其复杂的山体结构、气象和丰富的动植物资源，吸引着越来越多科学家的注意。1760年日内瓦年轻科学家H.德索修尔，在考察阿尔卑斯山区时，对勃朗峰的巨大冰川产生了浓厚的兴趣。然而，他自己攀登却未能成功。于是，他在山脚下的沙莫尼村口贴了这样的一张告示："为了探明勃朗峰顶上的情况，谁要能攀上它的顶峰，或找到攀上顶峰的道路，将以重金奖赏。"布告贴出后，无人响应，一直到26年后的1786年，才由沙莫尼村的医生M.G.帕卡尔邀约当地石匠J.巴尔玛，结伴于当年8月8日攀上勃朗峰。一年后，H.德索修尔自己携带所需仪器，由巴尔玛为向导，率领一支20多人的队伍登上勃朗峰，验证了帕卡尔和巴尔玛的首攀事实。英国大百科全书"登山"条目下，采用了这种说法。

户外运动起源于18世纪末的阿尔卑斯地区的登山运动。早期的户外运动是以生存为目的，包括采药、狩猎、战争、迁徙及运输等。

（一）户外运动的起源

1. 人类的生存经验

早期的户外运动其实是一种生存手段。为了上山采摘，就创造出攀岩及下降的技能；为了作战和迁徙，就积累了长途跋涉、翻山越岭的"穿越"经验；为了狩猎，就发现了辨路追踪的方法；为了捕鱼和寻找新大陆，就发明了泅渡、舟渡和潜水的本领等。

思政园地

感恩自然 爱护自然 敬畏自然

大自然提供给了人类所需要的一切资源，人类才得以从自然界中索取物质和能量，从而实现自己的需求并更好地生存下去。人类只有懂得珍惜自然、保护自然，才能永远享有它提供的一切物质。

对大自然，我们始终要怀有一颗敬畏之心，敬畏自然就是敬畏人类本身。

2. 科考和探险

18世纪，一些传教士为了传教，不得不穿越山区；科学家开始走入山区，做一些自然生态的研究；实业家和企业家等社会新阶层，为了追求另一种刺激，把登山当成休闲方式。为了克服终年积雪的冰岩地形，当时的登山者，发展出一整套技术，但户外运动在当时无论技术上还是装备上都还相当简陋。

3. 军事作战

第二次世界大战期间，英国的特种突击队为通过高山峻岭、激流峡谷、

学习笔记

浓密丛林等异常困难的路段，军队开始相关技术的训练，这些是攀岩和野营的雏形。为训练士兵在复杂而又充满种种危险的地理环境中作战，创造出不同类型的拓展课程，是今天“拓展训练”或“体验式教育”的前身。

户外运动是人类在长期的生产劳动、科学探索和行军作战等实践中不断总结、提炼、演变而来，逐步形成具有一定理念、技术以及健身和比赛意义的体育运动项目。这类体育活动既有深厚的生活基础，又包含多种科学知识和多姿多彩的文化表现，能激发大众健康向上的精神气质，从而迅速得到普及。

三、户外运动与旅游的关系

户外运动是带有体验、探险性质的一项体育活动。在野外的环境中，个体可以更好地融入自然，在自然的环境中团结协作、共同体验和感悟。户外旅游是户外运动与旅游的集合体，是人们以亲身参与某项户外休闲运动为旅游内容的旅游行为，强调旅游者亲自参与并从中获得某种自然环境带来的旅游体验，是一种新型旅游行为。对于大多数人来说，户外运动仍然是他们生活中的新元素，是在体验旅游带给大家的快乐之后，对于“门外的世界”的更高的追求。在某种程度上，户外旅游是介于体育、旅游和文化之间新的生活方式，是三种元素的集合体（见图 1–3）。

图 1–3 三种元素的集和

从体育的角度来看，户外运动有许多健身、运动的内容。2005 年，国家体育总局已经正式将户外运动列为第 100 个体育项目。但与很多传统体育项目不同的是，户外运动有更多的亲近自然、融入自然的成分。在户外爱好者看来，健身只是徒步的主要目的之一，在徒步的过程中，他们更重视的是体验感和收获感（见图 1–4）。

图 1–4 雪天徒步 管萍提供

从历史文化的视角来看，户外也有很多崭新的文化元素，无论是独自旅行的背包客、还是徒步天涯的探险家，或是挑战极限的登山家，或者更普通一些的只是周末去山区徒步穿越的驴友，在

学习笔记

他们身上，都可以发现比常人更多的探险元素和进取精神，这些恰恰是我们这个民族在这个时代最珍贵的文化精神。同时，大多数的背包客在旅行和徒步之后，都有坐在电脑旁与驴友交流、直抒胸臆、撰写游记和随笔的习惯，创造出中国独特的旅游文化。

从旅游的视角来看，户外人同样是走出家门，去外面看世界。但与常规旅游不同的是，他们热爱山川自然，不只局限于旅游景区，更强调自由体验，期待参与和“意外”，而不是循规蹈矩。

● 任务实施

查找资料，对比户外运动的起源，阐释拓展训练的起源和发展情况，说说你对体验式教育的理解。

学习笔记

任务评价

评价形式	评价标准	评价等级（优/良/中/差）
自评	1.阐释条理清晰 2.对体验式教育有自己的见解	
小组评价		
教师评价		

任务巩固

查阅相关资料，探究户外运动最初为何被称为“阿尔卑斯运动”？

学习笔记

任务二 户外运动发展

● 任务引入

为国攀登，中国人首次登顶珠峰

1960 年 5 月 25 日凌晨 4 点 20 分，中国登山队队员王富洲、贡布、屈银华将五星红旗稳稳地插上珠穆朗玛峰，完成了人类历史上首次从北坡登顶珠峰的壮举。这次攀登，是在新中国面临严重经济困难和严峻外交形势下的一次特殊国家任务。登顶勇士贡布回忆说："全国人民都在注视着我们。哪怕只有一个人，我们也要登上去。"在海拔 8000 米之上的峭壁，中国登山队员最终用搭人梯的方法一寸一寸登上顶峰，正是这种无私的人梯精神，成就了中国人首次登顶珠峰的壮举。

多年过去，和平年代，我们已无须再用攀登珠峰去为国家证明。但依然还有许多极限运动爱好者前赴后继，这就是一种精神传承。这个时代一直需要攀登者，也一直需要攀登精神。

● 任务描述

户外运动历史悠久，最早诞生于 18 世纪的欧洲，20 世纪 80 年代初从欧美地区传入中国，对比欧美地区，我国户外运动起步较晚但发展迅速，通过中外对比，探索中国户外运动的发展趋势和发展优势，树立发展信念。

● 任务学习目标

知识目标	技能目标	价值目标
了解户外运动在国内外的发展历史和发展现状	对比分析，辨析优劣，辩证看待户外运动在国内的发展状况	1.培养学生热爱祖国户外旅游资源的情怀 2.激发学生的攀登精神

● 任务必备知识

户外运动源于 19 世纪 60 年代欧美的探险及科学考察，欧美等发达国家的户外运动旅游产业已经发展得相当成熟。

一、国外户外运动的发展

1. 国外户外运动的发展历史

登山、探险以其探险精神和攀登技术大大推动了户外运动的发展，国外在

学习笔记

20 世纪 70—80 年代形成高潮。1857 年，世界上最早的户外运动俱乐部在德国诞生，这个以登山、徒步为主要运动项目的民间组织是现代户外运动俱乐部的雏形。户外运动俱乐部的诞生，促进了登山运动的发展，在 1855 年至 1865 年的 10 年间，阿尔卑斯山脉 20 座 4000m 以上的高山相继被征服。在此之后，户外运动形势发生了很大变化。其中，陆地上以登山、攀岩、溯溪、溪降、漂流、探洞、滑雪、越野、自行车等一些带有探险性的极限运动为主体的山野类活动被相继纳入户外运动项目。1953 年 5 月，新西兰登山家埃德蒙・希拉里，与夏尔巴人向导丹增・诺尔盖成功登顶世界最高峰珠穆朗玛峰，他们也成为最早成功登顶珠峰的人。1989 年，新西兰首次举办越野探险挑战赛，各种形式的户外活动和比赛在全世界如火如荼地开展起来。同时，户外运动也在向另一个方向发展，逐步形成新的体育竞赛运动——越野挑战赛、马拉松、皮划艇等赛事。有趣的是，除职业选手或经过训练的业余选手参加的专业比赛外，这些比赛大多是大众性的，可以自费自由参加，比赛只是一种形式，重在参与，重在体验，成为一种全民健身的方式，成为一种时髦高尚的体育消费。

知识卡片

越野赛=马拉松?

马拉松专指 42.195 千米的路跑比赛。城市马拉松比赛，几乎都是路跑赛事。这些比赛在公路上进行，而且为了确保选手的安全，比赛期间基本都会封路。在这种路面上跑步，与训练时跑步的路况是相同的。只要参赛者本身训练充足，懂得进退，赛道方面几乎不会产生任何的不确定性。

越野跑则是在多种复杂路面、起伏赛道上进行的跑步运动。一场越野赛，通常包含砂石、草地、陡坡、山间和溪流等不同的路面情况。你面对的是一片荒野，你要依靠 GPS 定位，在信号不佳的区域还要依赖离线地图。在越野赛中，选手不慎迷路的事件时有发生。越野跑，不但需要体力，更加需要脑力和专注力，同时也需要强大的心理。

2. 国外户外运动的发展现状

从全球范围来看，欧洲、美国地区的户外运动市场规模处于领先地位，对于户外运动用品有着稳定和可持续的需求，户外运动是欧美地区民众必不可少的生活方式。2020 年全球户外用品行业营收规模近 1600 亿美元，同比增长 28.33%，预计到 2025 年将达 2363.4 亿美元，2021—2025 年年复合增长率约为 6.86%。

欧洲被称为“户外运动之乡”，户外产业发展具备得天独厚的优势。首先，地形多样，户外运动资源丰富。以平原为主，冰川地貌分布较广，拥有峭壁、

学习笔记

雪峰、草甸、森林、湖泊、峡谷等丰富的户外资源。其次，欧洲气候宜人，适合户外运动。欧洲大部分地区气候温和湿润，温带海洋性气候分布广，户外气候条件宜人。最后，户外运动起源早，群众基础良好。欧洲人口众多，户外运动起源较早且经济发达，民众具有户外运动的良好基础和氛围，因此欧洲户外运动有庞大的用户基础。

美国是全球户外体育运动发展最为成熟的国家之一，2006—2020 年，美国 6 岁以上的居民中户外运动参与人数由 1.3 亿人增加至 1.6 亿人，参与率由 49.1% 提高至 52.9%，户外运动的普及率已达到较高水平。

二、国内户外运动的发展

（一）国内户外运动的发展历史

1. 萌芽期（1950—1990 年）

中国此项运动始于 20 世纪 50 年代。1955 年出现第一批登山运动员，1956 年建立第一支登山队。1960 年和 1975 年先后两次从东北山脊登上珠穆朗玛峰，并于 1975 年将一个特制金属测绘觇标竖立在珠峰顶上，准确测出该峰的高度为 8848.13 米，是国际登山史上首次对世界最高峰高程的确切测量。1964 年登上最后一座从未有过人迹的 8000 米以上的希夏邦马峰。在多次登山活动中，登山运动员与科学工作者密切配合，进行各种高山考察活动。20 世纪 80 年代，随着中国山峰的对外开放，国外登山者和探险者带来关于户外运动的新概念。同时，外国来华人员主要进行山地穿越、徒步旅行、江河漂流、山地自行车、山间滑雪、攀岩等项活动，使国人认识这些令人耳目一新的体育活动。1987 年，中国登山协会派人员到日本学习攀岩运动的相关攀爬技术和运动规则。同年 10 月，在北京怀柔大水裕水库自然岩壁举办第一届全国攀岩比赛。1990 年怀柔国家登山队训练基地建立国内第一座大型人工攀岩场并举办比赛。在这一时期，国内的户外运动几乎局限于一些登山探险爱好者以及一些青年前卫推动者，户外运动的推广也更多地采用各种比赛以及探险活动的形式，开展的内容有局限性。户外运动在这一时期基本上处于探索和学习阶段。

思政园地

《攀登者》：传递不断接力的攀登者精神

由吴京主演的《攀登者》是 2019 年国庆档的一部电影。如果熟悉中国登山队攀登珠峰背景故事的话，都会知道攀登珠峰不仅只是一项极限运动，对于国家来说更是意义重大。当年，正值国境线划定谈判期，邻国政府挑衅我国，如果连珠峰都没有登上去，凭什么说那是我国疆土。于是，中国登山队开启了一条艰辛的珠峰登顶之路。1960 年，中国登山队向珠峰发起冲刺，成功从北坡登顶，但没有留下资料，不被承认。15 年后，中国登山队在面对更多的困难面前，没有退缩，重整旗鼓，再次挑战世界之巅。当时迎接他们的不仅是更加严酷的现实，也是生与死的挑战。

《攀登者》展现出中国登山队为了国家使命勇于攀登的精神。登山队员在白雪皑皑的珠穆朗玛峰峰顶出现时，那红色的登山队服和红色国旗显得格外耀眼，也让勇于攀登的攀登者精神熠熠生辉。

（资料来源：人民网，有删减）

学习笔记

2. 初创期（1990—2000 年）

1990 年“昆明市登山探险协会”成立，这是中国最早进行有偿服务的户外探险组织。1993 年中国登山协会在北京召开首次全国野外运动研讨会，对户外运动的开展进行首次研讨和梳理，起到很大的推动作用。20 世纪 90 年代末期，中国户外运动和户外俱乐部高速发展，已有百余家相关组织，如成立于 1997 年的三夫户外运动俱乐部，可以说是目前北京最大的户外运动俱乐部之一。据有关统计资料显示，我国以登山、攀岩、野营、远足等为主体的社会性大众俱乐部至 2001 年底已经发展到 150 多家，主要集中在北京、广州、深圳、成都、上海等经济发达地区和大中城市。而到 2005 年前后，仅北京市各种规模的户外运动俱乐部就达到 100 余家。另外，网络上各种形形色色的户外运动门户网站和论坛，数量之多，增加速度之快，也为户外运动的开展提供了良好、快捷的传播平台，对户外运动的组织和管理起到有效的媒介作用。户外运动的兴起催生国内户外用品代工企业的出现，但本阶段以少量专业运动者为主，规模有限。

3. 快速发展期（2001—2012 年）

户外运动普及度提升，本土户外运动品牌纷纷涌现，消费群体逐步向大众延伸，户外用品市场呈现井喷式增长。虽然有 9 家国际大牌占据过半的市场份额，但本土品牌成长迅速，涌现出一批如探路者、科诺修思、哥伦布和牧高笛等知名品牌。其中探路者是目前国内户外用品中知名度较高的一个品牌。根据户外资料网的研究数据，从 2008 年到 2011 年，探路者连续四年在同类产品中市场占有率第一，其店面数在全国达 1352 家。根据探路者发布的业绩快报，2013 年公司实现营业总收入 14.45 亿元，同比增 30.73%，净利润为 2.49 亿元，同比增 47.64%，利润总额 2.83 亿元，同比增 44.65%。随着我们国家的日益强

学习笔记

大，国货崛起也是迟早的事情，让世界认识中国造，中国完全有能力自产自销，中国户外服装必将走向世界的舞台。诚然，爱国是一种自发的行为和情怀，不是一门生意，它不应绑架人们的具体消费行为。

4. 稳定发展期（2013—2020 年）

这一阶段，高速增长阶段埋下产能过剩的隐患，叠加需求增长放缓，行业供给侧开始出清，市场规模增速逐渐降低，行业向更精细化的方向调整。随着千禧一代消费者个性化、移动化、体验化需求的增加，其对自由行产品品类的丰富度和体验性提出更高的要求。自由行用户很大的一个痛点就是不会玩，不知道如何在旅行中获得深度体验。而户外运动旅游产品品类多样、体验丰富，十分满足和契合自由行产品的发展趋势，因此将大大丰富自由行产品的细分品类，同时将提升自由行的体验深度。比如真人 CS 野战、滑雪、冲浪等俱乐部将会发挥重要作用。

知识卡片

什么是千禧一代?

百度百科认为：千禧一代是指“80 后”“90 后”中在 20 世纪未成年，跨入 21 世纪（即 2000 年）以后达到成年年龄的一代人。这代人的成长时期几乎同时和互联网、计算机科学的形成与高速发展时期相吻合。他们会坚持不懈从头到尾完成一件事情，他们会对某件事保持长久的兴趣和承诺。

（资料来源：百度百科，有改动）

（二）国内户外运动的发展现状

户外运动用品行业在欧美等发达国家拥有庞大的用户群体和市场基础，我国户外用品市场也逐步成长为全球主要户外运动用品市场之一。根据中国钓具网数据，2020 年我国户外用品行业营收规模达 1693.27 亿元，同比增长 6.43%，预计到 2025 年将达 2409.6 亿元，2021—2025 年年复合增长率为 7.1%。

在疫情冲击下，出境游受限，但是人们的出游需求仍然存在，兼具体育运动、旅游、休闲和社交等多重属性的户外运动成了大家的最佳选择。根据穷游网发布的数据显示，2020 年户外旅游热度持续上涨，其中露营热度增长 303.5%、房车旅行热度增长 243.5%、自驾游热度增长 78.6%，徒步和骑行的热度也分别增长 32.6% 和 21.7%。

近年来我国频繁发布相关政策支持体育产业发展，最新颁布的《全民健身计划（2021—2025 年）》中勾勒了未来五年我国体育产业的宏伟蓝图，预计 2025 年全国体育产业总规模将达到 5 万亿元，在政策的大力支持下，户外运

学习笔记

动行业有望持续受益。

● 任务实施

从消费人群、旅游资源、现代信息社会的繁荣以及现代人的需求等方面分析户外运动在中国迅速兴起和发展的优势。

（1）庞大的潜在消费人群。

（2）丰富的自然旅游资源基础。

（3）现代信息社会的繁荣。

（4）现代人的需求。

（5）其他方面。

● 任务评价

评价形式	评价标准	评价等级（优/良/中/差）
自评	1.分析有条理，字迹清晰 2.有自己独特的见解	
小组评价		
教师评价		

● 任务巩固

在户外运动的发展中，涌现出一系列领军人物，如余纯顺、刘雨田、雷殿

学习笔记

生、王勇峰、李致新等，了解他们的事迹，说一说你从这些户外大咖身上学到了什么？

任务三　户外运动分类

● 任务引入

亚里士多德说：“大自然的每一个领域都是美妙绝伦的。”一直以来，人类对自然的好奇与着迷从未消逝。随着生活水平的提高，乐于探索户外，通过户外体育享受自我的人也越来越多。户外运动对人类具有不可言喻的神奇魅力，无论是登山、徒步还是骑行，人们在户外运动过程中，收获着刺激与畅快感，这是一剂生活良药，更蕴藏着让人类发现自我的力量。

● 任务描述

当你计划要参与一项户外运动的时候，哪项户外运动更适合你的诉求呢？在户外运动的分类这一任务中，对户外运动的类型做了总结和整理，分析参与人员的情况，选择适合的户外休闲方式，获得愉快的户外体验。

● 任务学习目标

知识目标	技能目标	价值目标
1.了解户外运动的分类 2.掌握各项户外运动的特点	能为参与人群推荐合适的户外运动项目	1.培养学生热爱户外运动的理念 2.激发学生积极参与户外运动的兴趣

学习笔记

任务必备知识

户外运动种类繁多，兼具体育运动与旅游休闲双重属性，深受当代人喜爱。依据不同的标准，有如下分类：

一、按照组织形式分类

户外运动可分为群众性户外运动、探险体验性培训和探险越野赛三大类。

二、按照自然环境分类

按运动所在的自然环境的场地分类可以分为水上、空中、陆地及综合户外运动项目。

水上户外运动项目：如潜水、帆船、帆板、冲浪、漂流等；

空中户外运动项目：如滑翔、热气球、跳伞等；

陆地户外运动项目：如穿越、速降、攀岩、登山、自行车、野外生存等；

综合项目：如定向越野、野外生存、野外拓展、溯溪等。

三、按照运动方式分类

户外运动包括很多项目，按照不同项目的运动方式可分为五大类 21 个小项目。

1. 享受自然类

主要是各种形式的享受自然休闲活动，一般不需要复杂的操作技术，活动地点相对固定，包括露营、野生动物观赏、户外摄影等。

2. 路行类

主要指以身体动力来驱动的在未人工硬化的路径上开展的行、跑项目，包括自行车、徒步、定向、越野跑等。

3. 攀登类

这类运动主要在陡峭地形开展，需借助保护装备和措施并且掌握复杂操作技术和攀登技巧才能完成，包括绳降、攀岩、攀冰、高山探险、探洞、索道攀登、溯溪、溪降等。

4. 划桨类

指在自然水域利用各种划桨技术的划船运动，包括皮划艇、独木舟、漂流、桨板等（见图 1–5）。

图 1–5　桨板　李勇提供

5. 拓展类

具体指运用体验式学习模式的教育活动，尤其是人际交往与协作等社会技能的体验式学习活动，包括户外拓展和场地拓展。

学习笔记

此外，按照难度和危险程度还可分为休闲运动、户外探险体验活动与极限体验运动、户外探险与户外极限。

思政园地

依托自然资源开展户外运动旅游

中国国土面积辽阔，地形复杂多样，同时也拥有许多世界闻名的地貌类型。众多独特的地质地貌给户外运动提供了条件，徒步、滑翔伞、跳伞、溯溪、攀岩、潜水、溯溪、漂流、划艇……只要是你想得出的户外体验，在中国都能找到。此外，中国有着非常丰富的自然资源，全世界有近 1/3 的世界级地质公园在中国，可以和各种户外运动做结合，创造出众多新的户外旅游场景，中国本身就具备发展户外运动的优质基因。

我国丰富的自然资源，是发展户外运动旅游的强大后盾。

● 任务实施

按照专业程度与活动强度户外运动可大致分为休闲户外运动、常规户外运动和专业户外运动三类，分别满足不同类型人群的需求，覆盖人群广泛。专业程度与活动强度会影响人们对户外运动项目的选择，依据人群特点，完成以下表格：

户外运动种类			
类别	特征	适合人群	户外运动项目举例
专业户外运动	非常规山地活动，环境恶劣，疲劳度及危险性较高		
常规户外运动	常规山地活动，环境正常，疲劳度及危险性适中		
休闲户外运动	休闲为主，常规自然活动，疲劳度及危险性较低		

● 任务评价

评价形式	评价标准	评价等级（优/良/中/差）
自评	适宜人群归纳准确、全面，并与户外项目类型匹配合理	
小组评价		
教师评价		

学习笔记

任务巩固

低空旅游即通用航空旅游，是指人们在低空空域（指的是 1000 米以下的飞行区域），依托通用航空运输、通用航空器和低空飞行器所从事的旅游、娱乐和运动。列举一个低空旅游案例，分析目的地情况、参与人员要求、活动装备及参与时长等（见图 1-6）。

图 1-6　滑翔伞　李勇提供

任务四　户外运动项目

任务引入

三十而立，钟齐鑫为热爱坚持

钟齐鑫，男，1989 年 4 月 7 日生，江西赣州人。他屡屡刷新世界攀岩速度赛纪录，在速度攀岩领域战绩辉煌，因此被大家亲切地称为“中国壁虎”。6 次打破世界纪录，4 次获得世锦赛冠军，成为世界第一个速度攀岩大满贯得主，打破速度攀岩被西方垄断 30 多年的局面！

在 2019 年 10 月厦门举行的世界杯攀岩赛上，30 岁的钟齐鑫击败众多“90 后”“00 后”对手，赢得男子速度赛冠军，当时的最好成绩为 5.49 秒，距世界纪录仅差 0.01 秒。但是，钟齐鑫曾说：“要把这 0.01 秒留到奥运会上去突破。”

钟齐鑫钟情于他的攀岩运动，不断追求卓越。他因热爱而坚持的品质值得我们学习。那么你热爱的户外运动是什么呢？

学习笔记

任务描述

有些风景，如果你不站在高处，你永远体会不到它的魅力；有些路，如果你不去启程，你永远不知道它是多么美丽。了解各类户外运动项目，体会各项户外运动的魅力，探究户外运动和旅游的结合方式，探索多姿多彩的旅游世界。

任务学习目标

知识目标	技能目标	价值目标
1.了解各户外运动项目的特点 2.熟悉各项户外运动的休闲价值	掌握户外运动与旅游结合的方式，激发策划创意	1.领略祖国丰富的旅游资源 2.弘扬低碳环保理念 3.激发学生努力拼搏的意识 4.感受户外生活的美好

任务必备知识

一、定向运动：不只是奔跑

定向运动又称“指北针运动”“识图越野”，定向运动源自 Orienteering 一词，其原意是借助地图和指北针，穿越未知地带。国际定向运动联合会将定向运动定义为：一项参赛者借助地图和指北针，在尽可能短的时间内到达若干个标志（检查点）的体育运动。人们走进大自然参与任何户外运动首先必须学会识别方向、认识和使用地图，这样才不会迷路，故定向运动又被称为“户外运动之母”。定向运动是一项集智慧与体能，融自然、挑战于一体的户外运动。它不仅能强健体魄，而且能培养人独立思考、克服困难以及在遇到意外的情况下迅速做出决定，果断采取行动的能力（见图 1–7）。

图 1–7　定向运动　管萍提供

“每当遇到困难与挑战，我总提醒自己，回到原点，找回方向，想想刚开始的自己。”这句话是日本动画大师宫崎骏所说的，点出了“迷路”“方向”“原点”，这也是定向运动的魅力所在。

知识卡片

定向运动的分类

按不同行进模式，定向运动可分为徒步定向、自行车定向、滑雪定向等。其中普及率最高的是徒步定向。徒步定向按比赛线路长度一般划分为短距离赛、中距离赛、长距离赛等。

学习笔记

定向越野旅游

近几年，在“体育 + 旅游”的背景下，定向运动渗透于体育旅游中并持续发酵，《奔跑吧！》《极限挑战》等真人秀综艺节目中都能看到定向的元素。围绕不同的景区，将定向赛事融入旅游活动空间中，不仅增添趣味性，调动参赛者积极性，同时还能把经典的地标建筑了解清楚，这种模式于参与者来说是一种别样的收获和锻炼。

南粤古驿道定向赛就是一个典型案例，它源于广东省委省政府对古驿道的活化与利用。南粤古驿道是广东省遗存的重要历史文化资源，是古时候联通中原地区的主要通道。如今，现代化的公路、桥梁和铁路等交通途径，已经完全取代了古驿道的功能，南粤古驿道慢慢淡出人们的视线，成为追思怀古的记忆痕迹。2016 年，出于对文化遗产的保护，广东省政府联合规划、文化、体育等职能部门，开启了南粤古驿道的修复和保护工作。以南粤古驿道为纽带，整合和活化利用古驿道的文化景观资源，利用“古驿道 + 体育”等创新模式将南粤古驿道活化起来。也是从 2016 年开始，通过举办南粤古驿道定向大赛，宣传古驿道文化，助推体育健康产业发展。南粤古驿道成为展示南粤地域文化特色之路，倡导绿色健康生活方式的健康之路。借助南粤古驿道定向大赛，打造具有南粤独特魅力的驿路文化品牌，提升广东历史文化遗产在“一带一路”的影响力。全民健身、精准扶贫、乡村振兴、旅游文化发展，南粤古驿道定向大赛将“体育 +”赛事功能发挥到极致。赛事基本覆盖了南粤各地，尤其在粤东西北的贫困山区、古驿道古村落，至今已举办将近 30 站的赛事。

思政园地

南粤古驿道：文明演进的通道

南粤古驿道，是指古代广东区域内用于传递文书、运输物资、人员往来的通路，是广东地区与国内国外各区域开展商贸与文化交流的通道，包括水路和陆路，官道和民间路径。他们是客观存在的自然之路、厚重的历史之路、繁荣的文化之路，浓缩着广东地区文明发展的辉煌过去，辅翼着当下广东继续走在全国前列。

道路犹如一个国家的经络，是加强联系，推动发展和促进繁荣的纽带。我国多民族国家的形成过程，就是道路不断延伸的过程。伴随着道路网络的演进，疆域得以扩展，进而形成了“书同文、车同轨、行同伦”的文明共同体。

发现和发掘古代道路的文化价值可以让我们触摸过去，走进历史。

学习笔记

定向运动旅游对景区产品整合和体验提升具有重要意义。定向旅游是游客对景区的另类玩法，属于特种旅游范畴，是从多角度和高趣味性统领景区所有产品，大大提升景区传统旅游产品形象，甚至从枯燥无味到魅力无穷，游客愿意延长在景区的停留时间或下次再来，以得到丰富的体验和收获。对景区来说可以树立独特形象，增加景区吸引力，开拓新的市场。

你来说一说：

给旅行加个创意，“定向运动 + 旅游”你还有哪些创意呢？

____

____

____

____

____

____

____

二、攀岩运动：享受向上的快乐

攀岩是指人类利用原始的攀爬本能，经过专门的攀登技术训练，以各种装备或攀登工具为保护，通过克服地心引力，攀登自然岩壁以及人工岩壁的运动。主要包括难度攀、速度攀和攀石三种形式。攀岩运动也属于登山运动，由登山运动衍生而来，有“岩壁芭蕾”“峭壁上的艺术体操”等美称，富有很强的技巧性、冒险性。攀岩运动已经成为一项时尚的休闲运动，它拥有自己的语言、装备和安全保障，是一项发展相对比较快的业余体育运动。参与攀岩，会让您在与悬崖峭壁的抗衡中学会坚强，在与大山的拥抱中感受宽容，在征服攀登路线后享受成功与胜利的喜悦（见图 1-8）。

图 1-8 攀岩 翟俊凯提供

攀岩的注意事项

攀岩的顶绳保护与攀爬

攀岩的保护站建立与下降技术

攀岩三点平衡理论原理及应用

攀岩的基础手法脚法

学习笔记

知识卡片

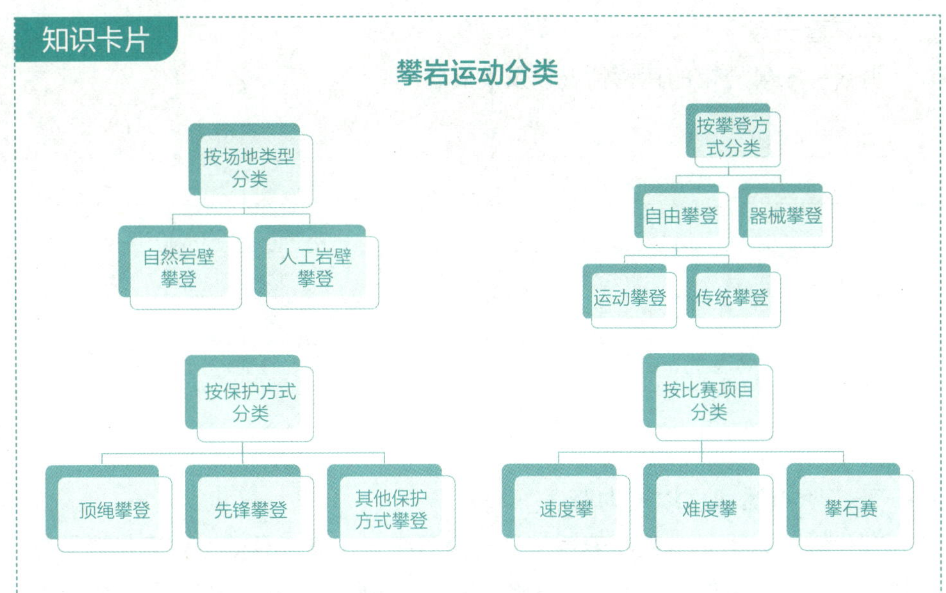

中国攀岩圣地—阳朔

都说“桂林山水甲天下，阳朔山水甲桂林”，来阳朔，不仅仅可以观山玩水，还能找到一种更有趣而又更能与大山接触的方式——攀岩。

图 1-9　阳朔喀斯特地貌　管萍提供

阳朔（以至整个桂林）属典型的喀斯特地貌，那里峭壁林立，可进行攀岩的地方比比皆是，可以毫不夸张地说，站在阳朔的任何位置朝任意方向望去都能看到可以攀岩的地方。那里的岩壁由于雨量充沛，岩壁上的风化物所剩无几，留下的裂缝和坑洞坚固而又干净，特别适合攀登，就好像是上帝专门为攀岩爱好者开辟的乐园。到目前为止，在阳朔大大小小的岩壁上开出的路线大约有 1000 条，记录在《阳朔攀岩向导书》中的大约有 900 条。阳朔的攀岩路线有一部分是来自世界各地的攀岩爱好者开发的。阳朔攀岩协会免费提供挂片和电钻，支持义务开发路线的攀岩者，当地攀岩者和攀岩向导是路线开发和路线维护的主要负责人群。每年 2 月至 5 月是阳朔的雨季，躲开这段时间，从 5 月中旬开始到来年 2 月都可以攀岩，10 月至来年 1 月为理想攀登季节（见图 1-9）。

学习笔记

你来查一查：

调研一家攀岩馆的运营情况以及发展状况。

三、攀树运动：以树为友

现代攀树运动是借助绳索系统、安全器械、作业工具等一整套攀登器材，在树上或高空安全地完成上升、下降、行移、飞跃等动作，攀树运动者以在大树间自由穿梭为趣，以进行树木作业、安全营救、科学考察等为目的。作为休闲方式的攀树运动被称为休闲攀树，在香港被称为康乐攀爬，是指在闲暇时间以强身健体、愉悦身心、丰富生活情趣为主要目的的攀树方式。休闲攀树带给攀爬者更多的是一种心灵体验，该运动让参加者远离喧闹、返古溯源、重拾童真，进而享受亲近大自然的乐趣。休闲攀树可以适合大多数年龄和体型的人，国外参与这项运动的人最大的九十多岁，最小的只有三四岁，可见大自然是多么具有魅力（见图 1–10）。

图 1–10　攀树　李勇提供

攀树的休闲价值

攀树运动是一项体力与智力相融合、趣味性和观赏性极强的攀爬类活动，包含运动、娱乐、挑战等多种乐趣，具有很高的健身休闲价值。攀树运动一方面可以让参与者身心愉悦，另一方面也可以提高参与者的抗挫折能力。当代社会巨大的工作压力和久坐不动的工作环境已经对现代人产生了严重的身心健康危害，而攀树运动可以帮助人们缓解这一危害。当你爬上树梢时，不但穿越自我内心的恐惧，同时也穿越心灵的束缚，为自己打开了另一扇窗，可尽情体验生命与大自然的美好，从不同的角度感受另一种真实的心灵撼动！

攀树运动设置有专门的保护器，同时专业的教练会在旁边进行指导教学，

学习笔记

不会对树木造成破坏。参与者能全身心地投入到大自然中，去深度接触大自然，感受那一片绿色森林带来的生机与希望，拉近与大自然的距离。春天可以看嫩绿的新芽，夏天可以听悠扬的蝉鸣，秋天映入眼帘的是金黄的树叶，冬天在皑皑白雪中登上顶峰，只有亲身接触自然才会懂得自然，才会懂得保护环境的重要性，树立环保意识。

你来评一评：

厦门大学于 2012 年年末在中国内地高校中率先将攀树运动引入公共体育课程。很多人对学校开设攀树课不认同，认为我掏钱上大学是让你教我爬树的吗？你是怎么认为的呢？

____

____

____

____

____

____

____

四、骑行：千里走单骑

自行车是一种大众化的交通工具，还是一项很好的健身运动。不论是城市休闲骑行，山地探险骑行还是公路竞赛骑行，自行车运动都以其环保、简便、经济的特性吸引着越来越多的爱好者（见图 1-11）。

倡导绿色出行，弘扬低碳环保理念和健康的生活方式，正在得到越来越多人的推崇和赞许。以往，自行车被人们当作一个代步交通工具，如今它早已演变成一种生活方式，以及一种生活态度。而这种生活方式，带给人们的不只是运动后的愉悦感，更是人们对于低碳环保生活的一种诉求和表达。

图 1-11　山地自行车　翟俊凯提供

思政园地

布局生态文明建设，展示大国责任担当

2020 年 9 月，习近平主席在第 75 届联合国大会上发表重要讲话，郑

学习笔记

重宣布，中国将力争2030年前碳排放达到峰值，2060年前实现碳中和。当前碳达峰、碳中和已经被纳入我国生态文明建设整体布局，这充分展示了我国作为负责任大国的担当，更为疫情后全球实现绿色复苏和共建地球生命共同体增添了新的动能，得到了国际社会的高度赞誉。

实现碳达峰、碳中和，是以习近平同志为核心的党中央经过深思熟虑作出的重大战略决策，事关中华民族永续发展和构建人类命运共同体。

（资料来源：央视网，有改动）

（一）自行车分类

1．城市休闲车

城市休闲自行车兼具公路自行车的快速轻便与山地自行车的灵活稳定，既适用于城市日常代步，也适合在节假日往返近郊进行休闲运动，成为深受都市人群喜爱的热门车款。

2．山地自行车

山地自行车是为在丘陵、小径、原野以及砂碎石等道路上顺利骑行而专门设计的一种车型。山地自行车车体架构结实坚固，为了增加抓地力，轮胎胎纹多为粗颗粒状样式，平把手设计保障其能在小径弯道间展现灵活的操控力；搭配V夹或油压式碟刹刹车系统，即使遇到泥泞路况，也能刹车自如，特别是在需要经常按压刹车的斜坡路段，只要轻松使力就能刹车制动，从而避免多次按压导致手酸或手麻的困扰。此外，山地自行车良好的避震系统既能满足挑战极限，追求刺激的需要，又为骑行者提供了一定的舒适性、稳定度和耐摔性。如今大受欢迎的山地车，以宽轮胎、低速传动装置、强力新式刹车（悬臂式及液压式刹车器）及改良式轻质车架和先进的避震材料系统等先进技术，不断改善其用户体验，吸引着越来越多的自行车爱好者。

3．公路自行车

公路自行车为了追求骑行时的速度感，以低摩擦阻力为设计特色，其以钛合金、碳纤维、高级铝合金等材料制成较轻的车体，轮胎较一般自行车细窄，高胎压设计适合骑行于路况较好的公路上。

知识卡片

2019环太原国际公路自行车赛

公路自行车赛是一项挑战速度与耐力的运动，沿途的环境和风景都十分秀丽，也给这项异常艰苦的运动带来温馨和惬意。公路自行车赛在有各种地形变化的公路上举行。奥运会设有大组赛和个人计时赛。

2019年5月26日，2019环太原国际公路自行车赛在山西博物院鸣枪发车，来自世界五大洲的男女各20支车队开始太原赛段的争夺。自行车赛太原赛段全长199千米，是一条集体育、旅游、历史、文化、生态于一体的独具特色的国际化赛道。选手们在比赛的时候不仅可以感受自行车比赛速度与激情，还可以将太原的大美山色尽收眼底。

（资料来源：搜狐新闻，有删减）

（二）自行车旅行

自行车旅行是一种休闲时尚的旅游方式，通过骑行来陶冶身心、欣赏美景，最终到达目的地。自行车旅游也可分成普通自行车旅游和特殊自行车旅游。前者选用一般的加重型或标定型自行车，后者可选用特制的赛车、山地车等。特种自行车速度快，在不同的路线行驶时，也更加灵活有力。自行车旅游，对道路要求比较高。旅游时应选择平坦、易于通行的道路，除迫不得已应尽量避免去坡道、土道，这对人对车都有损害。因此，只有在很明显是抄近，或非去不可的情况下，才能走土路。一般情况下，宁可多走几里，也要避开。俗话说：“宁走十里坦，不走一里坎”，对于自行车旅游来讲也是有道理的。自行车旅游特别是长途旅游，掌握好自行车骑行技术是很重要的，可以节省体力，保证安全。自行车车座的调整，是自行车技术的一个重要方面。一般来说，以车座较低并有5~10度的后倾最便于长途旅游。自行车旅游选择适当的速度也是非常重要的。途中休息也可保持每二至三个小时一次，不要想停就停，应坚持到时间或预定地点再休息。在特殊的道路条件下行车，适当地掌握行车速度更为重要。无论是山间小路，还是又长又陡的下坡道，车速度既不可太快，也不可太慢，应因地制宜选择速度。

骑行的乐趣，在于户外新鲜的空气、沿途遇到的风景，更在于飞速行进的刺激、迎风直上的坚持和大汗淋漓后的畅快。一人一车，挑一条心仪的路线，来一场说走就走的短途骑旅；也有人背上自己的全部家当，千里走单骑，感受浪迹天涯的洒脱。

你来说一说：

推荐一条你熟悉的骑行旅游线路。

学习笔记

五、丛林野战：让子弹飞一会

野战运动的前身是野战游戏，也叫生存游戏。英文名称为“ War Game”，起源于20世纪50年代的美国西部。现代“野战运动”是结合军事训练题材，在规定的场地通过走、跑、爬、跨越障碍、射击等运动手段，以PS、无线电等多项现代化技术进行联络、指挥的时尚环保体育运动项目。2012年5月，国家体育总局颁布的《中国野战运动竞赛规则》明确界定野战运动的定义：野战运动又称“真人CS”，是以激光发射器、以激光束代替子弹来进行射击的社会体育竞技项目。赛事以击中目标的快慢、先后或多少决定胜负。野战运动将军事主题活动与国际教育相结合，具有贴近实战的独特优势，不仅能强身健体，而且具有休闲价值，能提高生活品质（见图1–12）。

图1–12 野战（CS） 翟俊凯提供

2020年11月，国家体育总局社会体育指导中心下发《关于将野战运动项目更名为国防体育运动项目有关事宜的通知》，野战运动正式更名为国防体育运动项目。有国无防，国将不国，一个伟大民族的强盛离不开国防建设。少年智则国智，少年富则国富，少年强则国强！国防教育让同学们意识到国家安全的重要性，从小树立国防意识，关注国防，了解国防，热爱国防，立志为国防建设奋斗。

野战＋旅游，激发市场活力

体验式旅游是体验经济时代旅游业发展的大势趋，就目前来看，不少旅游景区还是传统的观光式旅游，而且存在产品老化，体验因素缺乏的问题，致使景区竞争力不强、知名度不高、吸引力不够等。而野战运动项目通过激光真人实战对抗系统，在安全的条件下最大限度地还原实战体验，这有利于拓展景区的体验因素和客源市场。在实战体验中，参与者手中的“激光枪”能模拟振动，发出具有真实感的枪声，能体会开枪射击的感觉；一旦被激光枪击中，被击中者的头盔会发出惨叫声，伴随红色灯光的提示和震动装置的振动，让被击中者有一种“中弹”

学习笔记

的感觉。显然，野战运动项目的开发能大大增加旅游景区的体验因素，在游客厌倦了“走马观花”式的被动旅游方式、追崇个性化参与和互动的背景下，开发野战运动项目能吸引游客来景区进行休闲娱乐实战体验，有野战运动项目的旅游景区无疑比一般的景区更具吸引力、竞争力和知名度。

加强我国野战运动与体育旅游的紧密结合与互动发展是休闲时代体育旅游发展的必然趋势，是野战运动和旅游产业发展的大趋势，也是野战运动与体育旅游互利共赢、和谐发展的重要举措。野战运动与体育旅游的融合是一个激发演化的过程，它更多的是由市场需求而产生的一种主动融合，随着休闲体育不断发展，我国野战运动和体育旅游产业的融合趋势将更为明显。体育旅游是一项前景广阔的经济产业，又是经济性质的休闲产业，应充分发挥野战运动在体育旅游中的重要作用，推动我国野战运动与体育旅游产业在融合中实现提升，体育旅游产业以野战运动为内涵，野战运动以体育旅游产业为重要载体，展示野战运动的内涵与刺激，实现野战运动的休闲体育价值。

你来试一试：

当旅行遇到 CS 野战，会是怎样一种体验？

六、皮划艇：划进你的生活

皮划艇的出现最早可追溯到远古时代。皮划艇的原型是独木舟，英文称之为“Canoe”，它是把独木挖空而制成的，是古人为了克服山川、河流的阻隔，用于生产生活的水上交通工具。皮划艇经历了从人类生存活动到休闲运动以及竞技运动的发展历程。皮划艇运动是一项充满运动技术，需要身体精准控制力量的竞技运动，更是一项充满趣味的休闲活动（见图 1-13）。

图 1-13 皮划艇 李勇提供

学习笔记

知识卡片

皮划艇=皮艇+划艇

皮艇和划艇统称为皮划艇，这两种艇都是从独木舟演变而来的。皮艇起源于格陵兰岛上的因纽特人所制作的一种小船，这种船用鲸鱼皮、水獭皮包在骨头架子上，用两端有桨叶的桨划动。划艇则起源于加拿大，因此又称加拿大划艇。实际上，皮艇和划艇的主要区别在于运动员在艇内的乘坐方式以及艇的运动方式。皮艇运动员坐在艇内，用一支两端都有桨叶的桨左右交替划水，使得船艇往前行走。划艇运动员单膝跪在艇内，用单叶桨在艇手一侧划水，使船艇往前行走。

皮划艇旅游

虽然现代交通很发达，但地球上仍然有超过70%的面积都被水覆盖着，无法靠脚步、飞机、火车、汽车到达。也就是说通过这几种方式，我们仅能看到这世界30%的部分。轮船能带我们去到大部分的海面与水域，不过仍然有些隐秘且独特的地点是大型游轮无法深入的，这时候就需要皮划艇。现在很多国内外的风景区都提供皮划艇体验，皮划艇是能帮助人类探索自然水域的一种最环保也最简单的工具。皮划艇旅行缓慢的节奏能让你静下来欣赏身边所发生的一切，以一种特殊的视角去观看美景，以一种慢速的划行感受旅行的意义，以一种被大自然环绕的心境去体会诗和远方，一切都是那么正好。

在南极洲划皮划艇可以让你亲身穿越在冰川之中，在玻璃般清透海面上感受南极的沉静，你还可以在水中近距离接触到南极的动物。新西兰是皮划艇运动的最佳场地，新西兰北岛有一种热带雨林的感觉，河流穿过绿树成荫的峡谷；南岛是高高耸起的山脉、连绵起伏的丘陵和一个又一个山谷。挪威拥有迷人的沿海地区、梦幻般的峡湾和世界上最好的河流，划皮划艇穿行于峡湾中，感受的不仅是风景，还有地球的变换与时间长河的厚度，这是挪威峡湾最动人心魄的魅力。

你来找一找：

一个皮划艇训练基地需要配备哪些设施设备？

学习笔记

七、潜水旅游：悠游人生

人类潜水活动始于远古时期，广义的潜水是人们在携带或不携带专业工具的情况下进入水面以下的活动。最初潜水是为了进行水下查勘、打捞、修理和水下工程等作业，后来随着科技的进步和人们需求的提高，潜水活动逐渐发展成为一项集锻炼身体、竞赛、探索、娱乐等目的于一体的运动。当前，休闲潜水已在国内外广泛流行，潜水教练员也成为一个新兴热门职业，越来越多的人考取潜水员资质。不论是进行何种形式的潜水活动，都需要使用特殊的装备、学习相关的知识以及掌握潜水技能，才能确保潜水者的安全。

（一）潜水的分类

按照潜水的方式不同，潜水可分为浮潜、屏气潜水和给气潜水三大类。

浮潜是指潜水者戴着面镜、呼吸管、脚蹼、潜水服或浮力背心，漂浮在水面不潜入水中的“浮游”。不携带装备，闭气潜入水中活动的称为“屏气潜水”，也叫“自由潜水”。“给气潜水”指的是潜水者在水下潜水时得到气体供应的一种潜水方式，给气潜水又分为“水肺潜水”和“水面供气潜水”。潜水者自己携带供气装置在水下活动的称为“水肺潜水”；而依靠一条送气管从水面将空气输送给潜水者使用的称为“水面供气潜水”。近几年来世界各地知名的度假海岸区域，都有水面供气潜水活动供游客体验水中世界。

思政园地

规范网络行为，不做“键盘侠”

如今，互联网时代出现了一系列网络用语，“潜水”这一网络用语主要指在社交平台上，静静地观看，而不发表意见，宛若大洋海底猎杀敌舰的潜水艇。与“潜水”者对应的是“键盘侠”，是指那些在网上占据道德高点发表“个人正义感”和“个人评论”的人群。“键盘侠”往往凭借个人价值观来评判世界，虽然有一定的正确性，但因为自身局限性而背离客观事实本身，形成极端观点，易被有心机的人利用，形成群体性网络事件。

作为21世纪的年轻人，应该自觉行动起来，规范网络行为，增强法律意识，做网络文明的传播者和网络正能量的弘扬者，共同营造一个健康积极向上的网络环境。

关于潜水证的考取，目前全世界最通用的就是PADI（英文全称Professional Association of Diving Instructors，即专业潜水教练协会）发的证书，PADI在西方国家有很大的影响力，是世界最大的潜水组织之一，尤其在东南亚海岛的潜店基本都是以PADI为主的。PADI起初的等级有OW，AOW，把

学习笔记

这两个证拿下来基本上就可以满足我们平常的潜水项目。OW 课程（开放水域潜水员）：能下潜的深度标准是 18 米；AOW 课程（进阶开放水域潜水员）：能下潜的深度标准可达 30 米。

（二）潜水旅游

潜水旅游，指游客穿戴潜水装具到水下或海底去观赏水下自然生态景观、海底遗物或遗迹的活动。随着潜水越来越多地进入人们的视线并被更多人接受，这项一直被误以为高门槛的运动也渐渐走下神坛，呈现出大众化的趋势。潜水产业脱离旅游业附属品，也渐渐找到属于自己的位置，占领越来越大的市场份额。据中国潜水社区（CDC）的年度调查，目前中国潜水爱好者中，男性占大部分，年龄集中在 28 岁到 35 岁之间，平均年龄为 28.3 岁，83%拥有本科以上的学历，职业领域则集中在文化、金融、商务、咨询等高压高薪行业。诚然，旅游发展的核心要素之一便是环境保护，而潜水运动作为旅游行业中的细分领域，不仅需要环境秀美的先天条件，也包含着服务、装备和教学等一系列的工作，一个合格的潜水点不是只有装备和拍照那么简单，还要有环保的理念和行动。

你来查一查：

“小白”（无证）可以潜水吗？

____

____

____

____

____

八、户外营地教育：让教育回归自然

户外营地教育就是一种把丰富多彩的户外体验汇聚起来的体验式教育模式，是发生在由参与人员、活动空间、大自然所组成的临时性的“体验式”社区中，并且是“户外活动—文化体验—旅行—教育”汇聚起来的共同体。户外营地教育以素质教育为基础、能力培养为核心，通过体验式教育“从做中学”的经验学习模式，让青少年从活泼有趣且富有挑战性的营地活动中，体验生活中各种知识的运用；通过营地指导员的带领磨炼意志，增强自信，提升青少年与人沟通和相处的能力，更好地帮助青少年突破舒适区，不断挑战自我，培养良好的品格，享受成长的乐趣。营地教育现已成为一种社会教育模式，是学校教育和家庭教育的最佳补充，特别是“双减”之后，很多家长更加踊跃地把孩子送到营地进行深度教育，增加更多课堂外的知识（见图 1–14）。

学习笔记

户外营地教育本质上是一种以户外体验为核心元素的教育、运动、休闲创意空间的集合。户外营地教育能够提供学校教育、家庭教育所不能提供的多种场景。未来，教育不再单单用学校和教室来标识，甚至不以开展的课程定义，而是由一个又一个鲜活的教育场景来定义。户外营地教育真正的意义是把对的内容放到对的场景里，去产生对的效果。户外教育营地的空间生产需尊重人不同于工业和信息产品的复杂性，需尊重人不同于植物与动物的自主性，需遵循人不同于智能产品的生命主权和情感成长规律。营地为教育带来了新的活力，能够让营地参与者体会不一样的“学习”，得到不一样的“成绩”。

图 1-14　户外营地夏令营　李勇提供

营地教育产品

营地是一种线下体验场景，是很多业态的组合。现阶段在我国营地运营中能够起主要作用的就是营地教育业态，它以教育理念为指导，以体育文化等为内容，以旅游模式为运营方法，以文旅地产作为依托。从产业融合的角度来考虑，营地的角色是多元的，既是素质学校，又是体育培训基地；既是休闲度假村，又是拓展培训会议场地；既是政绩工程，又是资产盘活的利器。营地教育一直在旅游和教育中争论，从法律和运营角度，它是旅游；从流量来源和目的性上它是教育。营地教育从经营方式上和组织体系上应该属于旅游行业，所以商业上一定属于旅游，产品上属于教育。目前，国内的营地教育产品主要以户外探险、自然探索、体育运动、艺术体验、科学技术、历史文化、军事主题为主（见图 1-15）。

图 1-15　户外营地教育　李勇提供

学习笔记

知识卡片

营地的核心是什么?

营地中不论是旅游度假性质的房车营地，或者是以青少年教育为导向的教育营地，其核心并不是营地面积大小，也不是营地设施多寡，更不是营地设备高大上与否。营地都具备与生俱来的文化，营地支撑着文化的营造与传承，就是精神价值的传递。很多时候，人们喜欢营地并不是喜欢营地本身，而是户外营地所创设的场景，以及在场景中自己浸润的情感和意志、投射的人格和品位，能够给人带来定向感、认同感。

每个国家都应该根据国情与实际需求，制定适合自身发展的精神教育。

你来想一想：

营地教育是一个“没有围墙的学校”。“没有围墙”体现了营地开放的环境和氛围，“学校”体现了营地输出教育内容的本质。你认为什么是优质的营地教育呢?

九、拓展旅游：美妙的融合

拓展训练是一种户外体验式培训，通过学员的亲身实践来达到掌握某项技能的目的。课程时间非常灵活，短则半天，长则半月甚至更久。学员在课程期间不断探索了解自我，同时增进与他人的了解与沟通；培养团队精神，个人坚毅性格和社会责任感，使学员学会生活，学会工作，学会自我发展。拓展训练既令人兴奋又富有挑战性（见图 1-16）。

（一）拓展训练的流程与特点

拓展训练的流程是一个体验式学习圈，包含：活动（项目操作）—发表（学员陈述项目完成情况，包括过程，结果，事件）—反思（根据项目完成情况提问题，找原因，制作解决方案）—理论（归纳提炼理论解说，联系到现实

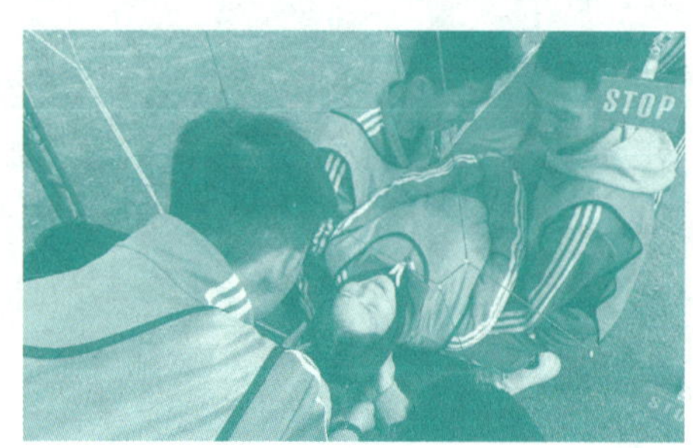

见 1-16 拓展训练—穿越电网 管萍提供

学习笔记

工作生活当中）—应用（结合现实工作制订行动计划）。拓展训练课程通常是以十几名学员为一个小组，由一名培训师安排并负责全部活动。根据培训师设计的课程计划进行项目活动，这些项目在保证安全的前提下，既具有挑战性又富有冒险精神。每个项目开始时培训师认真讲解注意事项和项目要领，项目结束时大家回顾项目完成状况和各学员的表现，培训师通过引发大家的讨论，更深地引导大家思索生活和工作，培训结束时，学员和培训师一起对全部项目实施情况及小组和个人的表现进行回顾和总结。

体验式培训与传统培训的区别

拓展训练的"是"与"非"

通常60%课程的时间用于进行项目，40%的时间用于讨论和思索，以促进拓展训练计划—实施—反思—应用—自我完善意识的形成。在整个课程期间，培训师都会引导和鼓励学员在小组讨论时发现自己的优缺点，清楚地了解自己在小组中的作用，以及怎样才能对同伴产生积极影响，避免消极影响。课程结束时，每个学员将对自己有一个正确的认识，并在团队协作，乐于助人，积极参与，尊重别人，尽职尽责，充满自信和想方设法解决难题等方面有显著提升。

知识卡片

"破冰"，是什么?

所谓"破冰"，就像打破严冬里厚厚的冰层，破冰是一个专业术语，指的是培训当中一项专业的技术。这个叫法起源于冰山理论，每个人都是一座冰山，罩着坚硬的外壳，意识的部分只是水面上的一点点，更多的是水下庞大的冰山，是潜在的意识，或者说是不容易被分辨的意识。破冰是一个不同个体互相认知的过程，打破人与人之间的冷漠疏离，把人的注意力引到现在，注意力在现在就无法或者不容易被潜在的意识影响，这样就可以达到团队融合，让参加训练的人不再疏远、猜忌、怀疑。

（二）拓展旅游

拓展旅游又称为体验式旅游。它以旅游为依托，又不同于纯粹的旅游。是以旅游的形式，让人们在享受自然风光的同时，通过体验一个个富有趣味性、刺激性的项目，在自然开放的氛围中达到身心的双重放松。与传统旅游相比，拓展旅游不局限于游山玩水，而是更强调游客的主动性和参与性。利用自然环境以及各种人工创设的情境，让队员们在各种精心设计的活动中解决问题、应对挑战。这是一个体力与脑力活动相结合、个人挑战和团队合作相结合

学习笔记

的过程。对游客而言，项目的参与不但能激发个人的勇气、力量和潜能，还可以加强团队成员间的默契、投入、沟通和热情，体现“众志成城”的协作精神。对企业而言，拓展旅游活动让每一名员工都融入企业文化之中，他们将以全新的精神面貌和更高的热情投入工作，员工与员工之间、企业各部门间能够主动沟通、默契配合，极大地提高工作效率（见图 1–17）。

图 1-17 拓展训练——击鼓颠球 翟俊凯提供

你来做一做：

在班级组织一个小型的拓展活动，谈一谈你的体验和收获。

● 任务实施

2018 年 11 月 14 日，重庆市体育局发布重庆市《打造全国户外运动首选目的地行动计划（2018—2022 年）》，力争到 2022 年让重庆成为全国户外运动首选目的地。从即日起到 2022 年，重庆市将结合自身区位优势、自然资源和历史人文资源，以发展山地、水上、低空、冰雪等户外运动为主线，立体发展“水、陆、空”户外运动项目，形成“点、线、面”全方位、“春、夏、秋、冬”全季节的户外运动格局。你认为，在打造户外运动方面，重庆有哪些得天独厚的优势？

（资料来源：上游新闻，有删减）

学习笔记

【任务评价】

评价形式	评价标准	评价等级（优/良/中/差）
自评	从不同维度介绍重庆发展户外运动的优势	
小组评价		
教师评价		

任务巩固

你所在城市春、夏、秋、冬适合开展哪些户外休闲项目呢？目的地在哪里？

任务五　户外运动理念

任务引入

户外运动能给我们带来什么？

我们为什么去户外？究竟有什么东西吸引着人们去户外？坊间通俗的说法认为户外运动是“自找苦吃”。确实，“户外运动是一种承受磨难的艺术！”在

学习笔记

欧美等现代户外运动的发祥地，登山等户外运动已经有 100 多年的历史，曾经有人问著名的登山者马洛里“为什么要登山”，他说：“因为山在那儿！”。

真正让你对户外运动上瘾的，恐怕不仅是身体的锻炼，而是精神上的满足。

● 任务描述

了解户外运动的参与者对户外运动的需求情况，锁定户外旅游目标群体，是户外旅游产品进行市场营销的前提。

● 任务学习目标

知识目标	技能目标	价值目标
1.了解户外运动的特点 2.掌握户外运动理念	通过市场细分的方法，选定户外旅游的目标市场	树立科学精神、环保理念、安全户外运动理念

● 任务必备知识

一、户外运动特点

户外运动是近几十年来在世界各地风行起来的体育运动，它是伴随着人们对工业化、城市化的反思产生的，顺应人们渴望亲近大自然，追求自由，张扬个性，强调平等参与的愿望。它通过对传统体育的改造、渗透、融汇和创新逐步发展起来。

（1）户外运动与旅游、教育、文化及科学探险紧密联系，相比传统的运动项目更具人性化和生活化，更加自由开放，更具创造性，更有丰富的文化内涵。

（2）户外运动在自然环境中进行，使人们回归自然、亲近自然、感悟自然，释放压力，放松心情，返璞归真，给人以更自然、更人性化的享受，可以有效地应对和缓解“城市病”给人们生活带来的损害（见图 1-18）。

图 1-18　五台山徒步　管萍提供

（3）户外运动具有不同程度的挑战性和探险性，结果不可预期性，新鲜刺激，可以激发人的兴趣、欲望和潜能，锤炼意志品质，提升自尊心、自信心和创造能力，提高身体全面适应能力，使人获得克服困难迎接挑战带来的兴奋感、成就感和幸福感。

（4）户外运动强调团队精神，要求团队统一思想和行动，团结协作，互相帮助，可以使人们扩大交往，体验真情，改善人际关系，培养团体合作意识。

（5）户外运动是学习的大课堂。“行万里路读万卷书”，在户外可以学到多方面的科学知识、专门技术、生活技能和解决突发问题的技巧。

（6）参与户外运动是一个找寻自我、回归自我、面对自我、体验自我、感受自我和完善自我的过程。它可以使干涸的心灵得到滋养，使单调乏味的生活焕发活力，使平淡无奇的人生增添光彩，使柔弱的身体强壮起来。

知识卡片

健康生活需要户外运动

后疫情时代，人们对健康生活的向往愈加强烈。这种健身意识的觉醒也让越来越多的人加入户外运动的热潮中。根据飞猪平台数据，在2021年十一黄金周，冲浪、潜水预订量环比涨超200%，徒步、攀岩环比涨超13倍，帐篷、露营环比更是涨超14倍。这一趋势在2020年便有所体现，根据天猫2020年3月、4月数据，露营消费同比增长就超过200%。一份名为《疫情后时代：2020年6月至2021年6月“全民健康”下的行为变化》的报告表明，人们参与最多的户外运动项目分别为徒步、骑行、露营、攀岩、登山。

（资料来源：汇跑赛事ID：huipaoevent，有删减）

二、户外运动理念

1. 科学

著名华人高原低氧学家甯学寒先生曾说过：“登山准备工作的起步点是通过学和思考去认识山和在山面前的自己。用科学知识及训练先使自己具备合格的条件再接近它，然后用自己的调整去习服它。”他主张“攀登者的步伐，也应踏实在科学的脚印上”。这些用在户外运动中也是恰如其分的。自然环境和户外运动都具有各自的规律，如果人们能客观地认识户外运动，多把握一些科学规律，少一些盲目和冲动，从意识上、物质上、体能上、技能上和知识上做更充分更科学的准备，并采取有效手段规避风险，就可以在一定程度上保障运动者的人身安全，更好地享受户外运动的魅力。

新时代需要大力弘扬科学精神。科学精神是一种观念，一种思想，一种勇气。在人类发展历史上，科学精神曾经引导人类摆脱愚昧、迷信和教条；当代中国，富含科学精神的解放思想、实事求是、与时俱进，已经成为党的思想路线，成为我国人民不断改革创新，开拓进取的强大思想武器。

学习笔记

2. 安全

人们开展户外活动时，常常面临一些不确定因素，这使户外运动具有不同程度的挑战性、探险性，而这些因素同时又是户外安全所要考虑的。自然环境与人们日常生活的环境存在很大的差异，尤其对大多数生活在城市中的现代人来说是陌生和特殊的。如何在保障安全的前提下体验户外运动的魅力是每个户外爱好者都会面临的问题。因此，识别和评估户外运动的风险，掌握合适的户外知识技能，未雨绸缪并合理应对，是实现户外安全的前提。

安全永远是户外活动的第一原则。坚持户外“三不”，不攀比、不争强、不过量。不攀比是指在距离、时间、强度上不与他人攀比；不争强是指在速度、难度上不与他人争；不过量是指在身体适应能力和距离上不超量。在户外活动中只顾速度却忽视了安全，哪怕在行进过程中的一脚踩空，可能也是极其严重的事故。不争强好胜而冒险，不擅自离队、不独自进入不明地带，也许你的好奇会给整个队伍埋下极度危险的隐患。

3. 环保

大自然总有些东西深深地吸引着人们，当你在静静的溪水旁或高高的峰顶上，或围坐在营地中欣赏落日最后一缕阳光时，你可曾想过面对大自然给予人类的无私馈赠，我们应该以怎样的心态和行动去回馈？没错，是感恩的心态和环保的行动。如果没有对脆弱环境的悉心保护，幽静美丽将转化为拥挤和脏乱。谨守户外环保规范、与他人共享户外生活的乐趣，是我们共同的责任。

生态环境一直以来都是人类生存、生产与生活的基本条件。党和政府把环境保护作为一项基本国策。2013 年，习近平总书记在纳扎尔巴耶夫大学谈到环境保护问题时指出，我们既要绿水青山，也要金山银山。宁要绿水青山，不要金山银山，而且绿水青山就是金山银山。党的十八大以来，习近平总书记对生态文明建设作出了一系列重要论述，这些重要论述包含尊重自然、谋求人与自然和谐发展的价值观念和发展理念，为努力建设美丽中国，实现中华民族永续发展、走向社会主义生态文明新时代指明了方向。

● 任务实施

案例分析：《2019 中国户外运动大数据报告》对户外运动参与人口基本画像：户外人口整体以男性为主，中青年占人口主体，整体以本科学历为主，职业主要为各类专业技术人员，工作年限以 8 年以上为主，月平均收入（除无全职收入的）排在第一是 4001~6000 元，排在第二的是 1 万元以上；婚姻状况以已婚为主，排除未婚未育人群，已婚和离婚人群中绝大多数有孩子。户外人口过去 1 年参与山地户外运动项目首选徒步，其次是健身登山，再次是露营。

从这一画像中，反映了中国的户外休闲活动群体对户外运动有哪些需求呢？

（资料来源：梁强，2019年中国户外运动发展呈现融合化趋势，网易旅游，有删减）

任务评价

评价形式	评价标准	评价等级（优/良/中/差）
自评	1.从不同维度理解参与人群对户外运动的需求 2.论述清晰、条理	
小组评价		
教师评价		

任务巩固

为什么越来越多的人喜欢跑马拉松？以下说法你认同哪个？

跑完马拉松可以让人们获得一种精神上的优越感。因为只要你参与马拉松，坚持跑完全程，不管名次，你都能成为人群里的少数派，在别人眼里你就很不一般。（　）

马拉松作为精神图腾，人们对它有一种朝圣的态度，因为人们觉得这是超越自己、战胜极限最好的证明。在近乎崩溃的时候，坚持下去，到达终点，对一个人有着超凡脱俗的意义。（　）

马拉松还可以成为人们的精神寄托，让人逃离现实。生活中有很多压力，但当你开始跑步的时候，你关注的就只有自己的心跳、步伐和身体的各种反应。这种方式简单、纯粹，不需要太多的技巧和策略，需要的就是坚持。所以在心理层面上，马拉松可以成为人们的精神寄托。（　）

学习笔记

【项目总结】

1. 进步之处

2. 不足之处

3. 自我总结

项目二　弹见洽闻——户外旅游知识

项目导读

户外运动，尤其是登山、徒步、重装穿越等活动对人的体力消耗特别大，在运动过程中要及时补充食物，来提供持续体力。通过合理的饮食，保证身体能量的补充，才能达到强身健体的目的，进而养成科学的生活习惯。户外圈里常说：户外出行装备不对，不仅身体受罪，可能整个行程都会白费。在户外，专业的装备不仅能保护身体的安全，还能让整个行程更加轻松舒适，户外体验感更好。当然，户外出行还要讲环保，环保是每个户外人义不容辞的责任。因此，户外出行要科学合理安排饮食，准备合适的出行装备，并在活动中遵守 LNT 法则，这是户外爱好者必须具备的户外旅游知识。

学习目标

<table>
<tr><td rowspan="4">项目目标</td><td>基础理论与知识</td><td>1.了解户外食品与营养常识
2.了解户外环保的LNT法则
3.掌握户外装备基础知识</td></tr>
<tr><td>基本技能与能力</td><td>1.能依据食品营养常识，科学准备户外食物
2.能依据活动类型不同，制作装备采购方案</td></tr>
<tr><td>基本素养与价值观</td><td>1.树立科学饮食观念
2.践行户外环保理念
3.激发创新精神</td></tr>
<tr><td>思政育人目标</td><td>1.倡导学生做一名绿色环保的践行者
2.号召学生支持国货，鼓励“勇敢去探索”
3.倡导学生爱护生态环境，建设美丽中国
4.引导理性消费，只买对的，不选贵的</td></tr>
</table>

项目实施

本项目主要学习内容为“户外食品与营养常识”“户外环保法则”“户外装备知识”。玩户外，先从这些知识开始吧！

学习笔记

任务一 户外食品与营养

● 任务引入

“民以食为天”，参与户外运动时光喝水是不够的，还要合理膳食，营养均衡。如果休息充分、饮水充足、饮食营养均衡，那么虚脱、中暑、感冒等症状就少有发生。户外活动有时十分辛苦，因此身体需要充足的食物来保证摄取足够的碳水化合物、蛋白质和脂肪。只要事先做好规划，就可以为户外出行准备易保存、易携带、营养丰富的食物。越是长途的户外活动，食物就应该越丰富。此外，还要注意食物的味道，否则食之无味。携带食物的首要目的是迅速补充体力，其次是享受野外烹调的乐趣。户外食品准备，走起！

● 任务描述

户外活动（如登山、徒步等）路线的难易度、自身的体形、新陈代谢的速率以及体能的好坏，对热量的需求各不相同。要学会依据不同季节、不同线路难度、不同人群制定不同的户外食品清单。

● 任务学习目标

知识目标	技能目标	价值目标
1.了解户外食品营养配比 2.熟悉常用的户外食品	能按照活动类型、活动季节、参与者的情况，制订合适的户外食品清单	1.树立科学饮食的意识 2.树立环保理念

● 任务必备知识

在户外活动中，参加人员要背上全部的衣、食、住、行等装备与生活用品，这些装备和物资自身有一定的重量；而且运动过程中，还要做出登高或者横渡、攀爬等技术动作，对体能和能量的消耗，与日常生活所需相比较，肯定要大得多。掌握户外食品和营养常识，可以为身体运动提供足够的能量来源，有利于运动后的快速恢复，以及减轻我们行动中的负重量，不过多地无谓消耗体能。所以我们务必要行前科学充分计划，行动中合理有效进行补给。

一、户外食品的营养物质构成

户外运动所需的营养其实和我们日常生活中所需的营养基本相同。碳水化合物、蛋白质、脂肪、维生素、矿物质、水都是维系我们身体机能正常运转的基本营养素。

碳水化合物：包含糖和淀粉等，大量存在于米饭、面条、谷物、面包、烤馕等食物中；蛋白质：大量存在于猪肉、牛肉、家禽类、鱼类、豆类、坚果仁中；脂肪：分为动物性脂肪和植物性脂肪两类，动物性脂肪来自动物肉类、黄油等；植物性脂肪来自花生油、大豆油、菜籽油等。维生素：是人体内进行新陈代谢的催化剂；矿物质：是构成人体组织和维持正常生理活动的重要物质。

人体每天消耗的能量与热量来源：60%~65% 来自碳水化合物，20%~25% 来自蛋白质，10%~15% 来自脂肪。维生素和矿物质虽然不能直接提供能量来源，但他们在能量的转化过程中发挥的作用不可或缺。当然，这些百分比都是平均水平，不同的情形会有不同的变化。在寒冷天气条件下或相对炎热的天气里，人们对于脂肪需求的百分比会更高。碳水化合物可快速提供能量而且易于消化，包括谷类、米面、淀粉类蔬菜（如土豆和玉米）等。蛋白质则包含在肉类、芝士、牛奶、蛋类中。含有高脂肪的食物有油类、人造黄油、黄油、坚果类、芝士和肉类。由于碳水化合物这种能量无法持续很长时间，故在食谱中应考虑进食蛋白质和脂肪，它们可以提供长时间的能量。当需要快速和持续长时间的能量的时候，例如在寒冷的天气里，考虑吃一些燕麦片、水果干或者一个麦片棒。建议购买户外食品，务必仔细判别它的碳水化合物、蛋白质、脂肪的含量分别是多少，尽量选择比例参数最适合营养要求的食物。

总之，户外吃什么，怎么吃，要讲一个科学性。保证身体能量的补充，达到强身健体的目的，进而养成更科学的生活习惯，是户外强驴一直致力追求的方向。

二、户外运动食品的搭配

为方便说明，把一天的户外食品，按照早餐占 20%、午餐占 50%、晚餐占 30% 的比例来组织和配给。分为早餐粮、行动粮、午餐粮、晚餐粮、紧急备用粮共 5 大类。

（一）早餐粮

早餐最合适的是清淡的高碳水化合物营养早餐，如扁豆稀饭、蒸馒头、酸奶、米线之类，最好富含水分。早餐建议不要进食含高糖的糖水、糖粥之类甜品，以及一些不容易消化的牛肉、猪肉类食物。如果早餐空腹进食含高糖的食物，容易引起反应性低血糖症状。早餐进食难以消化的肉类，同样会影响运动状态，被累得气喘如牛。

注意：如果平时活动过程中经常会发生肌肉痉挛（也即是脚抽筋）的人，建议早餐吃 1~2 根香蕉，因香蕉富含微量元素“镁”。镁是重要的神经传导物质，它可以让肌肉放松下来。

学习笔记

（二）行动粮

在登山远足过程中一点点放入口中的食物，通常称为行动粮。行动粮由朱古力豆 + 果仁（腰果和蚝油黄豆）+ 葡萄干 + 干香蕉片 + 牦牛肉干组成。所有食物拆开包装后（少产生垃圾）全部混装一起，放置在行进中很方便用手随时取出直接食用最合适。在国外，很多的登山远足爱好者，通常也会把午餐分配为 3~4 小份，在每次长休息时吃一份，这样进食就是为了满足行动中的及时补充，同时，还能减轻一次进食太多食物对消化系统的负担。

（三）午餐粮

在登山徒步过程中，中午休息时间较长的午餐食物，通常称为午餐粮。午餐粮以能方便食用与保存的面包、点心式牛油饼、火腿肠、榨菜等较为合适。通常户外午餐粮的补充，都会选择山顶等风景优美的地点来进行，并可以根据行程时间，决定是否进行适当加热食用。通常午餐后休息调整时间，一般不少于 50 分钟。

（四）晚餐粮

就是到达当天的活动目的地终点站要吃的食物。晚餐粮的补充，最重要的是要及时补充活动中失去的糖原，为明天的旅程进行准备。晚餐的主食种类繁多，可以按照自己的饮食习惯和熟悉的食品来充分烹饪。一般会用炉具煮食，配上脱水蔬菜汤。食物最好都是碱性食物，更利于体能的恢复。脱水蔬菜建议选择一些深绿色蔬菜，如大芥菜、上海青等，深绿色的蔬菜对保护视力、预防雪盲发生有一定的帮助作用。

注意：每餐的食物，都要用不同颜色的密封袋提前分包装好，在食物收纳袋里面准备每天的食物食谱清单，这样保证不会拿错和计划不周。

（五）紧急备用粮

在登山徒步过程中，非紧急非意外情况下不取出来食用的食物，通常称为紧急备用粮。紧急备用粮如压缩饼干，宝矿力粉剂，快速补充能量棒——POWER BAR。需要注意的是，紧急备用粮每半年建议取出检查一次，查看是否过期或变质，务必要及时更换。

思政园地

科学饮食，健康生活

没有“好”或“坏”的食物，只有好或坏的饮食。人类的食物是多种多样的，各种食物所含的营养成分不完全相同。除母乳外，任何一种天然食物都不能提供人体所需的全部营养素。平衡膳食必须由多种食物组成，

学习笔记

才能满足人体各种营养需要，达到合理营养、促进健康的目的，因而合理的调整我们的饮食，均衡的搭配，这才是对我们健康最重要的。

合理的饮食不仅可以满足机体对营养素的需求，还可以起到调节情绪，愉悦心情，美貌修饰，减肥健身，预防疾病，增进健康，会进一步提高你的生活质量。

（六）水

水是存在于人体的主要物质，比例占到人体体重的 60%~70%，水通过汗液的形式调控人体温度，并且负责在细胞间运送营养物质和废物。水也是肌肉和细胞的主要组成部分，影响着细胞内化学反应的发生。在体温没有发生变化的情况下，没有水人只能生存 3~4 天。人体每天大约消耗 2.5 升的水，这些水通过尿液、呼吸、汗水、粪便等方式排出。在运动中，水的消耗会远远大于这个数字，比如在密林里行军需水 8 升左右，不同的运动类型、地理环境、天气以及不同个体特点对水的需求都会有差异，个人可以根据经验和对水的耐受来配备。

脱水会导致身体不适，判断力和协调力下降，容易患上高原疾病、低温症和中暑，严重的可以造成脱水死亡。体液的流失必须通过饮水和食物的途径得以补充，所以在徒步的时候，要定时、少量多次地进行水分补充。户外活动中水的饮用不要等到渴的时候才喝，身体缺水和有渴感是有一个时间差的，身体缺水后有一小段时间才会感到口渴。另外，口渴后大量饮水过一小段时间之后口渴的感觉才会消失，这时有可能饮水过量，同样会影响活动的舒适，所以户外活动中需要遵循少量多次的原则。通常，每隔半小时或一小时就要喝水一次，每次 100~200 毫升不等。

均衡饮食和适量运动对于人们十分重要。均衡饮食使身体正常运作，有助于抵抗疾病，让人时刻感到精力充沛并维持理想体重。随着物质文化生活水平的不断提高，人们对健康的关注程度也越来越高。党的十九大作出了实施健康中国战略的重大决策部署，充分体现了党对维护人民健康的坚定决心。

三、选择户外食品的基本原则

1. 营养价值高，而且营养均衡
2. 对运动状态有帮助，易于消化，便于吸收
3. 压缩比高，相对轻便，容易携带
4. 方便食用、不易腐坏、易于洗濯和烹饪
5. 尽量减少残留废物，少产生垃圾，经济实惠
6. 适合个人口味，给旅程增添乐趣

学习笔记

四、影响能量消耗的因素

（一）环境

冬天吃的比其他季节多，寒冷天气下消耗量增加。例如在6~8月的鳌太线（“鳌太”线是一条纵贯秦岭鳌山与太白山之间的线路，也是秦岭山脉海拔最高的一段主脊，被誉为“行走在中华龙脊”上的探险。），按“低消耗模式”准备食物问题不大，但到10月以后甚至是冬季，选“低消耗模式”简直就是去自残，这时候应该选择“中消耗模式”。

知识卡片

食物消耗的三种模式

高等教育出版社《户外运动》中，户外运动食品准备的基本原则规定：少量，一天保证0.6kg，也就是一天最少消耗0.6kg干食。0.6kg干食提供约2000~2400大卡，属于低消耗模式；中消耗模式为2800~3200大卡/日，需要0.8kg左右干食；高消耗模式约4000大卡/日，需要1kg左右干食。

资料来源：国家体育总局职业技能鉴定指导中心组编，《户外运动》，高等教育出版社，2017年7月出版

（二）路况

是缓坡多还是陡坡多，甚至是没有路的情况都会直接影响运动量。

（三）线路长度

每天计划走多少？走多少天？走3天和走10天以上完全是不同的概念。如果徒步超过一周，从第7天或者第8天开始还是按照低消耗进食，那么就会挨饿了。很不幸的是，许多人在这个时候偏偏因为食物短缺而开始控制饮食，导致了体力骤降。如果从第7天开始，进入“中消耗模式”，搭配以合理的营养结构，这时候你会变成一台徒步机器。

（四）个人体质

如果你是运动员，基础代谢就会比普通人高。体重大的人能量消耗也会大很多。

（五）运动类型

是徒步，还是探险，或者登山？相比而言徒步的消耗最少，特别是轻量化徒步；传统重装徒步会增加能量消耗，但前几天反而会降低食物的摄入量，这和过度能量消耗导致的食欲不振有关。登山的消耗最多，风寒效应，各种技术操作，一堆铁疙瘩似的技术装备，湿漉漉的绳子都会消耗额外的能量。

学习笔记

● 任务实施

你来准备户外食品！

2022 年夏季（7—8 月），王明（男，23 岁，信息公司技术人员）计划和朋友相约一起去五台山徒步，计划行程为两天一夜，请你为他准备这次行程的食物配给，并给出预算。

● 任务评价

评价形式	评价标准	评价等级（优/良/中/差）
自评	从营养物质、个人体质、运动类型、路线难度、天气因素多维度完成计算	
小组评价		
教师评价		

● 任务巩固

户外运动中我们需要多少能量？

户外运动 1 天消耗的热量（卡路里）= 人体 1 天消耗的基本热量 + 户外运动每小时消耗热量 × 运动小时数

成年人人体 1 天消耗的基本热量（卡路里）=655 ＋ 9.563 ×（W）＋ 1.85 ×（H）－ 4.676 ×（A）(W：体重，单位 kg；H：身高，单位 cm；A：年龄）

徒步和登山每小时消耗的热量（卡路里）=Mets系数×(体重+负重)

运动方式	强度	系数	体重60 kg +负重15kg 成年人每小时热量消耗
徒步	4km/h	2	2×（60+15）=150
	6km/h	3	3×（60+15）=225

（续表）

运动方式	强度	系数	体重60 kg +负重15kg 成年人每小时热量消耗
	上坡5~10度	4	4×（60+15）=300
	上坡10~15度	5	5×（60+15）=375
	下坡	3	3×（60+15）=225
登山	海拔3000米以下	6	6×（60+15）=450
	高海拔	7	7×（60+15）=525
	高海拔+恶劣天气	8~10	8×（60+15）=600

学习笔记

你来算一算：

白云，体重 45 千克，负重 15 千克，在海拔 3000 米附近登山，他每小时消耗（　　）卡路里，登山时间为 5 小时，加上人体消耗的基本热量 1260 卡，这一天白云消耗的热量约为（　　）卡。

黑土，体重 45 千克，负重 15 千克，在山路上徒步行进速度为 6 千米 / 小时，那么每小时消耗约（　　）卡路里，徒步时间为 3 小时，加上人体消耗的基本热量 1260 卡，这一天黑土消耗的热量约为（　　）卡。

任务二　户外环保法则

● 任务引入

在户外旅游过程中，不止一次痛心地看到很多美丽的风景周围有不相称的旅游垃圾，如包装袋、果壳、杂物、塑料袋等，这些都有可能对自然风景区生态环境造成破坏。为了保护我们生存的环境，为了让眼前的山山水水，美丽如昔日，我们应该本着不浪费、不破坏的原则保护环境，做一名绿色环保的倡导者。向大家发出倡议：“我们来！只留下脚印，只带走照片”。

● 任务描述

接触户外运动，需要上的第一堂课就是环保课。亲近大自然的过程中，要树立强烈的环保意识。本任务将带领大家认识 LNT 法则，掌握如何将户外活动对环境的影响降到最低。

学习笔记

● 任务学习目标

知识目标	技能目标	价值目标
1.了解LNT 法则的初衷 2.掌握LNT 法则的主要内容	能在实践中正确操作LNT法则的环保方法	1爱护自然生态 2.树立环保理念

● 任务必备知识

享受户外运动的愉悦过程，也是人类与大自然亲密接触的过程，善待户外环境，就是善待自己。环境友好因素，将成为户外产品生产中的新趋势，也将逐渐成为消费者选择购买时的衡量标准。

美国经过数十年的开发，对户外环境保护开发出一套户外环保法则（英文全称 Leave No Trace，简称 LNT），即对环境的最小冲击法则，它教人们如何尊重环境，对人们活动的区域造成最小的冲击或者没有冲击，以此来切实有效地关爱人们活动的环境。最小冲击法则可以定义为：利用户外技能，尽可能小地影响自然环境中的土地、水、植物和动物，也可称之为“无痕”或“低冲击”。最小冲击法则基于很简单的思想，即人们到户外是要成为自然世界的一部分，而不是单纯为了自己的利益使用它。科学家用“承载力”（或叫“环境容纳量”）来解释人和环境的关系，是指土地、水、动植物仅可以承受其不可逆转破坏之前的影响，即生态环境不能超过其承载力。

思政园地

爱护生态环境　建设美丽中国

“生态兴则文明兴，生态衰则文明衰。”“要像保护自己的眼睛一样保护生态环境。”习近平总书记这样教导我们。延绵 5000 年华夏文明，从耳熟能详的大禹治水，开凿都江堰水利工程，到积极申请遗产保护，巩固长城生态屏障，再到 21 世纪风靡全球的“人与自然和谐共生”的倡议，我国在保护生态方面屡创佳绩。

要实现中华民族伟大复兴的中国梦，就必须建设生态文明、建设美丽中国。

一、提前计划与准备

任何户外活动都需要提前做好计划准备，了解当时有关环保方面的规章制度，对有可能发生的情况做充足的准备，并且根据所了解到的情况选择适用的装备。同时要充分了解活动区域的线路特征并据此预先设计行进路线和露营地。根据线路的实际情况计划所携食品的数量，然后对食品进行简单的处理，

学习笔记

能够集中拆封包装的尽量提前集中拆封，尽可能地减少垃圾的生成，简单说，提前计划与准备要做到：不盲目、不违规、不浪费、有准备。

二、在可耐受地面行进和露营

在户外活动中，有时我们往往选择无序的切路以缩短路程、降低难度，这样做是不可取的。LNT 法则规定，不论何时何地都尽可能行走在现有步道上，不走捷径，不直上直下，团队在行进时只走一条单一的行进路线。如果道路情况好的话，同时背包又不算太重，可以考虑软底鞋，以减少对地面的冲击。在非登山步道上徒步，要选择岩石裸露地或是碎石坡等能耐受人类踩踏的地方行走，在这样的区域，分散行走是减少对环境冲击的最佳选择。

在对环境冲击较大的露营活动中露营地的选择非常重要，一般我们会要求营地选择在距离水源 50 米以上的位置。在热门路线中，只在现存土壤坚硬、寸草不生的营地上扎营，将营地活动集中在已经受冲击的区域。如果是在一个很少人类活动的地区，将营地扎在一个从未使用的地点，而不要扎在受轻微冲击的地方。如果是一个使用很频繁的营地，地表被严重侵蚀而且树根外露，就应该选择其他地方扎营，让营地有休息的机会。最适合扎营的地方，是岩石、砾石地、沙地，因为他们非常能耐受人类的踩踏，其他不错的选择是干草地，比较不能耐受人类冲击的是有丰富植被而地表覆盖树叶的森林地。

三、妥善处理垃圾

“背上山的东西通通都要背下山”，这是一项重要的原则，保持露营地的原貌，体现了露营者最基本的素质。

为了减少食物垃圾，我们在出发前应尽量减少包装，也尽可能地选择可重复使用的用具，计划合适的量，避免浪费。在露营活动中，尽可能少用清洁用品，切勿直接在水源中洗脸、刷牙、清洗衣物或洗菜，污水倒在离营地和水源 50 米以上、深 25~30 厘米的土坑中。对于食物的残渣应该全部带走，即使是果核、果皮等一些可降解的食物也必须全部带走。

对排泄物的处理，可以埋在一个 10~20 厘米深，离水源、营地或步道至少 60 米远的猫洞里。应仔细思考卫生纸的问题，大自然提供了许多对环境比较友善的方式，如果你一定要用卫生纸，就得将它背下山，不要掩埋或焚烧。在处理排泄物的同时，露营活动中应修建临时厕所，挖坑掩盖排泄物。

应留下一个干净的营地，把所有的垃圾都背下山。在营地的时候，应穿重量较轻且鞋底较平、较软的鞋子，例如运动凉鞋或是慢跑鞋，以减少踩踏对土地的冲击，重量轻的帐篷比旧式的帆布帐篷对环境的冲击小。当离开一个原始地区的营地时，应将草弄得蓬松并把营钉所留下的洞填平。面对大山，即使有再好的风景，遍地的垃圾也会把游玩的好心情涤荡一空！

学习笔记

四、保持自然原貌

还自然于本身。遇到诸如文化、历史足迹、人造雕塑、建筑等在未经允许的情况下不要触碰，更不可踩踏。有时，在活动中一些队员采摘花草、攀爬假山高墙，这样做都是不可取的，应加以制止。在建设营地的时候也要注意不要挖沟、改变溪流河道，在离开时把营地恢复到可以吸引后来的宿营者的状态，达到不破坏别的地面的目的（见图 2–1）。

图 2–1　只留下脚印　管萍提供

五、野外用火

野外活动不要用火，一般来说生火对自然环境的冲击很大，一次生火之后，它的痕迹就会变得越来越大，并且永远不会消失，火对土壤造成的永久伤害可以深达 10 厘米。因此在户外活动中，要使用合适的炉头做饭，穿足够御寒的衣服，使用帐篷，用一个好睡袋保持温暖与干燥，不要轻易使用火。

在必须要使用柴火的情况下，首先要确定所在的地方是否允许，是否是防火季节，确定要找到倒木当燃料而不是去采伐活树，理想的燃料就是比手腕细的树枝。在点火的时候，要选择把火生在有生火痕迹的中心区域，在木灰全部燃尽以后将炭灰撒在草丛中。

在户外活动中，我们不提倡吸烟，除烟草本身带来的“毒”害以外，其烟头是醋酸纤维塑料做成，不可降解，使用过的烟头还包含铅、汞、砷、丙酮、氯乙烯、烟中的甲醛与氰化氢。即使一定要吸烟的话，一定要远离队友，不造成二次污染，烟头也需要同垃圾一起带下山集中处理。

知识卡片

野外也可以用火

关于野外用火，认为不是不可以用，而是建立在应有的原则和禁忌之上，面临生命危险时，也得最先考虑和尊重生命。如果迫不得已要生火，首先要确认在你所待的地方生火是否合法，有没有引发森林大火的可能。在能保证不发生火灾，能捡拾到足够枯枝败叶的前提下，尽量生小火，不要砍树，限量使用已经干枯的木柴生火；事先做好地表保护，事后清理地面，填补有机土质，尽量恢复原貌等等必要的工作。这样也是符合最小冲击原则的。

学习笔记

六、尊重野生动物

图 2-2 野生动物 管萍提供

在户外活动中，我们应该尊重野生动物生存的习性与环境，与它们达到一种和平共处的境界。要注意保护水源，保护动物赖以生存的源泉。不论你当时是否看到野生动物，都应该知道你的短暂造访无可避免影响到当地的野生动物。当你扎营在离水源不远的地方，尽可能来回水源一次，以减少对野生动物的干扰（见图 2–2）。同时，绝不喂食给野生动物，不论野生动物多么可爱，都不应该随意喂食，一旦失去生存的本领，受害的是这些野生动物。在营地，把所有的食物和吸引物也要放到安全的位置，以避免让当地的野生动物养成造访营地的习惯。

七、考虑其他野外活动者

户外活动开始前应充分了解当地的风土人情，尊重当地的民族风俗，尊重他人的生活习惯与习俗。宿营区域的娱乐不要干扰到他人，把声音以及视觉上的干扰减到最低，做任何你可以想到的事来保持大自然以及营地的宁静，因为这是大多数户外爱好者亲近大自然的原因。

我国幅员辽阔，历史文化悠久，有着许多独特的地方。除上述一些环保法则外，我们还要特别关注对民俗民风的尊重。文化的多样性和生态多样性一样具有迷人的魅力，尤其在少数民族地区，要特别注意他们的生活习俗和饮食习惯。山区的原住民在特殊的环境中生活，他们在很多方面的想法、看法和做法都可能会与我们不一样，应尊重他们的生活习惯和文化传统，这将有助于和睦相处，相互了解。

环保不仅仅是一种理念，更是一种文化，是一个户外旅行人的基本道德准则。

● 任务实施

一棵 50 年树龄的树，产生氧气的价值约 25 万元；吸收有毒气体、防止大气污染价值约 50 万元；增加土壤肥力价值约 25 万元；涵养水源价值 35 万元；为鸟类及其他动物供给繁衍场所价值约 25 万元；产生蛋白质价值 2 万元。除去花、果实和木材价值，总计创值约 150 万元。

（资料来源：福建省人民政府网，有删减）

2017 年根据公开数据保守估算，饿了么、美团外卖、百度外卖三大外卖平台日订单量总和在 2000 万单左右。以每单外卖用 1 个塑料袋、每个塑料袋 0.06 平方米计算，每天所用的塑料袋能覆盖 120 万平方米的面积，铺满 168 个

学习笔记

足球场。有环保组织调研发现，每单外卖平均会消耗 3.27 个一次性塑料餐盒 / 杯，这意味着外卖每天消耗的餐盒超过 6000 万个。以每个餐盒 5 厘米高计算，摞起来高度相当于 339 座珠穆朗玛峰。

（资料来源：中国江苏网，有删减）

从以上材料中，选择一个主题，制作一份环保倡议书。

● 任务评价

评价形式	评价标准	评价等级（优/良/中/差）
自评	观点正确 层次清晰 号召力强	
小组评价		
教师评价		

● 任务巩固

请你填一填，垃圾在土地中自然降解的时间：

纸　　巾（　　）　玻璃瓶（　　）　易拉罐（　　）

塑 料 瓶（　　）　烟　头（　　）　橘子皮（　　）

尼龙织物（　　）　皮　革（　　）　香蕉皮（　　）

学习笔记

任务三 户外装备知识

● 任务引入

“勇敢去探索”的探路者

1999 年成立于北京的探路者，经过多年发展，已成为一家综合型户外用品集团公司，是中国户外用品市场的领军品牌。旗下拥有：探路者 TOREAD、TOREAD.X、TOREAD kids 多个子品牌，产品覆盖多个运动类目，包括极限、徒步、跑步、旅行、滑雪等众多产品系列。

2021 年，“探路者”打造了众多爆款高科技产品，从载人航天到极地科考，都能看到探路者装备的身影。在神舟十二号、十三号载人飞船中，探路者研发的舱内工作服、休闲服、马甲、睡袋、腰包、手套、眼罩、睡袋包等十多类装备，伴随中国航天员在太空遨游。“上天”之后，探路者又与南极考察队一起深入了极地，中国第 38 次南极考察队的两批队员都身着探路者定制的考察队服。航天装备要做到“零失误”，研发难点在于复合面料开发。通过研发，探路者实现了航天员舱内工作服装从材料端到生产端百分百完全自主可控。南北极科考工作服需要能够抵御极风、极干、极寒环境。最终，探路者自主 TiEF 科技平台开发的各种材料满足了科考队员的需求。

“中国航海终身贡献奖”获得者魏文良曾说：“人类在探索未知领域的过程当中，从来都是充满着艰辛和苦难。何为探路？就是在一片没有路的地方，我们要踏出一条大道来。”作为中国国民，我们要支持国货，勇于探索未知领域。

● 任务描述

户外装备指的是参加各种户外旅游及户外活动时需要配置的一些设备。这一节主要了解一些基础的户外装备知识，了解各类装备的使用方法和保养方法，帮助客户制订适合自己的户外装备选购方案。

● 任务学习目标

知识目标	技能目标	价值目标
1.了解户外装备基础知识 2.掌握各种户外运动所需装备	1.能选购合适的户外装备 2.能正确使用和保养装备	1.引导学生树立科学运动理念 2.培养学生支持国货的意识，增强爱国情怀

任务必备知识

学习笔记

户外装备，指用于徒步、特种旅游、自助旅游的装备，主要涉及“衣食住行”四大类。户外装备可以让我们在户外更加舒适，让我们更好地体验户外的魅力；户外装备能够在复杂的户外环境中保护自己；户外装备可以帮助我们更好地挑战自我。

课堂实录：认识户外装备 1

课堂实录：新手户外装备选购建议 2

课堂实录：户外装备选购方案 3

一般来说，户外装备具有以下特点。①安全。例如在风雨环境中，能够确保身体干爽的防风衣；②轻便。例如可以随身携带的炉头、气罐、套锅；③性能优异。例如兼具防水、透气功能的服装面料，轻便保暖的抓绒面料等；④耐用。例如结实耐用的徒步鞋、背包等；⑤昂贵。户外装备与市场上一般的服装比起来价格较高。

一、衣

户外环境是瞬息万变的，为抵御恶劣环境对人体的伤害，保护身体热量不散失，以及快速排出运动时所产生的汗水，应该做到分层着装。

服装需要解决三个问题：防风、保暖和排汗。外层的衣物负责防风，避免让风带走身体的热量；中层的保暖层负责保持热量，不让热量散失出去；内层的排汗层负责将身体的汗水及时排到外层，避免水分贴近身体而导致身体迅速降温。外层的防风层一般叫作冲锋衣，中层的保暖层多使用抓绒材料，也叫抓绒衣，内层的排汗层多使用速干和排汗材料，也叫速干衣或排汗内衣 。

（一）防风层（冲锋衣）

冲锋衣的任务是阻止外界风雨的进入，并且能将身体的汗气及时排放出去，冲锋衣应该具有防风、防雨、透气的特点（见图 2-3）。冲锋衣的材质表面布满了无数的空隙，由于水分子的直径空隙数万倍于气分子的直径，材料上的空隙的直径正好介于水分子和气分子之间，这样就使得外界的水无法进入，衣服内的气分子却可以透出来。目前具备这一功能的材料很多，如 Gore-Tex、SympaTex 等。这些面料在使用上大多制成薄膜帖附在各种不同的

图 2-3　冲锋衣　管萍提供

学习笔记

高透气性纤维制品上或者夹在这种材料当中，然后再做成睡袋、帐篷、风衣裤、外套等登山装备。有时候防雨外套的表层还必须涂上泼水剂，能使雨水形成水珠滚落，它能避免外套浸湿而成为导温层。这种面料如果被油污弄脏，其防水性会减弱，因此定期清洗保持清洁，洗时不能揉搓，一般直接用软的毛刷轻刷局部较脏的地方。

知识卡片

GORE-TEX是什么？

戈尔特斯（GORE-TEX）面料是美国戈尔公司独家发明和生产的一种轻、薄、坚固和耐用的薄膜，它具有防水、透气和防风功能，突破一般防水面料不能透气的缺点，所以被誉为“世纪之布”。GORE-TEX（戈尔特斯）面料不仅在宇航、军事及医疗等方面广泛应用，更被世界顶尖名牌采用，制成各式各样的休闲服装系列，因而被美国《财富》杂志列为世界上最好的一百个美国产品之一，深受推崇。

（资料来源：百度百科，有删减）

（二）保暖层（抓绒衣）

抓绒制品在潮湿后仍有一定的保温性能，而且极易干燥，利用体温蒸发即可，并且很轻便，易于制作成衣。由于抓绒不具备防风作用，所以在风雨天气下要配合冲锋衣才能取得很好的效果（见图 2–4）。有些厂家为抓绒增加了防风性能，而且完全透气，适合在气温不很低但有风的天气里外穿。

图 2–4 抓绒衣 管萍提供

（三）排汗层

排汗内衣：冬季户外活动中，最大的危险来自失温，失温的主要原因是水分不能及时排出。户外内衣最重要的功能是排汗作用，由于其纤维的独特设计，在遇到水分后能迅速排出，或者迅速扩大水分面积，加快排汗速度。排汗内衣应靠近皮肤，不宜太宽松。当然，排汗内衣在气温正常的情况下，没有纯棉内衣穿着舒适。

夏季户外运动就没必要穿那么多衣服，夏季装备是速干衣裤（见图 2–5）。速干衣：是英文 quick–dry 或 dry–easy 等类似单词的直译，而“快干”并不是把汗水吸收，而是将汗水迅速地转移到衣服的表面，通过空气流通将汗水蒸发，从而达到速干的目的，一般的速干衣的干燥速度比棉织物要快 50%。速

学习笔记

干衣裤总体特征大致相同：不防水，不吸水，遇小雨有一定的防泼水功能，有一定的透气性，在体温或是风力的作用下，很快干燥。炎热的夏季，亲水运动是最受欢迎的户外运动之一，溯溪、溪降、穿越、漂流，这些项目都与水做亲密接触；另外，夏季出游人容易出汗，汗水弄湿了衣服同样不好受，尤其是刚刚出完汗再被风一吹，身体冷热交替特别容易生病。因此，速干衣裤能让亲水运动变得干爽无比（见图 2-6）。

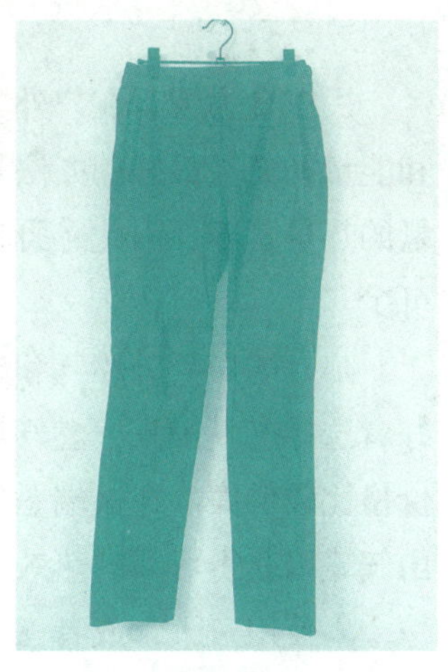

图 2-5　速干裤　管萍提供

图 2-6　防晒衣　管萍提供

魔术头巾的使用

（四）其他衣物

在冬季，帽子、手套的选购也很重要。根据研究，头部的表面积占个体表面积的十分之一，然而在 15℃时，人体所产生的热量有三分之一是从头部散失。在零下 15℃时，即有四分之三的热量经由头部散失。如果在零下 40℃头部未加保护，全部热量从头部散失。所以头部的保暖防寒，在越冷的环境越应该要注意。手是最难保暖的部位，因为寒冷时身体会减少四肢末端的血液流量，血液流量减少，手指的灵活度就减弱，使得一般的操作变得很困难，所以手套的保暖性很重要。手套分拼指手套和分指手套，登山时在寒冷的情况下先戴一个较薄的分指手套，再戴一个拼指手套。分指手套一般是聚酯羊毛料，保暖易干；拼指手套防风、防水是外保护层。

知识卡片

科技让户外运动更简单

就登山服来说，近年来登山服装相关的专利、新型纤维、混纺纤维、涂层和胶合层压等功能性织物层出不穷，科技进步使 21 世纪的登山服装提前进入“功能”时代，登山者对户外服装在技术和功能上要求更高了，在某种程度上，他们认为舒适和设计是最一般的要求，他们更热衷于在运动过程中能够帮助发挥最佳竞技状态的功能性，包括吸湿性控制、温度调节、抗拉伸性、防风防雨性以及抗摩擦性等。

科技改变生活，科技让户外运动更简单。

学习笔记

二、食

户外生火器具的使用

民以食为天，在户外尤其要关心自己的消化系统和能量补充。最好的办法是保持正常的饮食习惯和足量的热量营养，因此，野外的炉头、套锅等用具必不可少。

户外的炉具分燃气和燃油两种。绝大多数户外爱好者选择燃气炉头，燃气炉头轻便，配套普通气罐的价格比较低廉。在极端恶劣的环境下，可选择配以高山气罐以获得可靠的热效率。一般来说，一罐气可供一个人使用三天，或者三个人使用一天（见图 2–7）。

水壶：可自由选购，应方便携带。冬季需要保温性能好的不锈钢真空壶，容积要足够（一升以上），因为烧水的机会相对较少。

图 2–7　炉头和气罐　管萍提供

刀具：一把小的刀具足够了，除非确有实际必要，不要带大型刀具，以免引起误会。

大塑料袋：用途广泛，可以分装食物和怕潮的装备（相机、睡袋等），还可以作为紧急状况下的救生袋。当然，最主要的用途是作为垃圾袋。

三、住

（一）户外的家——帐篷

户外帐篷可分为四季帐篷、三季帐篷，又分高山帐篷和旅游帐篷，单层帐篷和双层帐篷。

四季帐篷可以在严寒的冬季使用，一般是双层的。三季帐篷只在夏、春、秋三个季节使用。高山帐篷主要用于恶劣的环境，一般较为矮小，所以抗风雪能力很强。其性能指标注重于抗风防雨，选材讲究，工艺复杂，属于中高档帐篷。旅游帐篷高大舒适，但抗风性较差，适用于郊游野营，选材注重经济，属于低档帐篷。单层帐篷一般比较轻便，防雨性能不好，冬季使用时帐篷内层容易结露结霜，打湿睡袋和其他衣物，单层高山帐篷的防风透气性很好，其价钱极高。双层帐篷的内帐一般较薄，保证透气效果，外帐材质较为讲究，因为要保证防水。内帐入口外能支起一个小门厅，可放置背包或者用来做饭（强烈建议帐外做饭，因

图 2–8　帐篷　翟俊凯提供

学习笔记

为帐篷易燃）。单层帐篷较为经济，适合较暖的季节。双层帐篷在单层基础上增加了一层透气性较好的内帐，主要解决单层帐篷内壁结水问题（人体排出的热气导致），适合凉爽季节或寒冷地区。三层帐篷是在内帐上加一层棉帐，增强保暖效果（见图 2–8）。

（二）户外的床——防潮垫

在野外席地而睡，在身体和地面之间必须有隔潮隔温层，防潮垫就起到这个作用。防潮垫一般分两种，自动充气垫和泡沫垫。自动充气垫在内部充入空气，从而起到隔绝温度的作用，并且防潮垫的表面形态还会随着身体而改变，较为舒适，在排除空气后还可以压塑到很小的体积。泡沫材料防潮垫材质密度较低，性能有限且不耐用，体积较大，一般要外挂到背包上，优点是价格便宜（见图 2–9）。

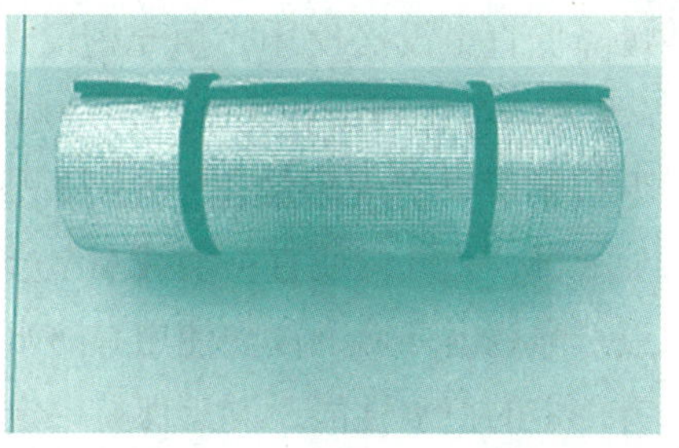

图 2–9　泡沫防潮垫　管萍提供

知识卡片

露营旅游来了！

2022 年的五一假期，露营绝对是社交平台的最高频词汇。据去哪儿大数据显示，2022 年五一假期期间，露营相关产品（住宿、出游）的预订量是 2021 年的 3 倍，可以露营的公园门票销量同比去年涨幅超 5 成，部分城市露营地周边酒店预订量同比去年涨幅达 1.5 倍，无数人被朋友圈里的露营照片刷屏。随着近两年露营活动进入大众化、精致化的时代，与露营相关的酒店、门票、装备等周边，热度均大幅攀升，露营成了当下最火热的生活方式和社交货币。

2022 年的五一，露营成为一匹假期旅游“黑马”。

（资料来源：电商报，有删减）

（三）户外的被褥——睡袋

（1）睡袋的种类：依材质不同，睡袋分为羽绒、抓绒、中空棉三种。

羽绒：又分为鸭绒和鹅绒，同等条件下鹅绒的保暖程度稍高于鸭绒。羽绒主要有 3 个性能指标：第 1 个指标是填充重量，比如 400 克鹅绒睡袋，1100 克鸭绒睡袋，这个重量不是说睡袋重量，而是指填充羽绒的净重量。第 2 个指标是含绒量，羽绒是由羽片和绒组成的，羽片有支撑作用，保暖主要来自细绒。含绒量用百分比表示，如 80 绒就是指含绒量 80%，表示 100 重量单位中绒的含量是 80 单位。鸭绒一般高含绒量在 85 到 90，鹅绒的含绒量可达 90 到 95。第 3 个指标是绒的膨胀度，膨胀度（Fill power）是指一盎司羽绒在 68.4 克压力下有多少立方英寸，羽绒的膨胀度越高，绒的保暖性能越好。一般国产鸭绒的膨胀度在 450 左右，国产鹅绒的膨胀度从 450 到 600。

中空棉：和各种化纤填充物睡袋一样，随着使用时间的增加保暖性能会慢慢降低直至没法使用，填充密度用每米方克重表示，如 260 克 / 米方，320 克 / 米方。对比羽绒和化纤棉两种填充物，羽绒保暖程度更高，在同等保暖程度下重量可以实现轻量化；化纤棉保暖程度相对低，包装体积大，可压缩性差；羽绒贵，化纤棉便宜；羽绒潮湿会丧失几乎全部的保暖能力，而且不易干，所以严酷登山环境下往往使用有防水透气性能的材料做羽绒睡袋的外料，化纤棉有一定的拒水性能，湿后保持一定的保暖性能，而且晾干速度快；羽绒制品的使用寿命很长，良好保养可使用 10 多年，而化纤棉睡袋的寿命不过三四年。

抓绒：睡袋使用抓绒缝制而成，可以单独作为夏季睡袋或卫生睡袋。也可以配合其他睡袋在冬季使用，以增强保暖效果。根据时间经验，一个 -3℃的睡袋，加抓绒睡袋后保暖效果可抵御 -10℃左右的寒冷。

睡袋的款式主要有木乃伊式和信封式，木乃伊式保温效果较好。好的睡袋有头部保温设计、防滑设计、小物储存设计等（见图 2–10）。

（2）温标：一般睡袋的温标会标识出极限温度和舒适度。一般的温标由三个数据组成：

低温度：指该睡袋使用的极限温度，只表示人在这样低的温度不会被冻死而已，是否能睡得着就很难说了，低于这一温度对于使用者来说是危险的；舒适低温：指该睡袋使用舒适的理想温度。在这个温度下，人可以非常舒适的入睡，而不会因为寒冷而无法睡眠；高温度：是指温度使用范围的上限，高于这一温度，使用者将热得无法忍受（见图 2–11）。

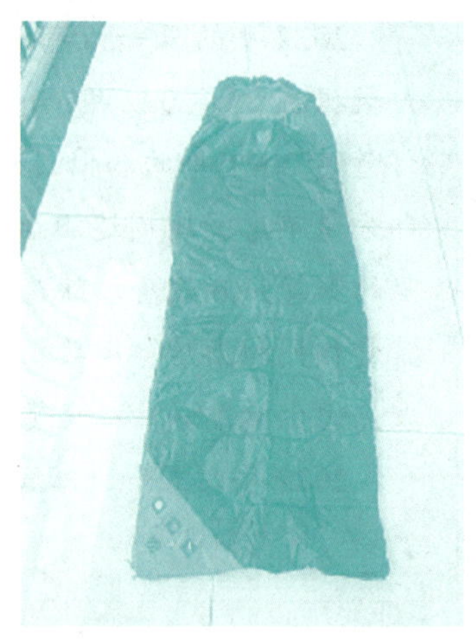

图 2–10 信封式睡袋 管萍提供

舒适低温在睡袋上有 2 种标识方法，1 种是标识一个绝对温度，比如 -10℃，表明该睡袋的舒适低温是 -10℃；一种是标明温度范围，从红色过渡到绿色或蓝色，比如红色从 5℃开始，到 0℃时过渡为淡绿色，在 -5℃时过渡为深绿色。这种温度表示的意义是：5℃偏暖，0℃适宜，-5℃时感觉很寒冷，这个睡袋的舒适低温

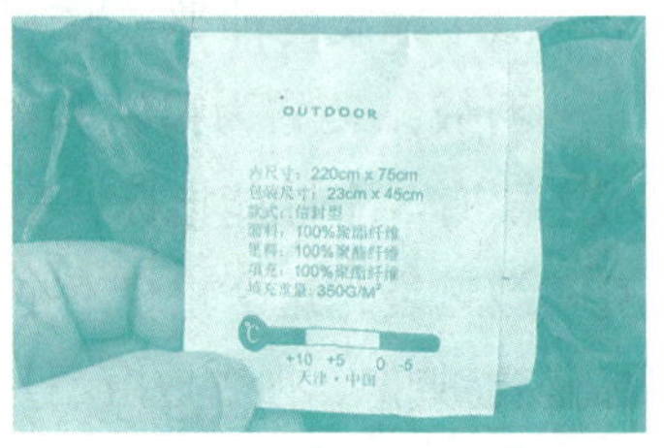

图 2–11 睡袋温标 管萍提供

是 0℃。需要说明的是舒适低温仅仅是一个相对概念，睡袋产品没有行业协会，没有行业标准，国内没有，国外也没有，一些大的品牌商和研究机构根据实验室试验和野外经验，对自己的产品标定舒适低温。这个温度只具有参考意义，因人而异，因环境而异。历史上大部分对睡袋所做的研究都集中在士兵，户外培训师，高山向导和登山家们身上，这些人都具有丰富的户外生活经验，而且年龄在 18~40 岁间。但实际上大部分的户外活动者平常都生活在城市中，在有中央空调的办公室里工作，开着汽车到处走，这些生活模式降低了普通人对寒冷环境的适应能力。久居城市的人如果突然走进野外环境中，艰苦的徒步甚至高海拔的登山很快就会耗尽他们的力气，精疲力竭的身体产生的热量也会减少，就会使人更容易感到寒冷。

知识卡片

关于温标，有话说

一般来说欧美原产的睡袋在温标上对于亚洲人来说不太适宜，因为欧洲人在耐寒能力上要高于亚洲人，因而我们在选择时要格外加以注意。应根据露营的气候选择适合自己的睡袋，不要过于追求温标。由于营地地点的气候条件、使用者的体格差异（胖瘦、年龄、性别、工作环境），应该根据实际情况合理使用不同的睡袋。

无论是羽绒或化纤棉睡袋，在长时间不使用的情况下，尽量不要压缩起来尽量保持睡袋的蓬松，适当的晒一晒也是不错的方法。这样做的目的是保持羽绒和棉的本性，延长使用寿命。

你来填一填：

	帐篷种类	防潮垫种类	睡袋种类
家庭休闲			
登山徒步			
自驾车			

（四）行

“走过地狱，走进天堂”，任何天堂都要依靠双脚才能到达。一双合适的户外鞋决定你整个旅途的舒适性。就鞋而言，每一个品牌，每一个类别的户外鞋，都有十分明确的针对性（设计目标），以户外鞋的功能分类，大致可以分为五大系列：

学习笔记

高山系列（亦可称重型登山靴）：这个系列的靴子为登雪山而设计，靴底通常采用 Vibram 或 Sky walk 大底，内衬钢板，具有很强的抗冲击力，可装冰爪，靴帮设计很高，一般在 20cm 以上，靴面采用硬塑树脂或加厚牛皮、羊皮缝制，内衬保暖鞋套，适应复杂恶劣的积雪、坚冰、岩石混合地形，可以有效保护你的双脚。

低山系列（亦可称重型攀登鞋）：这类鞋使用目标是海拔 6000 米以下的山峰，攀爬冰壁或冰雪混合的岩壁。大底用耐磨橡胶（Vibram 或 Sky walk），中大底间衬有机碳素板，鞋底很硬，抗冲击力很强，攀登时有足够的支撑力，鞋面用加厚的（3.0mm 以上）整张牛皮或羊皮缝制，为了增强防水透湿效果，常用 Gore Tex 或 SympaTex 作衬里，中间夹保温层。鞋帮高通常 15cm 以上，在复杂地形条件下可有效地保护双脚减少伤害，部分款式设有冰爪结构，没有固定结构的可用捆绑式冰爪。它比重型登山靴轻，卸下冰爪行走比重型登山靴要舒适。

穿越系列（亦可称中型登山鞋）：该系列的设计目标为低山、峡谷、荒漠、戈壁等较为复杂的地形，适应中长距离负重徒步。这类鞋的结构特点也属于高帮鞋，鞋帮高度通常为 13~15cm，具有较强的支撑力，可以有效地保护踝骨减少伤害。大底选用耐磨橡胶，一些精良的品牌在大底和中底间还设计尼龙板支撑，以增强鞋底的硬度，不仅可以有效地防止鞋底变形，而且还可以增强抗冲击力。鞋面常选用中等厚度的头层牛皮、羊皮或皮革混合鞋面，革面部分选用杜邦超强耐磨 Cordura 面料，相比高山系列、低山系列要轻得多，柔韧性也好的多。为了解决防水问题，大部分款式选用 Gore Tex 材料作衬里，也有的用油皮防水，这类鞋可以在踝骨以下水面或雨中行走。

徒步系列：徒步系列是户外运动中比较常用的品种。设计目标为中短距离负重较轻的徒步，适用于较为平缓的山地、丛林，活动类型为一般郊游或野营。这类鞋的设计特点鞋帮 12cm 以下，有保护脚踝的结构。大底采用耐磨橡胶，中底用微孔发泡及双层加密橡胶，高档品牌有大底塑板夹层，有较好的抗冲击力和减震作用，鞋帮有全皮、革面或皮革混合材料。部分款式有 Gore Tex 衬里，也有的款式不做防水处理。中帮鞋的优势在于质轻、柔软、舒适、透气性好。在地形不复杂的环境里行走，中帮鞋应优于高帮鞋（见图 2–12）。

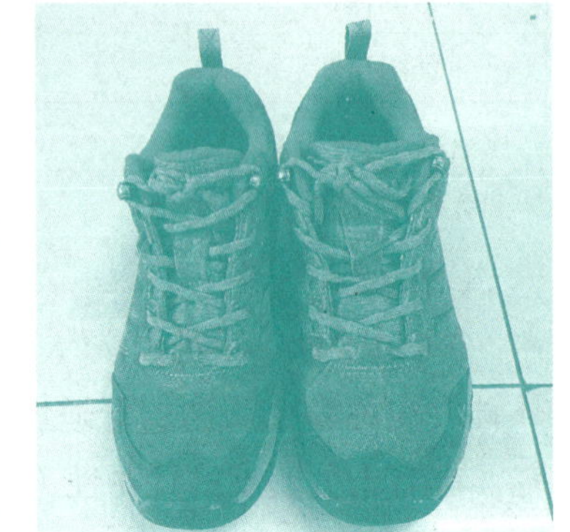
图 2–12 徒步鞋 管萍提供

健行系列：户外鞋的健行系列通常又被称为矮帮鞋，其设计目标为日常穿着和不负重的运动。耐磨的橡胶大底使你永远不用担心鞋底的磨损会影响使用，富有弹性的中底既可减轻地面对脚的冲击，又可缓解体重对脚的压力。高档的矮帮鞋通常也会有龙骨设计，可以有效地防止鞋底变形，增强支撑力。紧缩的鞋面设计使你感觉鞋就像长在脚上一样。这类鞋常配皮鞋面或尼龙网面，因而质地更轻，一双鞋常不足 400g，且有很好的柔韧性。

登山鞋的选购：一双合适的鞋子应该紧紧地保护着脚跟，脚趾应有足够的活动空间，向前倾时，脚趾不会挤在一起。站在一个向下倾斜的坡度上，最能测知脚趾是否有足够的活动空间。穿上厚袜子，再穿上靴子，试着脚趾往前顶，然后试脚跟后面能否塞进两个手指头，若能塞进大小较合适。如果鞋太紧，会影响血液循环，使双脚变冷，增加冻伤的机会。太紧或太松的鞋都会把脚磨出水泡，所以高山鞋一开始就要试穿好，这种鞋不像皮鞋一样，穿久了就合脚。高山鞋是否和脚不仅影响行军的舒适感和速度，而且更影响双脚的安全，尤其是在高山上。

徒步鞋的选购：在购买徒步鞋的时候，一般要比平常穿着的皮鞋要大一号，因为徒步时脚会充血肿胀，体积变大。在市场上，徒步鞋子一般分为防水透气材料和单纯防水材料两类，前者价格是后者的 3~4 倍，其差异是是否使用防水透气的内衬。夏季选择徒步鞋还要考虑到防滑性，因为夏季雨水较多，徒步过程中防滑性能是比较重要的。

思政园地

只选对的，不买贵的

有人认为，买户外装备，当然是越贵的越好。虽然户外装备确实是一分钱一分货，但并不是说所有贵的东西都适合你。一只“始祖鸟”的包的价格是“ACME”或者“极地”包的十多倍，但是不会比便宜的包背着舒适上十倍。高档的装备都有自己的适用范围，在这个范围内使用表现会非常好，但如果超出这个范围使用，那可能还不如一些普通的装备。新驴们喜欢名牌的顶级东西，认为能带来安全感，其实装备最重要的是适用而非炫耀。好的装备只意味着适合自己的装备，不等于就是最贵的价钱。

现代学生的购物欲强烈，不少人惹上了不良的“校园贷”。学生们贷款多是为面子、为打游戏、为买名牌和奢侈品等等，在此倡议在校生要以学业为重，积累知识，切不可以铺张消费、资金周转等为理由进行网贷；理性消费，一定要根据自己以及家庭的实际情况进行消费，防止因跟风或攀比而开销过多。警惕不良“校园贷”，青春不负“债”！

学习笔记

（五）其他常用户外装备

1. 背包

背包是户外活动中最重要、最基础的装备之一。户外运动中，通常需要携带大量的物品，如帐篷、睡袋、食物、衣物等，这时专用的背包就可发挥很大作用。

（1）背包的种类和用途

根据背包容积的不同，一般可把背包分为大、中、小三类。

大型背包容积在 50 升以上，适用于中长距离的旅行和比较专业的探险活动。比如要去西藏这样的地区作长途旅行或登山探险时，无疑应选择容积在 50 升以上的大型背包。一些中短期旅行如果需要在户外露营时也需要大型背包，因为只有它能装下露营所需的帐篷、睡袋和地垫。

大型背包根据用途不同又可分为登山包和长途旅行用背包。登山包一般包体瘦长，以便通过狭窄的地形；包体分为上下两层，中间用一个带拉链的夹层分开，这样在取放物品时十分方便；背包的侧面和顶部可外绑帐篷和垫子，无形中增大了背包的容积；背包外还有冰镐套，可供捆绑冰镐、雪杖之用。长途旅行背包的包体结构和登山包类似，只是包体宽大些，并配有许多侧袋，以便将零碎物件分类放置。长途旅行背包的前脸通常能全部打开，取放物品十分方便（见图 2-13）。

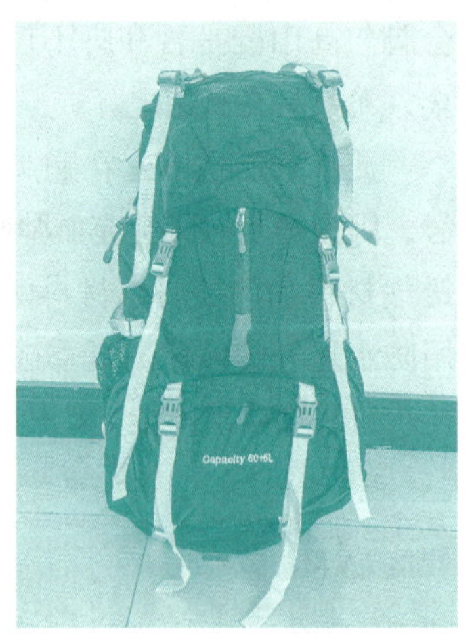

图 2-13　60+5L 背包　管萍提供

知识卡片

你知道吗？背包也有系统

专业的户外背包一般都有背负系统，即背包内有支撑包体的轻质金属内架。背部的形状是按人体工程学原理设计的，背带宽而厚，形状采用符合人体生理曲线的 S 形设计，并且还有防止背带向两边侧滑的胸带，使背包者感到十分舒适。这类背包全都有一个结实、宽厚而舒适的腰带，背带的高度是可以调节的，使用者可根据自己的身材很方便地将背带调节到适合自己的高度。通常说来，背包的底部位于臀部以上，这样可将背包重量的一半以上转移到腰部，从而大大减轻肩部的负担，减少了因长期负重造成的肩部受损。

学习笔记

中型背包的容积一般在30~50升之间。这些背包的用途更加广泛。2~4天的户外旅行，城市之间的旅行及一些远途的非露营的自助旅行，中型背包是再合适不过了，随身带的衣物和一些日常用品都能装得下。中型背包的式样和种类更加多样，有些背包增加了一些侧袋，更加利于分装物品。这些背包的背部结构和大型背包大致相同（见图2-14）。

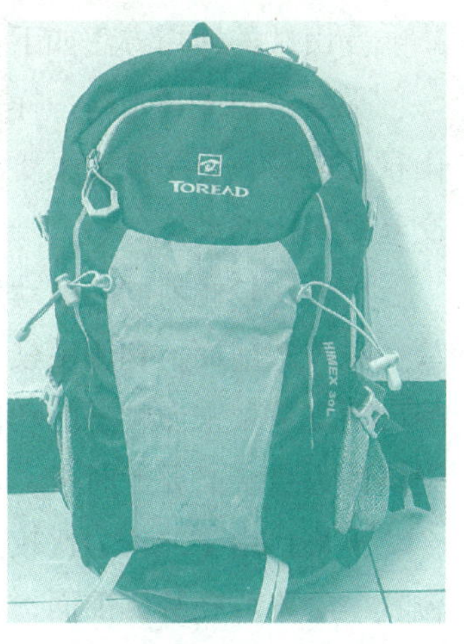

图2-14 30L背包 管萍提供

小型背包的容积在30升以下。这些背包一般大多在城市中使用，当然，用于1~2天的郊游也非常合适。

此外，还有些特殊用途的背包，如自行车包和背架包。自行车包是专为骑车旅游而设计的，分为前挂包和后挂包。前挂包较小，可挂在自行车的前梁上，放一些随手取用的物品，后挂包容积较大，通常为一对，分别挂在自行车后架的两侧，盛放较大较重的物品。背架包是登山时常用的，背架是用轻质铝合金制成的梯状金属架，用来运输较大型的物品，如箱子等。背架包就是在此基础上设计而成的，即在背包外加上了一个可拆卸的金属架。这类包较适合背重物时使用。

（2）装包技巧

如何合理装包是大有技巧的。如果装得好，不仅可以让物品能全部容纳，在使用时方便取出，还可以减轻背包在身上的压力，背得舒服才能走得愉快。一般的步行，背包装填重心可高些，在贴近背部的位置。重量较重的器材置于背包上端且靠背部，如炉具、炊具、重的食物、雨具、水瓶等。重心点太低或远离背部会使身体弯曲，走起来很累。一般情况下，帐篷可绑在背包顶端；燃料油与水需分开放，避免污染食物与衣物；次重物品置于背包中心和下方侧带，如备用衣物（必须用塑收袋密封且用不同的服色标识袋以便于辨认）、个人器具、头灯、地图、指北针、相机等。轻的物品放在下边如睡袋（必须用防水袋密封）、气垫等。三脚架、水瓶等可放在侧袋。

2. 登山杖

登山杖（手杖）是户外最常用的装备之一，徒步、登山、日常出游都会用到。登山杖由握把、腕带、杆体、避震系统、雪托、杖尖、杖尖保护套组成（见图2-15）。

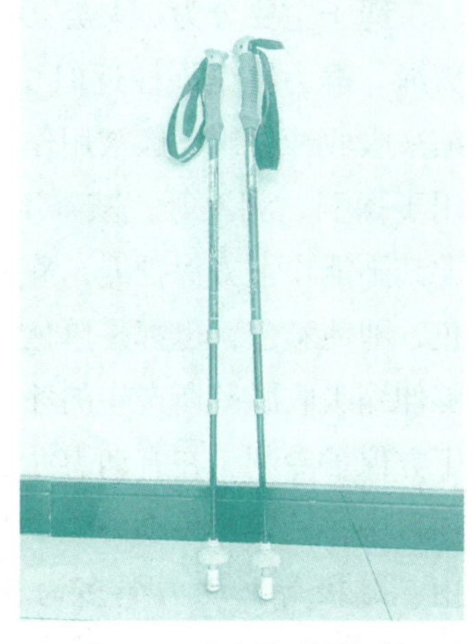

图2-15 登山杖 管萍提供

学习笔记

登山杖的使用方法如下：

平缓：与平常走路一样采取相同的节奏，右手臂在左脚向前同时顺势将登山杖往前带，但是杖尖不要超过身体前面，然后顶住地面向后推，左手跟右手交互做一样的动作。

陡坡：较倾斜的陡坡动作和平常走路一样，但是手臂要往前将手杖的位置放在身体的前面，利用手杖支撑身体往上，来减轻腿部的压力，必要时可同时使用两支手杖来做爬升的动作。推身体往上的时候，手掌可放在手杖的顶部加强推的力量。必要的时候，可以根据个人的感觉来减少手杖的长度。

下坡：由于冲击力比较大，这就要利用手杖来减轻腿部的负荷，登山杖的位置一定要放在身体前面，而且要比前脚先着地才能达到分担力量的效果，此时身体一定会向前倾斜。这个动作并不是我们下坡的自然动作，因此要经常练习，同时要自己感觉登山杖要放多远的位置才能达到减缓腿部压力的效果，而且不会拖慢原来行进的速度和节奏。必要的时候，可以根据个人的感觉来增加手杖的长度。

腕带使用方法是将手从腕带的下方穿入，将带子压在我们的手掌之中，然后再轻轻地抓住把手即可，透过腕带来支撑登山杖，而不是紧紧地抓着把手施力。当路过有冰裂缝、碎石区域，或是过河的时候，腕带可不套在手腕上，以防手杖卡住的时候，不至于由于腕带套着而将你拉翻（见图 2–16）。

图 2-16　登山杖的使用　李勇提供

3. 绳子

绳子主要分为 2 大类：动力绳和静力绳。静力绳延展性近似 0，不能靠伸缩来吸收冲力，一般被用作路线绳，常用于探洞、溯溪等，基本不用于攀登，尤其不能作下方保护绳，静力绳多为白色，即使彩色，也都是单色。动力绳能够伸缩吸收脱落所产生的冲力，特别为下方保护专制，在有动力冲坠可能性的项目中，一定要用动力绳，如攀岩、登山、蹦极等，动力绳多为花绳（见图 2–17）。

图 2-17　动力绳　管萍提供

学习笔记

知识卡片

绳子的要求

①绳索应经过国际攀联（UIAA：union international alpine associtions）或欧洲标准（CE:European community）的认证。② 绳子不是越粗越好，适合的最好。③绳子的拉力不能小于 22 千牛（1 千牛 =101.97162 千克力，就是约等于 102 公斤物体的重力）。④产生了扭结的绳子需要在使用前将之恢复。⑤不踩踏，不弄湿绳子。⑥与岩石棱角接触的部分要用毛巾等来保护。⑦不可使用曾经承受过突来重量的绳子。⑧不使用时间超过五年的绳子。

4. 安全带

安全带是连接主绳和攀登者的安全装备。安全带大多为尼龙制品，符合国际标准的安全带承受瞬间拉力在 3000kg 左右。作为保护系统的一部分，安全带的作用是为攀登者提供安全、舒适的保护。安全带根据形式还可分为坐式安全带，胸式安全带、全身式安全带等。但山地户外多用的是坐式安全带，此类安全带结构简单、质量轻、便于拢带、使用安全方便，是登山、攀岩、户外探险的首选。根据用途还可分为登山专用安全带和攀岩专用安全带（见图 2-18）。

图 2-18 半身式安全带（坐式安全带） 管萍提供

知识卡片

安全带使用注意事项

①使用安全带之前一定要检查，查看安全带是否有损坏情况。②使用者要熟悉安全带的使用方法。③安全带上可调节的绳子必须收紧，特别是腰带应穿到髋骨以上并收紧。④坐式安全带在寒冷季节使用时，腰带应尽量靠近内衣，不要穿到外衣以外。⑤所有可调节的带子必须反扣并拉紧。⑥安全带上的装备环不能受力，因此不能用于任何形式的保护。

5. 登山锁、上升器、下降器、扁带

登山锁是户外运动中用途最广，使用最多的装备之一。 登山锁的最主要用途是连接登山绳与中间支点。在攀登中登山锁可以替代许多复杂而烦琐的绳结，安全带、上升器、下降器等许多攀登装备的组合和使用都要靠登山锁来连

学习笔记

结，如登山绳与保护点的连接，攀登者与主绳的连接等。在登山探险及攀登岩壁时，登山锁是安全的保障。目前登山锁大多为合金材料，承受的瞬间拉力可达 2000 ~3000kg。所购买的登山锁应刻有 UIAA 字样，这表明是经过国际登山联合会认证的产品（见图 2-19）。

攀岩的技术装备

上升器是登山、攀岩、户外运动最常用的技术装备之一。上升器上有一个专门的绳索通道，只能让绳索向一个方向移动，当绳索有向另外一个方向移动的趋势时，锁齿装置会立即锁止绳索（见图 2-20）。

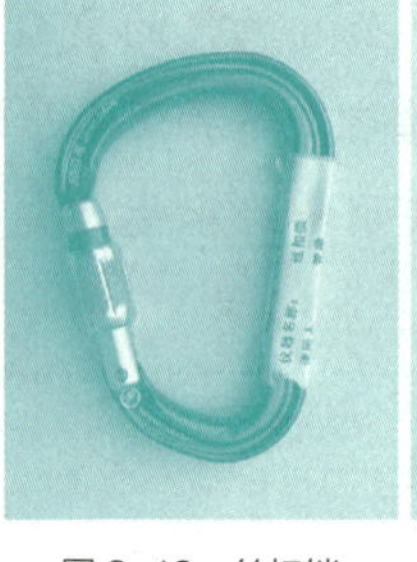
图 2-19 丝扣锁
管萍提供

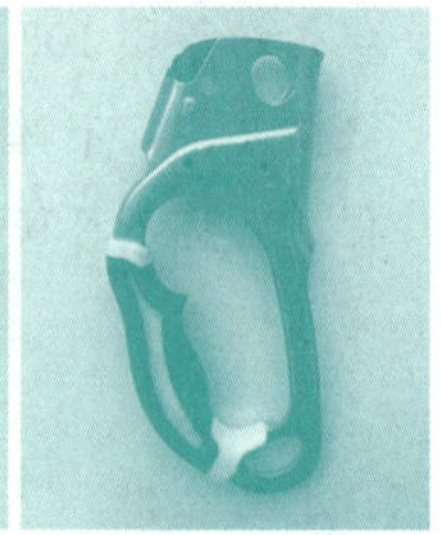
图 2-20 上升器
管萍提供

下降器是在下降和保护过程中，通过绳子与器材之间的摩擦，以抵消自身重力或坠落的冲击力，使操作者可以使用较小的力来控制自身下降的速度或控制住坠落者下坠的一种器械。“8”字环是最常见、最常用的下降保护类器械，形如“8”字，结构简单（见图 2-21）。

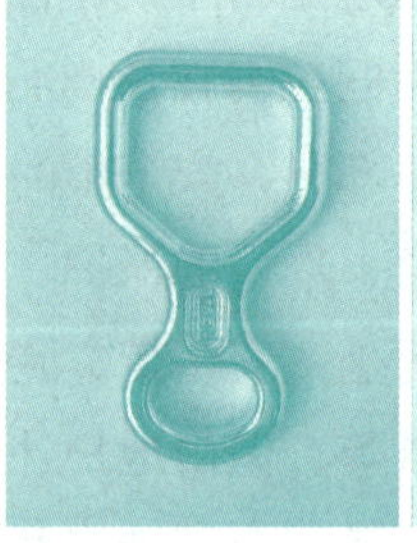
图 2-21 下降器 8 字环
管萍提供

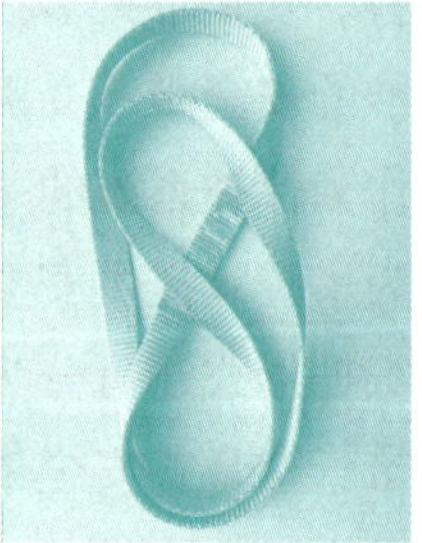
图 2-22 扁带
管萍提供

扁带是用途广泛的用具，其作用是用来连接快挂、铁锁和上升器。扁带与保护支点直接接触，可以减少绳子的磨损和扭曲。扁带可制作成攀爬的辅助工具，同时扁带有很高强度的抗拉性与耐磨性，增强了保护系统的安全系数。扁带长度一般为 10~25cm（见图 2-22）。

6. 滑雪板

滑雪是人们非常喜欢的一项户外运动之一，冬季最激动人心的娱乐莫过于在茫茫白雪中畅快淋漓的滑雪戏雪。

滑雪板选购需要注意以下几点。①初学者因为对滑雪的技巧掌握得还不够熟练，选板时要选容易操作和安全系数更高的板子，这时就应该选长度短一些，弹性大一些的滑雪板；而滑雪水平高一些的老手在选板时如果要求速度快且相对稳定，那就选长而且硬一些的滑雪板；如果要求是转向灵活可以做各种动作那就选相对短和软一些的滑雪板。②考虑体重对选板的影响，体重小的滑雪者在滑雪板选择的空间上多一些，很多滑雪板都可以尝试，只要滑雪的技术水平高就行；但是体重较大的滑雪者在选滑雪板时就要选择长一些硬一些的滑雪板，这样的滑雪板相对承载量大一些，而且滑行也更稳定。③根据身高来选择滑雪板，在选择滑雪板的长度时，常将滑雪板直立不超过自己手臂上举时手腕的高度，短不低于胯部，一般的选择标准是自己身高减去 20~25 厘米之间比较合适。

学习笔记

● 任务实施

户外装备采购大作战

下面请你为以下三组团队之一制作装备采购方案，要求列出装备清单和价格。

1. 一家三口春季周末徒步，地点：太原市崛围山，时长：一天。
2. 公司白领夏季徒步转山，地点：五台山，时长：两天一夜。
3. 大学生春季户外实践，地点：太原市龙角山，时长：一天一夜。

任选其一，设计装备采购方案。

● 任务评价

评价形式	评价标准	评价等级（优/良/中/差）
自评	1.装备选购适合活动需求 2.考虑参与者选购需求以及经济状况	
小组评价		
教师评价		

● 任务巩固

列出骑行、滑雪所需装备清单（任选一种完成）

学习笔记

【项目总结】

1. 进步之处

2. 不足之处

3. 自我总结

项目三　得心应手——户外旅游技能

项目导读

户外运动是一个庞大的体育项目群，包括在地面、地下、峡谷、水上、荒漠等多种地形中开展的徒步、攀登、越野、山地自行车骑行、舟渡等多种类型的运动项目。因此，户外运动参与者和从业者既要了解多种科学常识，还需掌握多种运动技术，户外创伤救护、户外气象以及地质灾害应对的技能。这不仅是参与并享受户外运动乐趣的需要，在关键时刻也是保障生命安全的需要。

学习目标

项目目标	基础理论与知识	1.熟悉等高线地图 2.了解常见的急救物资 3.掌握户外遇险STOP法则
	基本技能与能力	1. 能识别等高线地图，会打基础的绳结，在户外能辨识方向，能利用绳索渡河 2. 能正确操作止血、包扎、固定、搬运以及进行心肺复苏 3. 能正确应对常见的户外风险
	基本素养与价值观	1.激发探索精神 2.培养严谨、科学、求实的态度
	思政育人目标	1.倡导“德技双修”，弘扬工匠精神 2.倡导生命在于运动，运动讲究科学 3.崇尚“平等、真诚、协作、自主”的户外精神 4.弘扬团结互助的志愿者精神、抗洪精神

项目实施

本项目主要学习内容为“户外基本技能”“户外创伤救护”“户外灾害应对”三部分。通过学习，在掌握户外旅游的基本技能的同时，树立科学、安全、环保的户外理念，达到安全户外的目的。

学习笔记

任务一 户外基本技能

任务引入

德技双修，弘扬工匠精神

德，是做人做事要遵从一定的思想和行为规范。无“德”则“技”不能尽用，或者“技”的使用偏离航向。无论是圆满“德”还是精通“技”，都没有捷径可走，唯一的方法就是“学习、学习、再学习”。“德”，重在心的感悟；“技”，重在勤学苦练，一“技”在手，心安，无“技”在身，惘然。工匠精神是“德”与“技”的融合，是一种信念或者说一种情怀，是把一件工作、一项事情、一门手艺当作一种信仰，一丝不苟把它做到极致。“业精于勤荒于嬉”，弘扬工匠精神就是要用一种执着、精益求精的工匠态度积极地面对学习，将学习中的任务当作工艺品去雕琢。

户外基本技能的学习，也需要大家怀揣精益求精的工匠精神，不可麻痹大意，因为这不仅关乎户外活动能否顺利开展，有些时候还关乎参与者的生命安全。

任务描述

古语有云“凡事预则立，不预则废”，户外活动开始前要掌握一些必备的基础技能。通过学习户外行走技能、渡河技能、野外定向技能、野外识图技能（等高线地图的识别）、取水取火技能、绳结技能、遇险处置技能等，帮助我们在户外（主要是陆地户外运动项目）顺利完成一段旅程。

任务学习目标

知识目标	技能目标	价值目标
1.了解行走、渡河、定向、识图、取水、取火等一般性常识 2.掌握危险时的各种求救符号	1.掌握行走、渡河、定向、识图、取水取火的技能 2.具备遇到危险快速处置能力	1.培养学生团结协作意识 2.引导学生养成崇尚科学的态度 3.助力学生树立严谨的工作作风

任务必备知识

一、行走技能

山野徒步线路不同于城市里的柏油道路，有非常多高高低低凹凸不平的步道，有到处横生长的树根和滚来滚去的不规则小石，一不注意就容易失去平

学习笔记

衡，导致闪腰或跌倒。而且长时间上下陡坡，一旦按照在城市里走路的惯性思维来行走，很快将变得上气不接下气，甚至会累到无法继续行程，导致缺乏行动能力。所以，远足徒步需要掌握不同于一般城市街道的独特走法。

（一）头腰脚，共进退，移动重心一条线

徒步不单是腿部运动，而是全身运动，手腕、背部、腹部肌肉、肩膀等全身的肌肉都参与活动，会将必要的力量分散于每一步，通过摆臂来平衡身体、调整步伐、控制节奏。将一只脚膝盖抬起、另一只脚着地取得平衡，此时肩膀不要用力，抬起的脚从上往下踏步，步行的重心从支撑的后脚转为前脚时，要将头部与腰部重心移向前，前脚膝盖不要往前突出。保持这样的头、腰、脚重心不断移动交替行走的方法就是正确的步行姿势。

（二）小步法，慢慢走，有氧耐力最重要

户外运动与其他体育运动相比，其主要特点就是运动时间长而且运动过程中要背负个人的生活用品。建议新手不妨以平常步行速度的一半，采用小步法行走。大步行走，身体较难取得平衡，身体为了在不稳中取得平衡，要用多余的肌肉力量去支撑，反而更容易觉得疲累。行进中的呼吸，嘴巴要注意避免一张一合的方式，而是着重吐气，把肺腔的气全部呼出，腹腔的呼吸肌自然会进行深呼吸，吸入更多的空气和氧分。行动中保持一种稳定的节奏，不要时快时慢，时跑时停，尽量保持匀速，以此保持“持久力”和最舒适的状态，以一个能让自己不感觉疲劳的行走方式和节奏行走。

（三）全脚掌，稳踏步，肌肉痉挛不易发

很多山友远足徒步经常会大腿或者小腿肚子发生肌肉痉挛，俗称脚抽筋。这就是因为远足徒步脚掌踏出时没有选择全脚掌着地，或者虽选择全脚掌着地，但刚好踏在凹凸不平的地面上，没有选择好落地点造成的。远足徒步过程中，每一步的踏足之处可能地形地貌都不一样，但一定要用脑去积极思考，根据不同的路况，判断和选用不同的步法并不断调整，尽量做到每一步都使全脚掌触地的面积最大化，减轻局部的肌肉疲劳，从而避免因多个局部肌肉疲劳，进而导致全身性的精神疲劳情况出现（见图 3–1）。

图3–1　徒步行走　李勇提供

（四）上坡外八字，下坡重后脚，膝盖伤害在预防

遇到较倾斜的上坡道时，最重要的是脚要采用“外八字”步走，即脚尖向

学习笔记

外沿坡度侧方向打开。对着斜面打开脚尖，把脚往横着踩，脚尖与脚踝变成几乎同一个高度，脚踝会变得轻松且容易摆动并更省力。要谨慎下坡，即使是缓坡，在伸出前脚往下坡踩的瞬间，将后脚，也就是支撑脚的脚踝及膝盖充分弯曲降低重心，发挥缓冲作用来辅助前脚最低冲击着地。下坡时也可能会有跌倒的危险，所以一定要一步一步用"小碎步"下行最安全。对于坡度较大的坡迹，线路宽度比较宽阔时，建议走"之"字形，尽量避免直线上下，这是一种相对安全的走法。

思政园地

生命在于运动，运动讲究科学

随着《"健康中国2030"规划纲要》的推进，实施全民健身计划成为国家的重要发展战略。而"奥运热""马拉松热"很大程度上也反映出当代人对于运动的重视，"生命在于运动"成为大家的健身口号。然而很多人都误以为只要运动就有益健康，其实运动是把双刃剑，好的运动方式，可以增强体魄、锻炼身心，不正确的运动方式非但不能达到运动的目的，反而会影响人们的健康。

科学运动最大的好处就是可以让我们把自己的健康掌握在自己手里。

（五）高台地，切莫跳，降低重心最安全

在很多远足徒步线路上，时而可见同膝盖高或比膝盖略高的台阶地，或是斜坡上露出很大的高度落差坡度等。下行这种落差很高的台阶地形时，严禁突然往下弹跳。正确的下行步法是利用边上树根类的植物，双手紧紧抓住，稳住身体降低重心，把脚顺势向下先"掂"着地，或者坐在地上慢慢"滑"下去着地，这样最安全。

在山地行进，为避免迷失方向、节省体力、提高行进速度，应力求有路不穿林翻山，有大路不走小路。没路时，应选择纵向的山梁、山脊、山腰、河流小溪边缘，以及树高林稀、空隙大、草丛低疏的地形，所谓"走梁不走沟，走纵不走横"。行进时，能大步走就不小步走；疲劳时，应用放松的慢步来休息；攀爬大于30度的山坡，采用"之"字形路线。

你来说一说：

下小坡时小跑两步最有效率。下小坡时，小步紧，即步伐小而步频高，甚至可小跑几步，因为把劲用来"刹车"是浪费，并且脚也顶得慌。你认为这种说法正确吗？为什么？

学习笔记

二、野外渡河技能

野外活动中，我们经常会碰到渡河过溪的情况，运用科学的渡河技术对于我们的人身安全是很好的保障。

（一）渡河前的准备

渡河时尽量选择距离短的地方过河，减少在河中停留的时间。尽量选择流速慢的地方过河，以便于在水中控制自己身体平衡。渡河前要脱掉登山徒步鞋，放在包里或者挂在身上较高的位置，换穿溯溪鞋或赤脚。尽量把裤腿挽到最高处，如果方便最好直接穿短裤过河，如果再方便，全脱了过河更好。原因是衣服湿了以后会有很大的阻力，不容易掌握平衡。双手除撑杆外一定避免持物过河。

（二）渡河的方法

野外过河无论使用下述任何技术，切记重要一点是尽量面朝上游以减少水流冲倒你的可能。如果面朝下游，水流的力量会冲击膝盖后部，使膝盖弯曲，失去平衡。

1. 单人渡河

面朝水流的上游站立，两只脚和撑杆在水底形成三角形支撑，人横向移动过河。一步一步地移动，每一步只挪动一只脚，一定不要让一只脚离另一只脚太近，然后把撑杆挪回三角形的顶点。在继续移动之前确保脚安全站稳，撑杆放稳。

2. 双人渡河

最安全的方法就是单人渡河方式的变种。一个人按上述位置站立，第二个人站在他的后面，也面朝上游，牢固地抓住前面人的背包肩带，倾身给予支撑。像上述一样拖着脚缓慢行进即可。

第二种方法：如果没有撑杆可用，就两个人面对面和水流成直角站立，互相紧紧抓住对方的肩带。两脚保持分开，以保持一个稳定的四点支撑。确保两人都侧面朝着水流是很重要的，如果一个人转身面向水流了，另一个人的膝盖

学习笔记

就会很容易被水流冲击得往前弯。

3. 三人渡河

最好的方法还是一个站另一个后面成一条线，最前面的人用撑杆支撑。三个人应该互相紧紧抓住肩带，两腿分开，拖着脚缓慢横渡，最下游的人协调整个队伍的行进并保持队形成一条线。

如果没有撑杆可用，也可以三个人挤在一起，最强壮的人在下游一边面朝水流方向，第二强壮的人站在背朝行进的方向，第三个人面向渡河的方向。这时候有两个人的膝盖容易被水流冲击是不可避免的，不过控制好移动步伐和互相取得支撑可以克服这一点。

4. 团队渡河

根据队伍的能力，如果希望集体过河，而不想分成单个的小组，有两种方式组织横渡。

首先，最简单的方法，还是如前所述，队长撑着杆，其余人在后面站成一条长支撑线。不过，如果是四五个人以上试图过河，协调每个人的移动就变得很难。队伍会不可避免地变得不直，给水流留出较大的冲击面，导致有人可能被冲倒。

一个更好的方法是构造一个箭头形编队。最强壮的人在前面，如果可能的话再用撑杆加强支撑。两个人在他后面，然后是三个人，再后面再三个人，以此类推，并排不要超过三个人。此例中，较弱的队员要站在编队的中间位置，接受其他人的支撑，紧紧抓住前方队员的肩带。同样地，由前方队员控制队伍的行进。

思政园地

户外是一种人文精神

户外运动崇尚“平等、真诚、协作、自主”的人文精神。户外运动是一项综合活动，既要求正常的身体素质，更要求良好的人品，还有宽容、协作以及坚韧的毅力。通过户外运动，人们能深刻感受人与人之间相互依存、相互帮助的团结协作精神。这种人文精神吸引更多的人走向户外。他们从中享受到的快乐，是无法用金钱、用服务价值来衡量的。

5. 绳索保护渡河

如果水深超过腰部或虽然仅及大腿但流速很快，必须采取其他保护性措施方可渡河，最常用的是绳索保护。

（1）设置保护点

寻找合适的渡河地点，将绳索两端固定于河岸两边的大树或者石头等牢固

学习笔记

的保护点，起点的固定端靠近河的上游，终点在河流的下游方向。两名队员分别在两端控制绳索松紧程度，为渡河者提供保护。

（2）先锋队员过河

指派一名强壮的队员，用扁带和锁将队员套在绳索上，如果没有相应的安全器材，可以在绳索合适的部位打一个蝴蝶结或单结以形成大小适度的绳环，把绳环套在渡河队员的腰上，亦可以起到保护作用。渡河的队员渡河位置与下游的保护者平衡或略加靠后，在绳索保护下以“单人渡河技术”渡河（见图 3–2）。

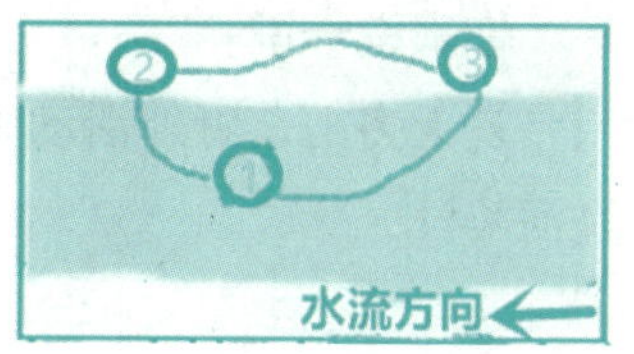

图3-2　渡河技能1　管萍提供

（3）在河的另一边设置保护点

先锋队员过河之后，寻找合适的地方设立保护点，同时控制绳索，担当保护者的角色。所有队员在河流两侧保护者的保护下以“单人渡河技术”渡河（见图 3–3）。

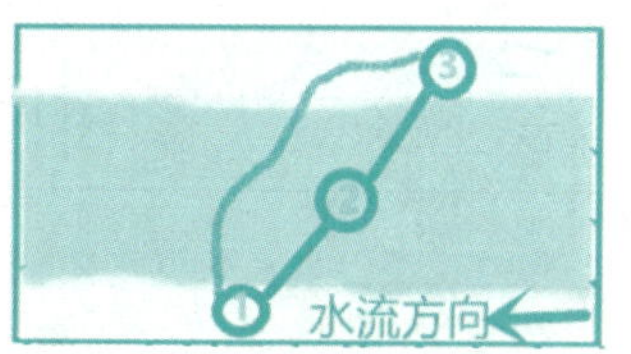

图3-3　渡河技能2　管萍提供

（4）人包分过

危险的区域渡河最好采取人包分过的方式，等大多数队员过河后将钩环从安全带上卸下，拉回原岸，用同样的方式将登山背包的背带扣在安全索上运过河岸。如果背包无防水功能，可以架设高一点的绳索，用溜索的方式运送背包。

（5）最后一人过河

和先锋队员过河的方法相同，由对岸的同伴提供协助和保护（见图 3–4）。

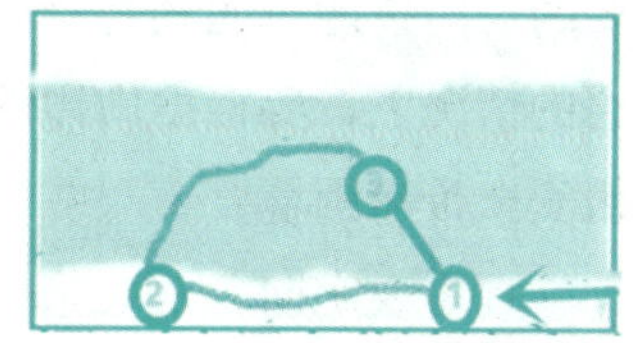
图3-4　渡河技能3　管萍提供

（三）安全须知

（1）如果河水清澈，河底为碎石的时候不要赤脚，以免水底的碎石或其他物体伤到脚底。如果河底为烂泥，脱鞋脱袜，以免鞋子陷入泥中丢失。但是在河水浑浊无法观察到河底细节的情况下，无论如何都不要赤脚过河。

（2）在水中不可抬高脚部，否则重心会不稳。而是要拖着步伐，慢慢地移动脚步，尽量将身体重心放在两脚上，涉水时一定要一步步地侧跨，不可以前跨，以减少水流的冲力。溪中的大石头上往往长满滑溜溜的青苔，一定要避免踏在大石上。

（3）如在冬天或者天气寒冷的时候渡河，尽可能脱去身上保暖衣物包括鞋子，待渡过后马上穿上，保暖衣物一旦浸水会造成严重的失温。

（4）在整个渡河过程中，包括有渡河工具的情况下，一定要将背包的腰带解开，这个时候背包可能是要命的负担，这一点适合所有的渡河情况，切记。

学习笔记

（5）万一在涉水渡河途中身体失去平衡，甚至不慎滑倒，而水流又很急时，就很容易招致不幸。因此一定要万分沉着才行，千万不可慌乱。不论如何，首先要尽力在溪底站稳，然后才能冷静地想办法爬上岸。

你来说一说：

夏天多雨，野外活动中，我们经常会碰到渡河过溪的情况，这时可以游泳过河吗？

三、野外定向和野外识图技能

（一）野外定向

在野外能够确定路线、判断方向是户外登山徒步活动中最基础、也是最重要的一门技能。尤其是身为户外领队，必须肩负起带路的基本职责，或者在迷路的情况下，要根据周边的现有地形特点在地图上确定自己的位置，从而将队伍安全带离困境。

1. 手表定向

方法：将所处的时间除以 2，再在表盘上找出商数的相应位置，然后将这个数字对准太阳，表盘上“12”点所指的方向就是北方。如上午 10 点，除以 2，商为 5。将表盘上的“5”对准太阳，“12”的方向即为北方。北方一旦确定，其他方向就一目了然了。如果是在下午则应按 24 小时计时法计算。如下午 4 点，就要按 16 点计算。此外还有其他方法：把表平置，时针指向太阳，时针与 12 时刻度平分线的反向延伸方向就是北方；也可以平置手表，将一根小棍垂直立在手表中央转动手表，使小棍的影子与时针重合，时针与 12 时刻度之间的平分线即是北方。用这种方法求方向不亚于指南针的准确度，前提是要设置好时区，北京时间是 8 区，但天文学角度看西藏大部分在 6 区，所以如果在青藏高原上，需要把时间减 2，同理，在胶东半岛或辽东半岛，时间加 1，新疆西部地区在 5 区，减 3（见图 3–5）。

图3–5 手表定向 管萍提供

学习笔记

必须注意:（1）判定方向时，手表应平置;（2）在南、北纬 20°30′之间地区的中午前后不宜使用，即以标准时的经线为准，每向东 15° 加 1 小时，向西 15° 减 1 小时。

2. 木棍定向

没有手表的话，在平地上竖一根木棍（高 1 米以上），先在木棍影子的顶端做标记 1，10–20 分钟后，在棍子影子的顶端做标记 2，然后左脚踏在 1 上，右脚踏在 2 上，此时，你对面的就是正北方（见图 3–6）。

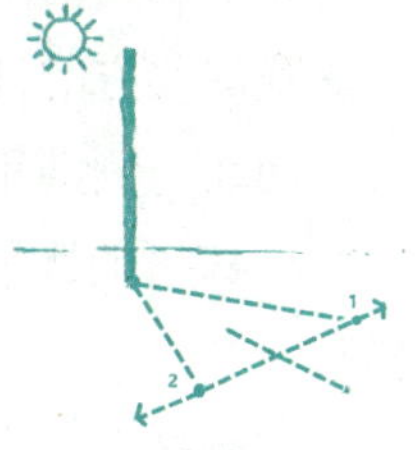

图3–6　木棍定向
管萍提供

或者，在一张 50 × 50cm 的绘图纸上绘制一系列同心圆，同心圆的半径以 1cm 递增，钉在平板上并水平固定好，将一根 12~15cm 长的细钢针或针状物垂直插在圆心上。当太阳位置变化时，影子的端点总会与同心圆相交，标绘出这些点，然后把同一个圆上的两点直线相连，把这些直线的中点与圆心相连，这条连线就是南北方向线，圆弧顶的方向为北方。

3. 夜间星体

当夜晚时，可根据北极星和南十字星来判断方向。

（1）北极星

通常根据北斗七星或 3 字星寻找，它们位于北极星两边，不断绕北极星旋转。北斗七星是比较亮的星，形状像一把勺子，将勺头甲乙两星连一直线并向勺口外方向延长约 5 倍处，有一个稍微暗一些的星，这就是北极星，既是北方所在。当北斗七星转到地平线下时，则可利用 3 字星寻找，3 字星由五颗较亮的星组成，形状像个 3 字，在 3 字缺口方向约为缺口宽度的两倍处，就是北极星。

（2）南十字星

在我国北回归线以南地区，夜间看到南十字星时，也可判定方位。南十字星由四颗较亮的星组成，形状像个“十”字。在甲乙两星连线向下延长约为两星间的四倍半处，就是正南方。

4. 地物和植物特征

有时野外的一些地物和植物生长特征是良好的方向标志，增加这方面的知识可以帮助你快速地辨别方向。

（1）地物特征

房屋：一般门向南开，我国北方尤其如此；

庙宇：通常也是向南开门，尤其庙宇群中的主体建筑；

突出地物：向北一侧基部较潮湿并可能生长低矮的苔藓植物。

学习笔记

草原上蒙古包的门多向南开放。

（2）植物生长特征

一般阴坡，即北侧山坡，低矮的蕨类和藤本植物比阳面更加发育。

单个植物的向阳面枝叶较茂盛，向北的阴地树干则可能生长苔藓。

我国北方的许多树木树干的断面可见清晰的年轮，向南一侧的年轮较为稀疏，向北一侧则年轮较紧密。

独株树的阳面（即朝南方向）枝叶茂盛，而阴面（即朝北方向）枝叶较稀疏。

在密林中，岩石南面较干，而岩石北面较湿且有青苔。

桃树、松树分泌胶脂多在南面。

山沟或岩石等物体积雪难以融化的部位，总是在朝北的方向上。

蚂蚁的洞穴多在大树的南面，而且洞口朝南。

5. 指北针

当指北针的磁针静止后，其N端（通常都有标志）所指的方向即为北方。指北针一般是配合地图寻找相对位置才能明了自己身处的位置。

课堂实录：地图与指北针

知识卡片

利用指北针辨别方向是十分简便快捷的，但是需要注意：

1. 尽量保持指北针水平；
2. 不要距离铁、磁性物质太近；
3. 不要错将磁针的S端当作北方，造成180°的南北方向误判。
4. 掌握活动地区的磁偏角进行校正。

6. GPS

是Global Positioning System全球定位系统的简称，当GPS接收机接收到三颗或三颗以上的卫星信号后，就可以计算出接收机所在的大地坐标，接收到四颗以上卫星就可以计算出海拔高度（见图3-7）。

图3-7 GPS定位仪 管萍提供

GPS最基本的功能是定位，即存储坐标。在徒步过程中，一般会将徒步出发点、重要的途径点和终点记录下来。其次，GPS能够解决“我离终点还有多远？”“我走了多少千米？”“我该向哪个方向前进”等问题。通常，在出发前我们可以用 GPS 测出我们所在位置的坐标，在地图上找到该坐标点，也就找到了我们自己所在的位置；然后在地图上找到徒步的目标点（如拟定的宿营地和重要拐点）的坐标，并把它提前输入 GPS 中，以便在导航的时候使用，这是地形图与 GPS 配合的典型方式。

需要注意的是，虽然有了 GPS，但指北针的作用依然不容忽视。指北针不仅可以告诉我们前进的方向，而且与地形图配合使用，还可以在地图上找到我们所在的位置，估测距离目的地的距离等。在很多资深户外领队看来，指北针技术和地形图阅读能力是一个领队的基本功。

7. 谷歌地图的应用

Google earth 是谷歌公司的一个网上全球遥感地图系统，任何人只要下载并安装了这个软件，可以从互联网上查询到世界任一角落的遥感影像图。通过 Google earth 软件查询到的地图，不仅可以直接打印，还能以三维形式显示，并进行模拟线路设计。在 Google earth 地图上，也可以直接查询到任何点的经纬度坐标。目前大多数地区的影像资料是分辨率几十米甚至几米，也就是说，甚至可以看清楚一个楼房，或者一棵树。

一个熟悉 Google earth 软件和地图、GPS 技术的领队通常会这样做：首先在 Google earth 地图上观察，规划预订的穿越路线，查询各点之间的高度差，目测读取穿越路线上的主要点位的坐标并输入到 GPS 中，甚至可以打印一份三位地图。

（二）野外识图——等高线地图

等高线是地面上高程相等的各相邻点所连成的闭合曲线。在等高线地形图上，根据等高线不同的弯曲形态，可以判读出地表形态的一般状况。

等高线的判读（见图 3-8）

1. 地形名称

（1）山顶：也可称山峰，山岭。等高线地形图中，等高线数值中部高四周低，则中部为山岭。

（2）山脊：等高线地形图中，等高线由高处向低处弯曲的地方。

（3）山谷：等高线地形图中，等高线由低处向高处弯曲的地方。

（4）盆地：等高线地形图中，等高线数值中部低四周高，则中部为盆地。

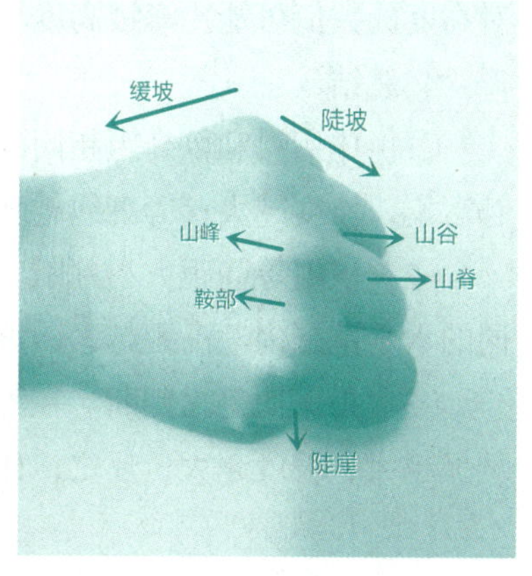

图3-8　等高线地图　管萍提供

（5）鞍部：等高线地形图中，两个相邻

学习笔记

的山岭之间相对较低处。

（6）陡崖：等高线地形图中，等高线相交的地方。

（7）陡坡与缓坡：同一等高线地形图中，等高线密集处为陡坡；等高线稀疏处为缓坡。不同等高线地形图中，要根据比例尺确定。

2. 相关线面

（1）示坡线：画在等高线一侧，由地势高处指向地势低处。

（2）脊线：等高线由高处向低处弯曲，各等高线最大弯曲处的连线。

（3）槽线：等高线由低处向高处弯曲，各等高线最大弯曲处的连线。

（4）分水岭：等高线从高处向低处凸出，最大弯曲处的连线是脊线，也叫分水岭。

（5）集水线：等高线从低处向高处凸出，最大弯曲处连线就是山谷线，也叫集水线（见图 3–9、图 3–10）。

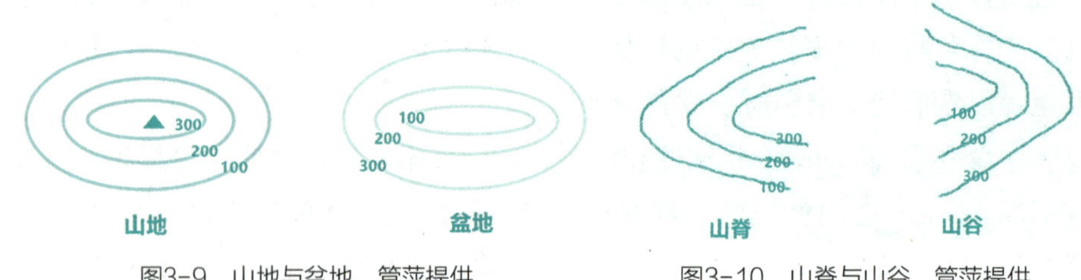

图3–9　山地与盆地　管萍提供

图3–10　山脊与山谷　管萍提供

3. 绝对高度与相对高度

（1）绝对高度（即海拔高度）：地面某个地点高出海平面的垂直距离，叫作海拔高度。在地图上用海拔高度表示地面高度；等高线图上所标的注记数字均为海拔高度，非相对高度。

（2）相对高度：地面某个点高出另一地点的垂直距离，叫作相对高度。相对高度的数值可能比海拔高度小，也可能比海拔高度大。

4. 总结

（1）比例尺和等高距相同的等高线地形图上，在相同的水平距离上等高线越密集，坡度越大；等高线越疏远，坡度越小。

（2）根据等高距大小判断。比例尺相同、等高距不同的等高线图上，在相同的水平范围内等高距越大，坡度越大；等高距越小，坡度越小。

（3）根据比例尺判断。在等高线稀疏程度相同，等距离相同的情况下，比例尺越大，坡度越大，反之，比例尺越小，坡度越小。

学习笔记

知识卡片

古人有多聪明?

现在画地图的比例尺、等高线，1700 年前就有人提出，他就是西晋的裴秀。裴秀最大的成就是提出制图六体理论，即比例尺、方位、距离、地势、倾斜角度、河流道路的曲直。裴秀的制图六体是当时世界上最完善，也是最先进的制图理论。他把绘制地图时能遇到的问题几乎都想到了，后来历朝历代在绘制地图时都受到了他的影响。他提出的这些理论直到今天仍在被使用。

你来辨一辨：

等高线地形图的判读

等高线的高度也可表示一定的地貌：

0 米线：表示海平面，也就是海岸线

0~200 米：平原地形（等高线稀疏，广阔平坦）。

200~500 米：丘陵地形（相对海拔 < 100）。

500 米以上：山地地形（相对海拔 > 100 米，等高线密集，河谷转折呈 V 字形）。

2000 米、3000 米线：反映中山和高山。

4000 米线：反映青藏高原和高山的特征。

五台山叶斗峰海拔高度是多少？是什么地貌？

____

____

____

____

____

____

____

四、户外结绳技能

户外常用绳结的打法演示

在爬山和溯溪活动的途中做互相保护、越过障碍、攀登岩石陡壁、渡过山间急流等都离不开绳索的帮助，因此绳索是户外登山中使用的最重要的装备，打绳结是必须掌握的基本户外技能之一。掌握基础绳结技巧不仅能帮你在野外顺利进行穿

学习笔记

越，甚至能在关键时候救你一命。

（一）布林结

布林结，被叫作绳结之王。特别对于户外人而言，布林结可说是必备的结绳法。通过这种绳结可将绳索一端与自然物体固定在一起，有时也用于结组中的胸绳连接。特征是宜解宜结，安全性高，用途广泛，变化多端，仅仅使用一个布林结，就可以应付各种状况。

打法 1：从绳索的中间打一个绳环，将绳头穿过绳环的中间，绕过主绳，再次穿过绳环，将打结处拉紧（见图 3–11）。

打法 2：单手打法，将绳子绕过腰部，右手握住绕过身体腰部的绳索末端，交叉绳索，反扭手腕绕过，形成右手在环内的形状，用指头将绳头绕至主绳，抓住绳头，直至右手从圆圈内抽出（见图 3–12）。

打法 3：在柱子上打布林结，用单结将绳子绑在物体上，拉住绳子的末端，用力朝着手腕放下拉，形成圆圈状，将绳索绕回主绳，穿过绳环，拉紧打结处（见图 3–13）。

图3–11　布林结
管萍提供

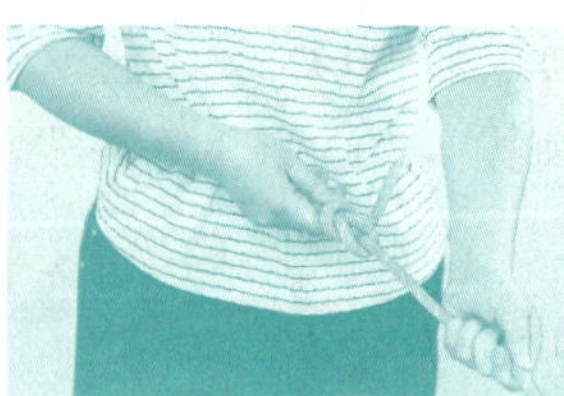

图3–12　反手打布林结
管萍提供

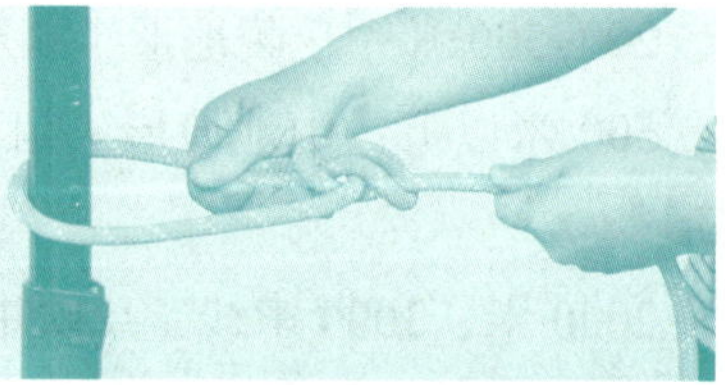

图3–13　在柱子上打布林结
管萍提供

（二）渔人结

渔人结是一种用于连接两条不太粗的绳索的结。其特点是结构简单，强度高，可以用在不同粗细的绳子上。其打法是将两条绳索各自通过单节绑到另一绳子上，将两条绳子用力向两边拉即可。

打法：首先将右手边的绳子在左手边的绳子上打一个单结，然后将左手边的绳子也在右手边的绳子上按照第一步一样打一个单结，最后将整个绳结用力收紧，这样一个渔人结就打好了（见图 3–14）。

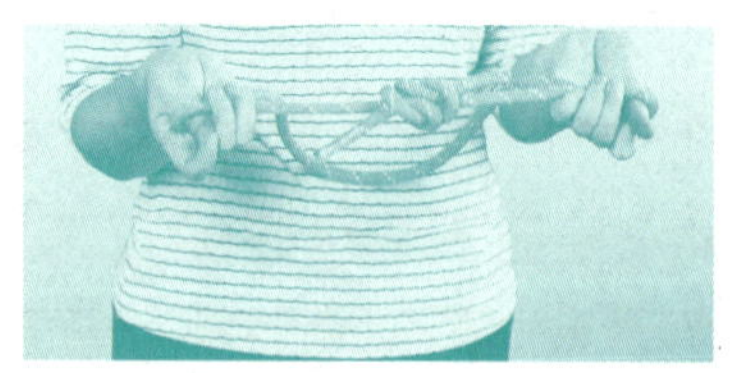

图3–14　渔人结　管萍提供

（三）双套结

双套结俗称猪蹄扣，广泛地应用在将绳索绑系在物体上。双套结不但简单而且实用，尤其在绳索两端使力均等时，双套结可以发挥很大的效果。

打法 1：做两个绳圈，把右边的绳圈重叠在左边的绳环上，然后直接套进物体，拉紧即可。要将绳环套住物体时，这个方法是极快速又方便，而且可以

学习笔记

从绳索的中部开始打结（见图 3-15）。

当物体处于横摆状态时怎么办呢？请看打法 2：将绳头搭在横杠上，从左后方翻出，再次搭在横杠上，从右下方的圈出掏出，拉紧（见图 3-16）。

打法 3：把绳索绕过物体一圈，从上方再绕一圈，用力拉紧绳索两端，最后打个半扣结（见图 3-17）。

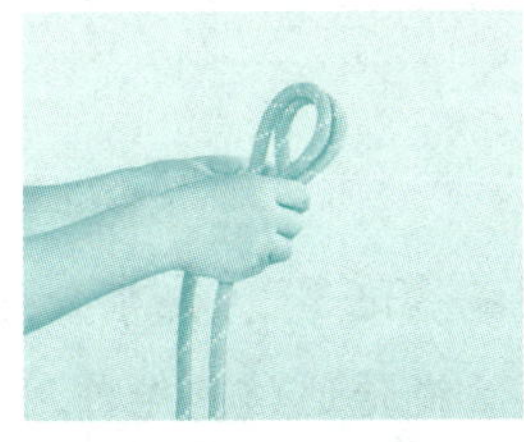

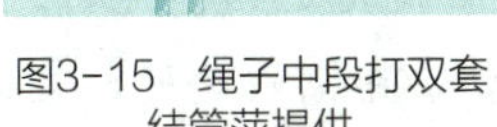

图3-15　绳子中段打双套结管萍提供

图3-16　横摆状态下打双套结管萍提供

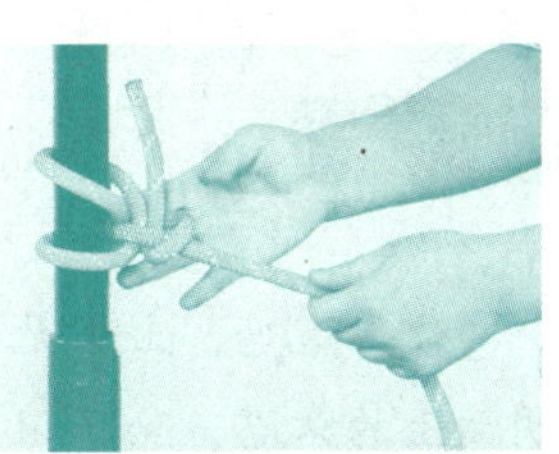

图3-17　柱子上打双套结管萍提供

（四）单八字结

在单结的基础上多绕了半圈，其特点是受力后比单结更容易打开，用处很广，可用于绳子之间的连接，主绳与安全带的连接等。

打法：将绳索先行交叉，将一头的绳索绕过主绳，将绳头穿过绳圈后拉紧完成（见图 3-18）。

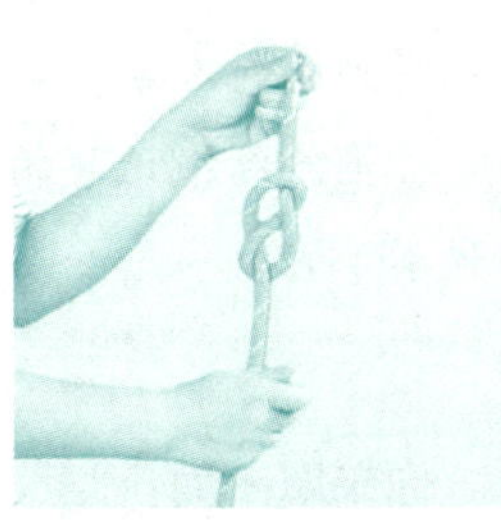

图3-18　单八字结管萍提供

（五）双八字结

双八字结的目的是为了做个固定的绳圈。双八字结具备耐力强、牢固等优点，在安全方面非常值得信赖，经常被登山人士作为救命绳结使用。不过美中不足的是双八字结的绳圈大小很难调整，而且当负荷过重，结被拉得很紧，或是绳沾到水的时候，很难解开。

打法 1：在绳索中部打个八字结，顺着结目从反方向穿过绳索的末端，用力拉紧结目（见图 3-19）。

打法 2：把对抓的绳索直接打个八字结，并且做成绳圈。

图3-19　双八字结　管萍提供

（六）收绳结

这是一种携带适当长度的细绳时相当重要的结法，而且也可将之悬吊起来保管。收绳结一定要卷得刚刚好才会好看，在卷的过程中，需注意不要有不够或者是过长的情形发生，要抓住技巧还需靠不断地练习。此外，由于在解开时容易发生纽结，所以必须一边解开一边将绳子弄直。

打法：首先将绳子折起来，打一个小的绳圈，将绳圈压上绳子缠绕，即将

学习笔记

缠完时，将绳子的一头穿入绳圈，然后拽紧上方的绳头就完成了（见图 3–20）。

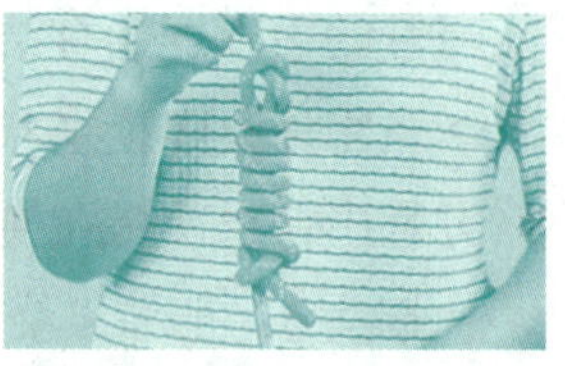
图3-20 收绳结管萍提供

结绳应秉持少而精主义，记太多的结是没有必要的，只要记住四或五个，如称渔人结、接绳结、双套结、八字结等，就足以应付各种状况了。

知识卡片

结绳记事

你知道吗，上古无文字，结绳还可以记事。结绳“记事”，记事只是明面上的意思，除了记事，当然还有结绳记日期，结绳传递信息等作用。现今的瑶族，依然保留着结绳的传统，当瑶族人需要请距离较远的村庄的人来帮忙，就会用草叶穿到铜钱的方孔中，再折回，然后搓成小绳，并托人带到远村人家。当远村人看到这根小绳时，就会知道对方有事相求。

虽然结绳记事的使用被文字替代，但是这其中的智慧是任何东西都取代不了的。

你来填一填：

作用	含义	对应绳结
连接固定点	将绳索与固定点连接，制作保护点，起到保护作用	
连接绳索	绳索与绳索之间的连接	
辅助保护	在进行绳索活动中，用于帮助主保护进行备份保护和辅助保护	
整理收纳	对绳索进行整理、收纳、便于存放、运输或下次使用	

五、对讲机的使用

对讲机的英文名称是 two way radio，它是一种双向移动通信工具，在不需要任何网络支持的情况下，就可以通话，没有话费产生，适用于相对固定且频繁通话的场合（见图 3–21）。

图3-21 对讲机 管萍提供

（一）对讲机的使用方法

当对讲机处于通话状态时，要保持对讲机处于垂直放置，并保持麦克风与嘴部 3~4 厘米的距离。

学习笔记

知识卡片

对讲机的特点

在手机非常普及的今天，人们为什么还会选择使用对讲机？这是因为对讲机与手机相比有许多独特的地方：首先，对讲机不受网络限制，在网络未覆盖到的地方，对讲机可以让使用者轻松沟通；其次，对讲机提供一对一、一对多的通话方式，一按就说，操作简单，令沟通更自由，尤其是在紧急调度和集体协作工作的情况下，这些特点是非常重要的。

对讲机的正确佩戴：主机统一放置后腰，耳麦统一挂置左耳。按下发射键（PTT）并开始讲话，讲话完毕松开。对讲发射时，距离头部或身体至少 2.5 厘米。讲话时不必大声，只需以正常音量讲话即可。

（二）对讲机通话规范用语

1. 一般情况下

呼叫方：×× 岗位或 ×× 呼叫 ×× 岗位或 ×× 人，收到请讲话（重复一次或数次）结束时用“完毕”。

被叫方：×× 岗位或 ×× 人听到，请讲。结束用“完毕”。

呼叫方：语气平稳把呼叫内容讲清（尽量简明扼要），结束用“完毕”。

被叫方：×× 岗位 ×× 人明白，结束用“完毕”。

2. 紧急情况或紧急集合

呼叫方：各岗位听到请回答（如 ×× 部门要求全部到位支援），×× 地方出现紧急情况，请马上支援，（或除固定岗外所有巡逻岗立即支援）。重复呼叫结束用“完毕”。

被叫方：×× 岗 ×× 人收到，马上到达，完毕。（听到后立即跑步赶往现场，以最快方法并相互用对讲机联络，以免有其他人员未听清，距离远通信不便时，要用接力方式传达到位）。

3. 不同情况呼叫应对

（1）指名呼叫

格式：先呼叫两遍对方的名字，报两遍自己的名字。

举例：“Tom！ Tom！ 这里是 Jack 呼叫！ 这里是 Jack 呼叫！”

呼叫以后等待 30 秒钟以后，才进行第二次呼叫，因为对方可能要停到一个安全的位置，保持身体平衡，并取下对讲机，都需要花一定的准备时间。

（2）广泛呼叫

格式：先呼叫两遍“CQ”，报两遍自己的名字。

学习笔记

举例："CQ！ CQ！这里是 Jack 呼叫！这里是 Jack 呼叫！"

用于不指名的呼叫，任何听到你呼叫的人都可以回答你。

（3）答复呼叫

格式：先报两遍对方的名字，再报两遍自己的名字，然后告知信号情况。

举例："Jack！ Jack！这里是 Tom！这里是 Tom！你的信号很清晰 / 略有干扰 / 较难听清。"

特别要注意的是，如果没有听清是否在叫你，就不要回答或询问，耐心等待对方的下一次呼叫。"某某，你是不是在叫我？"就不是一种良好的做法。

（4）插入呼叫

格式："请求插入！请求插入！"

如果频道已被占用，而自己又急于使用，可以在对方通话间隔请求插入。如果没有被许可，就不要继续打扰。因为公共频道对先使用者具有优先权。

举例："……"

"请求插入！请求插入！"

"插入者请说！"

"谢谢！我呼叫一个朋友：Tom！ Tom！这里是 Jack 呼叫！这里是 Jack 呼叫！"

"……"

"我们转到三频道去。"

"……"

"插入完毕，频道还给你们，非常感谢。"

（5）代为中转

由于免执照频段的法定功率限制，很多时候会超出通话范围，这时候如果有第三方在中间的有利地形，可以在经得呼叫人同意的情况下代为中转。

举例：

"Tom！ Tom！这里是 Jack 呼叫！这里是 Jack 呼叫！"

（30 秒以内无人应答）

"Jack！ Jack！这里是 Lily！这里是 Lily！你的信号清晰，我的位置比较高 / 比较靠近 Tom，是否需要帮你转达给 Tom？"

"Lily！ Lily！这里是 Jack！这里是 Jack！请告知 Tom：过了桥以后往右走，我在路边等他！"

"Jack！ Jack！这里是 Lily！这里是 Lily！完全抄收！请稍等！"

"Tom！ Tom！这里是 Lily 呼叫！这里是 Lily 呼叫！"

"Lily！ Lily！这里是 Tom！这里是 Tom！你的信号很清晰。"

学习笔记

“Tom！ Tom！这里是 Lily！这里是 Lily！ Jack 叫我转告你：过了桥以后往右走，Jack 在路边等你！”

“Lily！ Lily！这里是 Tom！这里是 Tom！完全抄收！谢谢转达并代我告知 Jack：因队伍中有人受伤，我会比预计时间晚到达 20 分钟。”

“Tom！ Tom！这里是 Lily！这里是 Lily！完全抄收！请稍等！”

“Jack！ Jack！这里是 Lily 呼叫！这里是 Lily 呼叫！”

“Lily！ Lily！这里是 Jack！这里是 Jack！你的信号很清晰！”

“Jack！ Jack！这里是 Lily！这里是 Lily！ Tom 已抄收并叫我转告你：因队伍中有人受伤，Tom 会比预计时间晚到达 20 分钟！”

“Lily！ Lily！这里是 Jack！这里是 Jack！完全抄收！谢谢转达！再见！”

“Tom！ Tom！这里是 Lily 呼叫！这里是 Lily 呼叫！”

“Lily！ Lily！这里是 Tom！这里是 Tom！你的信号很清晰！”

“Tom！ Tom！这里是 Lily！这里是 Lily！ Jack 已抄收！还有其他事情吗？”

“Lily！ Lily！这里是 Tom！这里是 Tom！谢谢你的转达！没有其他事情了！再见！”

（6）遭遇干扰

如果通话过程被无意或者恶意干扰，不要去质问干扰源（因为干扰源可能功率比你大，你能听到他，而他听不到你），而是转换频道，或者保持沉默。对恶意干扰者绝对不要去搭理、规劝或对骂，静默就是最好的处理办法。

思政园地

对讲机使用要讲礼仪

一般在山野徒步或者开车自驾游的时候，会使用对讲机。在免执照频段上，虽然不像在业余段上呼叫那么规范，但我们也应该保持基本的礼节，遵守对讲机的规范用语，在户外拥有一个轻松愉悦的好心情。

你来答一答：

户外对讲机的使用时长和呼叫距离是怎样的呢？

学习笔记

六、取水技能

（一）寻找水源

方法一："一听二嗅三察"。听：凭借灵敏的听觉器官，多注意山脚、山涧、盆地、谷底等是否有山溪或瀑布的流水声，有无蛙声和水鸟的叫声等。嗅：用鼻子，尽可能地嗅到潮湿气味，或因刮风带过来的泥土腥味及水草的味道，然后沿气味的方向寻找。察：观察，这往往需要凭着丰富的经验和知识，可以通过观察气象、气候、动物、植物及地理环境等找到水源。

方法二：根据天气变化寻找水源。天空出现彩虹的地方，肯定有雨水；在乌黑、带有雷电的积雨云下面，定有雨水或冰雹；在总有浓雾的山谷里定有水源，靠收集露水也可缓解燃眉之急。

方法三：根据植物生长情况寻找水源。生长着香蒲、沙柳、马莲、金针（也称黄花）、木芥的地方，水位比较高，水质也好；生长着灰菜、蓬蒿、沙里旺的地方，也有地下水，但水质不好，有苦味或涩味，或带铁锈。初春时，其他树枝还没发芽，独有一处树枝已发芽，此处有地下水；入秋时，同一地方其他树叶已经枯黄，而独有一处树叶不黄，此处有地下水；另外，还如三角叶杨、梧桐、柳树、盐香柏，这些植物只长在有水的地方，在它们下面定能挖出地下水来。

方法四：根据地形、地质的情况寻找水源。"人往高处走，水往低处流"，这句谚语告诉我们，可以在低洼处、谷地及缓坡斜地去找水；砂页岩在我国分布甚广，其分布在沟谷、盆地或在砂岩与页岩的接触面处，此处往往有泉水涌出；此外，在溶洞深处，在各种沉积岩、火山岩和变质岩的裂缝地带，大都能找到直接饮用含矿物质的泉水。

方法五：根据动物、昆虫的活动情况寻找水源。夏蚊虫聚集，且飞成圆柱形状的地方一定有水；有青蛙、大蚂蚁、蜗牛居住的地方也有水；燕子飞过的路线和衔泥筑巢的地方，都是有水源和地下水位较高的地方；鹌鹑傍晚时向水飞，清晨时背水飞；斑鸠群早晚飞向水源，这些也是判断水源的依据。

（二）改善水质

当我们找到水源，如何取水也是一个问题。一般情况下，野外获取到的水必须要进行净化、过滤后才能饮用。

方法一：沉淀法

将找到的水收集好后，可放入少量的明矾或捣烂的木棉枝叶、仙人掌、核桃仁，搅拌匀后沉淀 30 分钟。这样，你便能得到较为干净的水了。

方法二：过滤法

如果所找到的水源泥沙混浊，有异物飘浮且有微生物或蠕虫及水蛭幼虫等，水源周围的环境又不适宜挖坑时，可找一个塑料袋将底部刺些小眼儿，或者把可乐瓶用小刀在瓶盖扎出几个小孔，然后去掉瓶底自下向上依次填入2~4厘米厚的干净的细砂，压紧按实，将不清洁的水慢慢倒入自制的简易过滤器中，等到过滤器下面有水溢出时，即可用盆或水壶将过滤后的干净水收集起来。

方法三：海水淡化法

在海边，可以用锅煮海水收集蒸馏水的方法使海水淡化。煮海水时，在锅盖内侧铺上毛巾，将蒸馏水的水珠吸附在毛巾上，然后再拧在大贝壳或其他容器内。这样反复制作，就可得到所需要的可饮用淡水。

（三）收集饮用水

倘若你无法寻找到现成的饮用水或身处在绝境干旱之时，可以用以下办法获取饮用水。

方法一：收集雪水或雨水

溶化冰雪或用各种容器收集雨水，冰雪和雨水经过漂白、过滤和煮沸后可以直接饮用。

方法二：地汽取水法

在潮湿的沙地上挖一个约20厘米深的碗状坑，底部放进接水的容器，再在地面上覆盖上透明的塑料布，四周用沙土压上，中间轻压一块小石头。地下水经蒸发在塑料布上遇冷会凝成水滴滴入碗中，这种方法虽然慢但绝对卫生。

方法三：植物取水法

大概南方的小伙伴会知道，野芭蕉也是很好的水分来源。只要用刀将其从底部迅速砍断，就会有干净的液体从茎中滴出，可直接饮用。如果能找到野葛藤、葡萄藤、芦荟、仙人掌、猕猴桃藤、五味子藤等藤本植物也可从中获取饮用水。另外，在春天树木要发芽之时，还可从桦树、山榆树等乔木的树干及枝条中获取饮用水。千万不要饮用那些带有乳浊液的藤或灌、乔木的汁液，有毒。此外，从植物中获取的饮用“水”，容易变质，最好即取即饮，不要长时间存放。

水是地球对生命的施舍，水孕育万物，是大自然的命脉。珍惜地球上仅存的2.5%淡水资源，是每个人应尽的义务。

你来做一做：

搜集饮用水，改善其水质。

____

____

____

学习笔记

七、取火技能

在荒野，火的用处非常之大，能取暖、防御野兽、驱赶毒虫蛇蚁，还能充当求救信号，可以说在野外能生起篝火是存活的最为关键环节之一。

（一）打火棒取火

打火棒是由镁和其他金属混合制成的一种高效的火石。只要带上一个打火棒，几乎任何情况下你都可以不用为取火而发愁了（见图 3–22）。

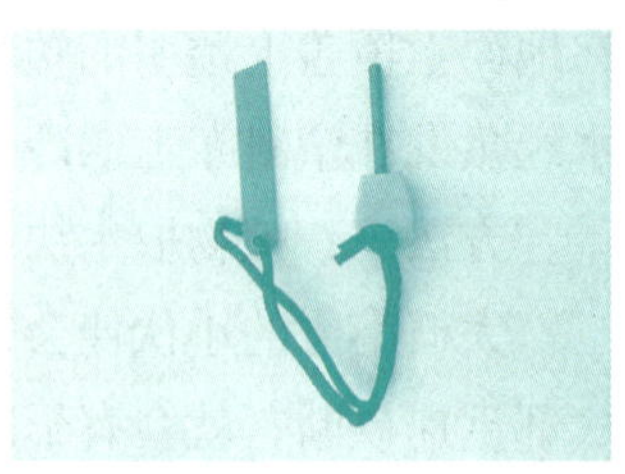

图3-22 打火棒 管萍提供

（二）摩擦取火

利用摩擦生热来取火是最古老的生火方法之一，“钻木取火”就是靠摩擦取火的，古人受到“有鸟若鸮，以口啄树，粲然火出”这一现象的启发，悟出了钻木取火的道理。大自然是最好的老师，它教给我们许多生存的本领。

（三）放大镜聚光取火

使用放大镜聚光取火也是一个好方法，但是需要有一定的耐心。不过这种方法受到天气的影响，必须有阳光才可以，而且阳光越强效果越好（在没有放大镜的情况下，水球也一样适用）。

（四）火石和碳布

事先准备一些碳布火绒放在求生盒里。碳布是一种十分容易燃烧的火绒，可以使用钢或者碎石击出的火花将碳布点燃。

（五）电池和细导线

电池和细导线的组合是绝佳的起火装置。用细导线连接电池的正负极后，

学习笔记

导线会发热发红，产生高温，这个温度足够点燃火绒。此外，电池电压和电流越高，用起来效果越好。一般在 3~12V 范围内电压越高越好，而且相对比较安全。

（六）竹片生火法

找一段干枯的竹子去净枝丫，从中间剖成两半，然后在其中一片竹上刻一个口子。口子可以刻在竹子的弧面上，也可以刻在剖面的边上，并将这片竹子斜着架空固定好。然后将另一片竹子槽中的隔节木挖掉，将其剖面两条边的其中一条边卡在事先固定好的竹片刻口上，抓住一头来回锯动。

感谢大自然无私的赐予，人类开始使用火，才有了今天的我们。火是神圣的，永恒的，不可或缺的，又是令人敬畏的。直到现代，人们在奥运会结束后，依然会庄重而小心翼翼地把火种保存下来，直到下一届奥运会将圣火重新点燃。

你来说一说：

野外用火，我们应当持慎重的态度，当我们在户外深陷险境，万不得已，需要生火求救、驱逐野兽、甚至保存生命时可以适当使用。但你知道吗？每年 10 月 1 日至次年 4 月 30 日，是森林防火重点期，期间森林防火区禁止一切野外用火，这时引发森林火灾需要承担哪些责任呢？

____

____

____

____

____

____

____

____

八、户外遇险处置技能

户外有风险，出行需谨慎。在野外活动的时候，由于对野外环境以及地形不熟悉，很容易就会迷失在野外。

一、STOP 法则

STOP 法则是国际通行的户外遇险处置的黄金定律。它是户外遇险处置四个步骤“Stay、Think、Observe、Plan”的英文缩写，意思分别是待在原地、思考、观察、计划。国内外普遍使用 STOP 原则，这一原则可以在户外出现危险时提供有效的帮助（见图 3–23）。

学习笔记

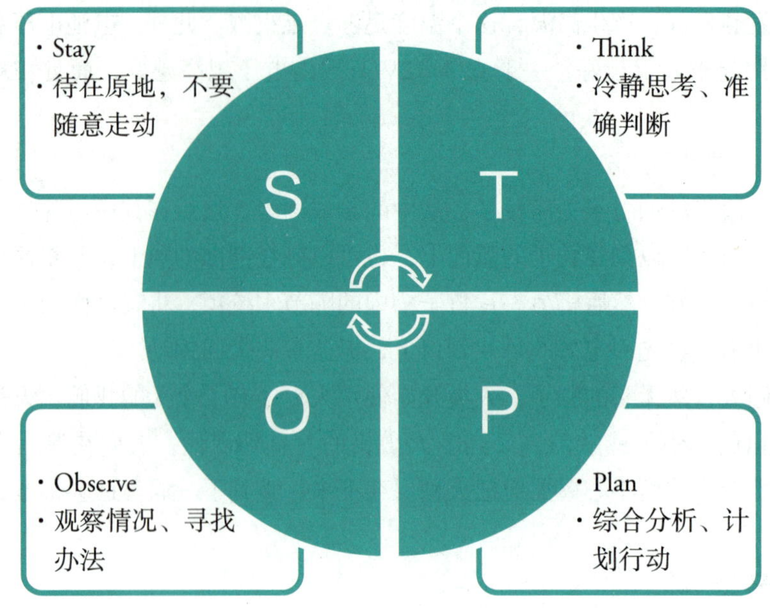

图3-23 STOP原则

1.Stay

在发现自己迷失方向后，切勿惊慌失措，停在原地，保持冷静，卸下背包、保存体力。

2.Think

冷静地分析一下所走过的道路，思考一下，什么时候迷路了，哪条路走错了，走了多远了。想办法用一切可能利用的标志重新定向，然后再寻找道路。最可靠的办法是“迷途知返”，循着自己的足迹退回至原出发点，切勿盲目乱撞。

3.Observe

就近寻找高点，观察四周，看看有没有标志物等，仔细分辨四周的声音，比如人声、河流声等。在山地应朝地势低的方向走，这样易于碰到水源，顺河而行最为保险，水能送人到家。若山脉走向分明，山脊坡度较缓，可沿山脊走。因为山脊视界开阔，易于观察道路情况，也容易确定所在位置。山脊还有一定的导向作用，只要沿山脊前进，通常可达到某个目标。

4.Plan

制订好行走计划，施行。利用前面学习的户外定向技能和识图技能，判定方向，探索回“家”之路。如果确定在天黑之前走不出，应立即选地宿营，不要等到天黑，就近寻找扎营地点和生火木材等。若感到十分疲乏时，也应立即休息，不要走到精疲力竭才停止。这一点在冬季尤应注意，过度疲劳和淌汗过

学习笔记

多，容易冻伤或冻死。

在上述努力均告失败后，迷途者也应坚定沉着，保存体力，节约给养，发出信号，寻求救援。这个时候任何急躁、悲观的情绪都于事无补，而只会消耗自身的体力，削弱自己和同伴的斗志。另外，在出发之前，就应清楚地知道各种求救信号和国际上发求救信号的通用规则。

思政园地

事前防范比事后处理更重要

户外出游本是好事，可如果准备工作不充分，盲目出行，很有可能导致意外发生。但若是当事者的准备工作做得更加充分和细致，选择更为安全的线路等，事前做好防范，不存侥幸心理，能有效避免意外的发生，事前防范远比事后处理更重要！行前准备主要有两个方面的内容——计划的周密和装备的充足。户外运动中有很多不可控制的风险，去哪里？为什么去？和谁去？怎么去？那里的环境怎样？这些问题都要胸中有数。另外还需准备好额外的服装、额外的水、额外的食品、刀具、头灯（手电）、地图与指北针、火种（打火机、火柴、点火器等）、防晒用品、急救包、可选物品（如口哨、镜子、通信等），当意外发生它们或许能帮你渡过难关。

资料来源：2013年“全国户外安全教育计划”公益巡讲武汉站马欣祥博士讲座，有更改。

二、户外求救方法

1. 烟火信号及其使用

烟火非常醒目，作为联络信号是非常有效的，遇险时可根据自身的情况使用。燃放三堆火焰是国际通行的求救信号，将火堆摆成三角形，每堆之间的间隔相等最为理想，这样的安排方便点燃。如果燃料稀缺或者自己伤势严重，或者由于饥饿，过度虚弱，凑不够三堆火焰，那么因陋就简点燃一堆也行。在火上放些青草等产生浓烟的物品，每分钟加6次，夜晚可燃旺火。发出烟火信号要充分考虑周围的地形，多在平坦的地面发出烟火求救标记。如果无平坦地面，则发出烟火或灯光信号时要选择制高点，因为飞机在山区搜寻时，多从山脚出发飞向山脊，所以一部分斜坡就可能隐在山脊后，飞机飞临时很难察觉。

2. 地面标记信号及其使用

在比较开阔的地面，如草地、海滩、雪地上可以制作地面标志。如把青草割成一定标志；或在雪地上踩出一定标志；也可用树枝、海草等拼成一定标

学习笔记

志，与空中取得联络；还可以使用国际民航统一规定的地空联络符号。下面所列字母是国际通用的紧急求救信号，“FILL”这些字母是国际通用的紧急求救信号，单个一根木棒“1”，是最为重要、制作也最简单的一个，尺寸是每个信号长 10 米、宽 3 米，每个信号间隔 3 米。

同时要记住这几个单词：SOS（求救）、SEND（送出）、DOCTOR（医生）、HELP（帮助）、INJURY（受伤）、TRAPPED（被困）、LOST（迷失）、WATER（水）。

3. 国际通用求救信号及其使用

摩尔斯代码是世界上最有影响的求救信号体系之一，使用它能够使他人迅速了解你的处境和要表达的意思。“·”代表短信号，“—”代表长信号，最常见的是 SOS，三声短三声长，再三声短。摩尔斯代码在实际应用时可用光线、声音等一切可以用长短来区分的方法。使用的方法：在阳光好的日子里，可利用能反光的物品如镜子、金属信号镜、罐头皮、玻璃片、眼镜、回光仪等做成反光镜，注意环视天空，如果有飞机靠近，就快速反射出 SOS 信号光。这种光线或许会使营救人员目眩，所以一旦确定自己已被发现，应立刻停止反射光线。即使你不懂莫尔斯代码，随意反照，也可能引人注目。在迷途者估计距离大部队或附近人居地不远时，可选用声音求救信号，做法是大声呼喊，三声短三声长，再三声短，间隔 1 分钟之后再重复。或借助其他物品发出声响，如用斧子、木棍敲打树木，通过声音来引起注意。

4. 体示语言信号和旗语信号

（1）体示语言

体示语言是通过身体动作向空中求救的语言信号，当搜索飞机较近时，双手大幅度挥舞与周围环境颜色反差较大的衣物，表达遇险的意思。做动作时，要求十分清晰，且幅度尽量大。

（2）旗语

一面旗子或一块色泽亮艳的布料系在木棒上，持棒运动时，在左侧长划，右侧短划，加大动作的幅度，做“8”字形运动。如果双方距离较近，不必做“8”字形运动，一个简单的划行动作就可以，在左侧长划一次，在右边短划一次，前者应比后者用时稍长。

5. 留下求救信息

当离开危险地时，要留下一些信号物，以便让救援人员发现。地面信号物使营救者能了解你的位置或者过去的位置，方向指示标有助于他们寻找你的行动路径。一路上要不断留下指示标，这样做不仅可以让救援人员追寻而至，在自己希望返回时，也不致迷路。如果迷失了方向，找不着想走的路线，它就可

学习笔记

以成为一个向导。行动方向主要有如下形式：

（1）将岩石或碎石片摆成箭形；

（2）将棍棒支撑在树杈间，顶部指着行动的方向；

（3）在卷草的中上部系上结，使其顶端弯曲指示行动方向；

（4）在地上放置一根分叉的树枝，用分叉点指向行动方向；

（5）用小石块垒成一个大石堆，在边上再放一小石块指向行动方向；

（6）用一个深刻于树干的箭头形凹槽表示行动方向；

（7）两根交叉的木棒或石头意味着此路不通。

你来说一说：

查阅资料，找出户外遇险的主要原因有哪些？

______

______

______

______

______

______

● 任务实施

1. 造成户外山难最大的事故原因是什么？相比被困、滑坠、失踪、失温等因素，极少有人会想到迷路。据中国登山协会统计发布的近三年《中国户外安全事故分析报告》显示，每年发生的山难事故原因，迷路均位列榜首，且所占比例呈上升趋势。2014—2016 年，全国因迷路导致的户外事故数据比例分别为 40%、45%、45%。仅 2016 年 10 月，全国共有超过 1000 起户外迷路事件（数据来源：慧择网）。其次，由迷路引起的失温、失联等比例则高达 80%。通常，单纯迷路只要处理得当，并不致命。但若不幸在冬季找不着北，超低的温度与可能随时降临的风雪，便会招致一场生死考验。迷路并不十分可怕，假如迷路后，你会采取哪些合适的自我保护与解救方法呢？

______

______

______

______

______

______

______

学习笔记

2. 实操：户外基础绳结操作

● 任务评价

评价形式	评价标准	评价等级（优/良/中/差）
自评	1. 知识掌握牢固 2. 实际操作正确 3. 能解决实际问题	
小组评价		
教师评价		

● 任务巩固

你有没有过这样的情况，明明在刷剧打游戏，心里却隐隐约约觉得有一些事还没干；唱了一晚上 KTV 睡到日上三竿却备感空虚。所以问题来了，为什么你明明在休息，却依然这么累？那最有可能的是你还不太懂得休闲是什么。休闲行为不仅要寻找快乐，也要寻找生命的意义。从根本上说，休闲的终极是审美和生命的意义。

“心有猛虎，细嗅蔷薇”（“In me the tiger sniffs the rose.”），享受休闲生活需要接受高度训练。推荐阅读一本书《你生命中的休闲》，作者杰弗瑞·戈比（Geoffrey Godbey）。

我的收获是：

____

____

____

____

任务二　户外创伤救护

● 任务引入

驴友跌落悬崖，获搜救队营救

2023 年 7 月 9 日，青岛一户外爱好者独行登山，中午在北宅辖区未开发山岳不慎跌落崖壁，疑似胸椎、腰椎受损，无法动弹。下午 14 时青岛红十字搜救队接救援消息携带脊柱板担架、多功能担架、医疗物资等装备出发，15 时抵达现场，经过研判，决定先由一名队员向事发崖壁接近，先行检伤与处置，之后再用舟艇进行水路转运，确定了绳索技能、医疗技能全面运用的综合救援模式。经过对伤员的检伤处置、脊柱板固定、卷式担架包覆、绳索下放、担架搬运、舟艇转运、中转车运送环节，最终安全将伤员移交给 120 救护车。救援行动历经两个半小时，圆满完成。

（资料来源：半岛都市报，有删减）

● 任务描述

“野外无小事”，任何一个小问题的发生，都有可能导致大事故。尤其是在野外遇到突发性病人或伤者，要根据不同情况采取相应的急救措施，然后想办法尽快送医救治。这一节我们将学习止血、包扎、固定、搬运等基本急救技能。

● 任务学习目标

知识目标	技能目标	价值目标
1.了解急救原则 2.掌握基本的急救常识	学会止血、包扎、固定、搬运等基本急救技能	1.弘扬奉献、有爱、互助、进步的志愿者精神 2.树立科学救护的理念

● 任务必备知识

急救是居安思危，有备无患的一项技能，是指在任何伤病突然发生时利用当时环境中可供应用的一切设备以及材料，按照一定的原则立即加以处理的行为，再将伤者交给医生或送到医院。在野外环境中，参与者无法得到迅速、完备的城市医疗救助，有限的资源、严峻的自然环境更加剧了野外急救的特殊性。因此，在野外更应该掌握一些最基础的创伤救护方法，为伤员或患者提供最初的救治，以保存生命，防止进一步伤害，促进康复。

知识卡片

急救的基本原则：

* 评估现场情况	不要试图进入不安全区域
* 保护自身和患者	除非必要，不要移动伤员
* 防止交叉感染	除非必要，不要离开伤员
* 安慰患者	不要让伤员站立，而应保持适当体位
* 评估患者伤情	不要让伤员吃或喝任何东西
* 给予早期处理	不要取出嵌插异物
* 适当寻求帮助	不要还纳任何凸出伤口的脏器

学习笔记

一、止血

成人体内的血液有 4000~4500ml，占到人体总体重的 8% 左右。如果失血量达到 20% 或以上时，就会血压下降，出现休克等严重症状；失血量达到 40% 以上就有生命危险。所以出血时，要及时处理，避免大量出血。

1. 出血情况

（1）毛细血管出血。血液从创面或创面四周渗出，出血量少、色红、找不到明显的出血点，这种出血危险性较小，多能自己止血。

（2）静脉出血。由于血管内压力低，暗红色的血液只会缓缓均匀的外流，出血速度较快，出血量逐渐增多。如果是大静脉出血，往往受呼吸运动的影响而发生断续，吸气时流出较缓，呼气时流出较快。如不及时止血，会逐渐形成失血性休克。

（3）动脉出血。动脉出血之所以危险，是因为心脏用了很大的力量把血液压出了心室到动脉，为维持血液在周身的流动，克服各处的阻力，这个压力是很大的，尤其是当新鲜血液刚刚从心室被挤压出来的时候，奔腾的血液更是势不可挡，一秒钟竟可前进一米之远，之后每秒钟也可以走半米的路程。而大动脉一旦破裂，那血液就会像喷泉般地涌射，可以窜出好几尺远，所以动脉出血十分危险。

2. 止血方法

（1）加压止血法

这种方法适用于毛细血管出血及静脉出血。此种方法简单易行，在伤口处用干净白绢包扎，或者用创可贴贴住。直接压迫止血，一定要对伤口施加足够的压力，不能轻轻覆盖，否则达不到止血的目的。同时按压要有一定时长，当血液不流动的时候在体外会慢慢地凝固，凝固时间一般是在 4~12 分钟左右，那么我们在伤口处按压的时间一般要不少于 20 分钟。大量出血，只有足够的时间长度才能够达到止血目的。当伤口不出血了，也不要拿开敷料，而是要用绷带把伤口处紧紧包扎，然后立刻拨打急救电话 120，送到医院进行进一步的救治。

（2）止血带止血法

在现场选用止血带前，可先用软织物加压临时止血，与此同时，可选用弹性好的橡皮管或橡皮带作为止血带。上止血带前，应先将伤肢抬高，尽量使静脉回流，在出血的上端（近心端），先用毛巾、衣服或其他软织物垫好，将止血带适当拉长，缠绕肢体两圈，在外侧打结固定，靠止血带的弹性压迫血管，达到止血的目的，这种方法适用于四肢大动脉血管出血。结扎止血带后，就完全阻断了受伤肢体的血液，如果时间过长，受伤肢体就要坏死。所以用这种方

学习笔记

法时，每隔三四十分钟放松一次，每次放松时间约一分钟（记录止血时间）。

万一在现场找不到橡皮管、带，也可用毛巾、宽布带折叠成条状来代替。但严禁用电线、铁丝、绳索代替止血带，以免发生意外（见图 3-24）。

图3-24　止血带止血法
管萍提供

（3）指压止血法

这是一种最方便、及时的临时止血法。在动脉的走向中，最易压住的部位叫压迫点，止血时只要压住压迫点，就可有效的止血。此法只适用于头面颈部及四肢的动脉出血急救。

①头顶部出血：在伤侧耳前，眼角和耳屏的中间，摸到动脉的跳动，这个地方就是颞浅动脉，用拇指压迫颞浅动脉。

②头颈部出血：四个手指并拢对准颈部胸锁乳突肌中段内侧，将颈总动脉压向颈椎。注意不能同时压迫两侧颈总动脉，以免造成脑缺血坏死。压迫时间也不能太久，以免造成危险。

③上臂出血：一手抬高患肢，另一手四个手指对准上臂中段内侧压迫肱动脉。

④手掌出血：将患肢抬高，用两手拇指分别压迫手腕部的尺、桡动脉。

⑤大腿出血：在腹股沟中稍下方，用双手拇指向后用力压股动脉。

⑥足部出血：用两手拇指分别压迫足背动脉和内踝与跟腱之间的颈后动脉。

上述止血点压迫止血仅适用于紧急情况下止血，不能长时间使用，应尽快寻找物品行其他止血方法。此外，出血的后果很严重，所以在户外活动时要当心，尽量避免创伤；一旦创伤不可避免，也要学会保护自己和救助他人。

你来做一做：

网上报道：户外徒步时有一个小伙子被尖锐的树枝划破了左臂中间的位置，血当场就喷射而出，怎么也按不住。同伴为他拨打急救电话 120，但是现场的人没人懂得如何正确为伤口止血。如果你在现场，你会如何评估小伙子的伤情，能采取什么措施来止血呢？

学习笔记

二、包扎

伤口是细菌侵入人体的门户，如果伤口被细菌污染，就可能引起化脓或并发败血症、气性坏疽、破伤风等，严重影响和损害健康，甚至危及生命。所以在急救现场上如果没有条件做清创处理，一定要先进行包扎，因为及时妥善的包扎，可以达到压迫止血、减少感染、保护伤口、减少疼痛、固定敷料和夹板的目的。

知识卡片

包扎四要、四不要

四要：快、准、轻、牢

四不要：1. 不上药　2. 不触摸伤口　3. 不取　4. 不送

1. 包扎的主要材料

（1）创可贴：有各种大小不同的规格，弹力创可贴适用关节部位损伤。

（2）袖带卷：也称绷带，是用长条纱布制成，长度和宽度有各种规格。

（3）三角巾：用边长为 1 米的正方形白布或纱布，将其对角剪开即分成两块三角巾，90 度角为顶角，其他两个角为底角，外加一根带子称为顶角系带，斜边成为底边。

（4）就地取材：干净的衣服、毛巾、床单、领带、围巾等可作为临时性的包扎材料。

（5）胶带：具有多种宽度，呈卷装，用于固定绷带、敷料块。对一般胶带过敏的采用纸质胶带。

2. 常用的包扎方法

（1）绷带包扎法

①环形法。此法是绷带包扎中最常用的，适用于肢体粗细较均匀处伤口的包扎（见图 3-25）。

简单包扎的方法

操作步骤：A. 无菌敷料覆盖伤口，左手将绷带头端固定在敷料上，右手持绷带卷绕肢体紧密缠绕；B. 第一圈稍做斜行环绕，环绕第二圈时，将第一圈斜出的一角压入环圈内，环绕第二圈；C. 加压环形缠绕 4~5 层，每圈盖住前一圈，绷带缠绕范围要超出敷料边缘；D . 最后用胶布粘贴固定，或将绷带尾从中央纵向剪开形成两个布条，两布条先打一结，然后两者绕肢体打结固定。

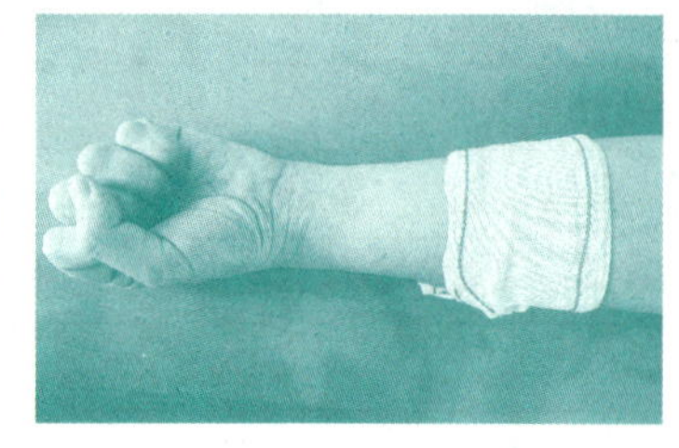
图3-25　环形法　管萍提供

学习笔记

②螺旋包扎。适用于上肢、躯干的包扎（见图 3–26）。

操作步骤：A. 用无菌敷料覆盖伤口；B. 先做环形缠绕两圈；C. 从第三圈开始，环绕时压住上圈的 1/2 或 1/3；D. 最后用胶布粘贴固定。

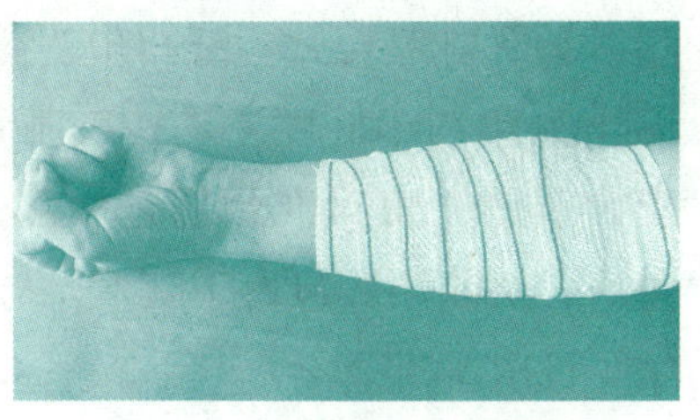

图3-26 螺旋包扎 管萍提供

③螺旋反折包扎。适用于粗细不等部位，如小腿、前臂等（见图 3–27）。

操作步骤：A. 先用环形法固定始端；B. 螺旋方法每圈反折一次，反折时，以左手拇指按住绷带上面的正中处，右手将绷带向下反折，向后绕并拉紧。（注：反折处不要在伤口上）

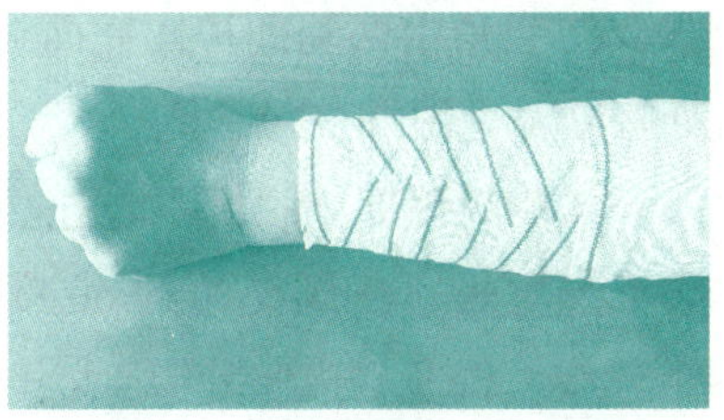

图3-27 螺旋反折包扎 管萍提供

④“8”字包扎。手掌、踝部和其他关节处伤口用“8”字绷带包扎，选用弹力绷带（见图 3–28）。

操作步骤：A. 用无菌敷料覆盖伤口；B. 包扎手时从腕部开始，先环形缠绕两圈；C. 然后经手和腕“8”字形缠绕；D. 最后绷带尾端在腕部固定。

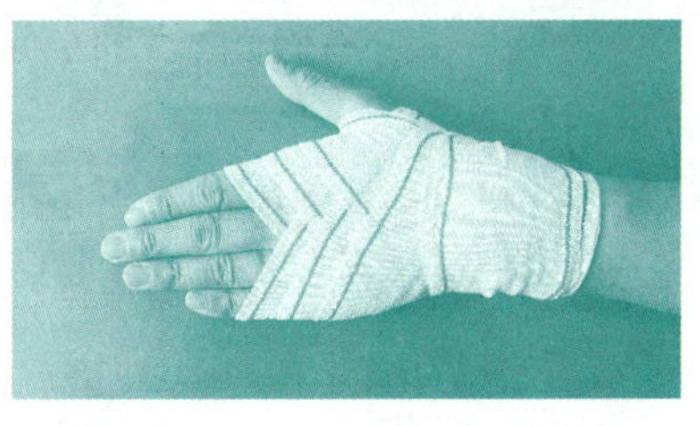

图3-28 “8”字包扎 管萍提供

⑤尼龙网套包扎。尼龙网套具有良好的弹性，使用方便，头部及肢体均可用其包扎。先用敷料覆盖伤口并固定，再将尼龙网套套在敷料上。

（2）三角巾包扎法

①头顶帽式包扎。将三角巾的底边叠成约两横指宽，边缘置于伤病人前额齐眉，顶角向后位于脑后，三角巾的两底角经两耳上方拉向头后部交叉并压住顶角，再绕回前额相遇时打结，顶角拉紧，掖入头后部交叉处内（见图 3–29）。

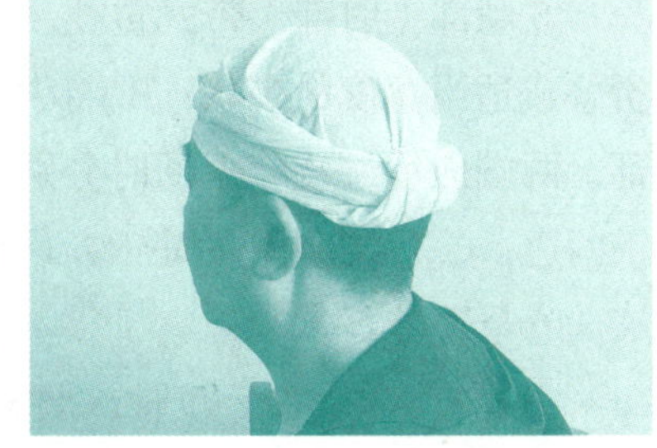

图3-29 头顶帽式包扎 管萍提供

②双眼包扎。是用于眼外伤，将三角巾折成三指宽带形，从枕后部拉向双眼在鼻梁上交叉，绕向枕下部打结固定。

3. 单肩包扎

A. 三角巾折叠成燕尾式，燕尾夹角约 90 度，大片在后压小片，放于肩上；B. 燕尾夹角对准侧颈部；C. 燕尾底边两角包绕上臂部并打结；D. 拉紧两燕尾角，分别经胸、背部至对侧腋下打结（见图 3–30）。

学习笔记

①双肩包扎。A. 三角巾折叠成燕尾式，燕尾夹角约 100 度左右；B. 燕尾披在双肩上，燕尾夹角对准颈后正中部；C. 燕尾角过肩，由前往后包肩于腋下，与燕尾底边打结（见图 3-31）。

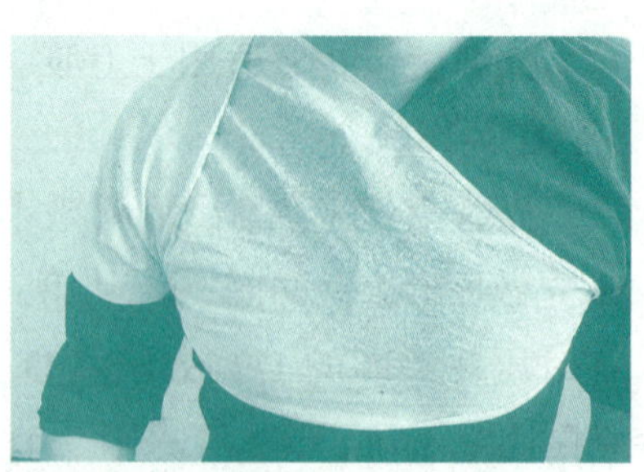

图3-30 单肩包扎 管萍提供

②腹部包扎。A. 三角巾底边向上，顶角向下横放在腹部；B. 两底角围绕到腰部后打结；C. 顶角由两腿间拉向后面与两底角连接处打结（见图 3-32）。

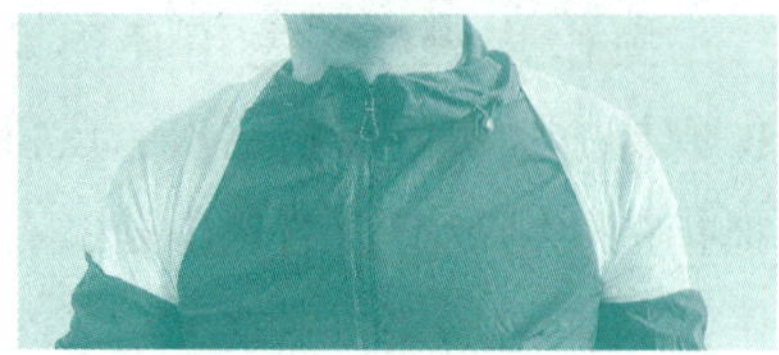

图3-31 双肩包扎 管萍提供

③单侧臀部（腹部）包扎。A. 三角巾折叠成燕尾式，燕尾夹角约 60 度朝下对准外侧裤线；B. 伤侧臀部的后大片压住前面的小片；C. 顶角与底边中央分别过腹腰部到对侧打结；D. 两底角包绕伤侧大腿根打结（见图 3-33）。

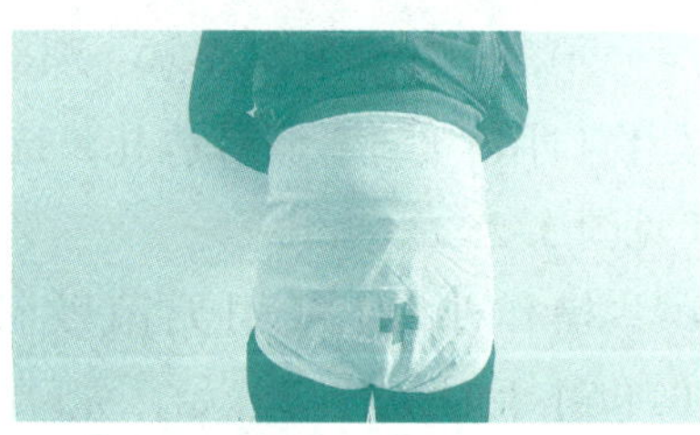

图3-32 腹部包扎 管萍提供

④手（足）包扎。A. 三角巾展开；B. 手指或足趾尖对向三角巾的顶角；C. 手掌或足平放在三角巾的中央；D. 指缝或趾缝间插入敷料；E. 将顶角折回，盖于手背或足背；F. 两底角分别围绕到手背或足背交叉；G. 再在腕部或踝部围绕一圈后在手背或足背打结（见图 3-34）。

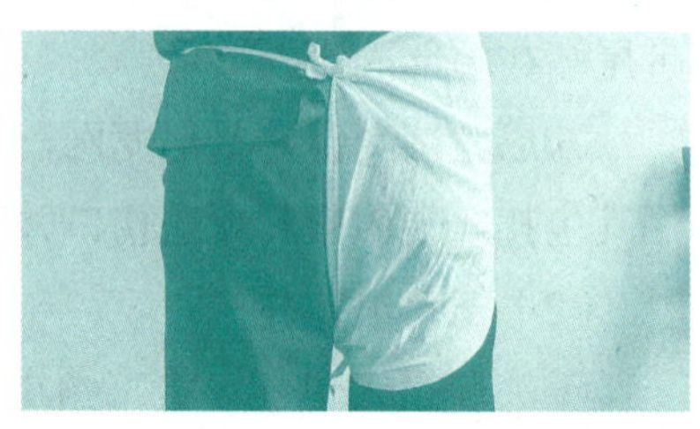

图3-33 单侧臀部包扎 管萍提供

⑤膝部（肘部）带式包扎。A. 将三角巾折叠成适当宽度的带状；B. 将中段斜放于伤部，两端向后缠绕，返回时分别压于中段上下两边；C. 包绕肢体一周打结（见图 3-35）。

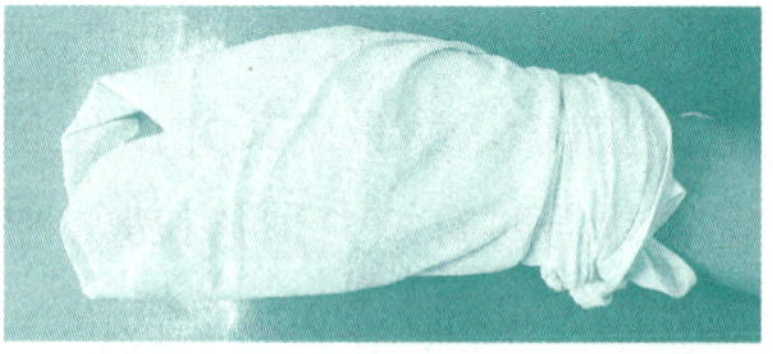

图3-34 手（足）包扎 管萍提供

⑥悬臂带。

小悬臂带：用于锁骨、肱骨骨折及上臂、肩关节损伤。A. 三角巾折叠成适当宽带；B. 中央放在前臂的下 1/3 处，一底角放于健侧肩上，另一底角放于伤侧肩上并绕颈与健侧底角在颈侧方打结；C. 将前臂悬吊于胸前。

图3-35 膝部（肘部）带式包扎 管萍提供

大悬臂带：用于前臂、肘关节的损伤。

学习笔记

A. 三角巾顶角对着伤肢肘关节，一底角置于健侧胸部过肩于背后；B. 伤臂屈肘（功能位）放于三角巾中部；C. 另一底角包绕伤臂反折至伤侧肩部；D. 两底角在颈侧方打结，顶角向肘前反折，用别针固定；E. 将前臂悬吊于胸前（见图 3-36）。

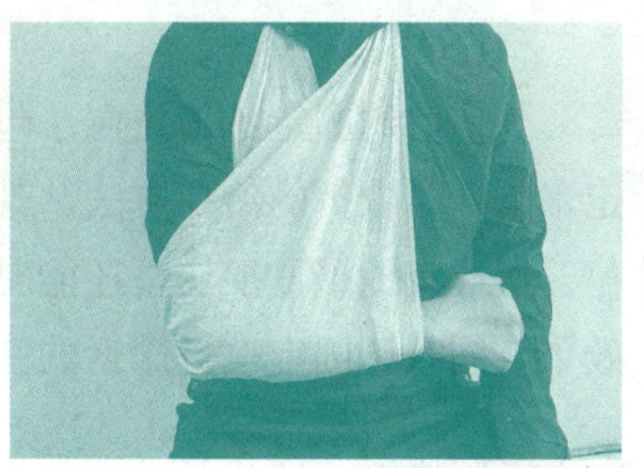

图3-36　大悬臂带　管萍提供

知识卡片

1. 伤口上要加盖敷料，不要在伤口上直接用弹力绷带。

2. 用绷带包扎时，松紧要适度。

3. 有绷带过紧的现象，如手、足的甲床发紫，绷带缠绕肢体远心端皮肤发紫，有麻木感或感觉消失，严重者手指、足趾不能活动时，应立即松开绷带，重新缠绕。

4. 无手指、足趾末端损伤者，包扎时要暴露肢体末端，以便观察末梢血液循环。

你来说一说：

网上有一份报道，三岁小女孩手指被划伤，在诊所包扎后家属怕纱布包得太松容易脱落，于是用毛线又在纱布外面缠绕了好几圈，结果因为系的时间过长过紧血液流通不畅导致坏死，最后不得不做截指手术。你知道包扎还有哪些误区？

学习笔记

三、固定

外伤后的固定是与止血、包扎同样重要的基本的救护技术。过去认为，固定术是针对骨折的治疗方法，其实固定术不仅可以固定骨折，防止骨折断端移位，造成其他严重损伤，还能对关节脱位、软组织的挫裂伤起到固定、止痛的效果。同时，固定也是搬运的基础，有利于转运后的进一步治疗。

知识卡片

骨折固定原则

1. 判断（意识、呼吸、脉搏及严重出血）并作出相应处理

2. 先止血、后包扎、再固定；夹板长度一般要超过患肢的上下两个关节，骨突出部位要加垫，先扎骨折上、下两端，后固定两关节

3. 骨折端暴露，不要拉动，不要送回伤口内

4. 固定姿势

5. 暴露肢体末端以便观察血运

6. 固定伤肢后，如可能应将上肢抬高

7. 快速转运

1. 锁骨骨折固定法

（1）丁字夹板固定法：丁字夹板放置背后肩胛骨上，骨折处垫上棉垫，然后用三角巾绕肩两周结在板上，夹板端用三角巾固定好。

（2）三角巾无夹板固定法：挺胸，双肩向后，两侧腋下放置棉垫，用两块三角巾分别绕肩两周打结，然后将三角结在一起，前臂屈曲用三角巾固定于胸前。

2. 前臂骨折固定法

（1）夹板放置骨折前臂外侧，骨折突出部分要加垫，然后固定腕肘两关节（胸部 8 字形固定），用三角巾将前臂屈曲悬胸前，再用三角巾将伤肢固定于伤员胸廓。

（2）无夹板前臂骨折：先用三角巾将伤肢悬挂胸前，后用三角巾将伤肢固定于胸廓。

3. 上臂骨折固定法

（1）夹板放置骨折上臂外侧，骨折突出部分要加垫，然后固定肘、肩两关节，用三角巾将上臂屈曲悬胸前，再以三角巾将伤肢固定于伤员胸廓。

（2）上臂三角巾固定法：先用三角巾将伤肢固定于胸廓，再用三角巾将伤肢悬挂胸前。

学习笔记

4. 小腿骨折固定法

将夹板放置于骨折小腿外侧，骨折突出部分要加垫，然后固定伤口上下两端和膝、踝两关节（8字形固定踝关节），夹板顶端再固定。

5. 大腿骨折固定法

将夹板放置于骨折大腿外侧，骨折突出部分要加垫，然后固定伤口上、下两端和踝、膝关节，最后固定腰、髂、踝部。

6. 下肢自体固定法

将患者两下肢合并，在膝关节处，膝关节上、下和踝关节处及大腿根部各扎一条三角巾，打结在健侧下肢，踝关节处"8"字形固定。

7. 脊椎骨折固定法

伤员仰卧木板上，用绷带将伤员胸、腹、髂、膝、踝部固定于木板上。

8. 颈椎骨折固定法

伤员仰卧在木板上，颈下、肩部两侧要加垫，头部两侧用棉垫固定防止左右摇晃，然后用绷带（三角巾）将额、下巴尖、胸固定于木板上。

你来找一找：

在户外，可以用作固定的材料有哪些？

____

____

____

____

____

____

____

____

四、搬运

经现场必要的止血、包扎、固定后，方能搬运和护送伤员，按照伤情严重者优先，中等伤情者次之，轻伤者最后的原则搬运。

1. 一位救护员搬运

①扶行法：适宜清醒伤病者，没有骨折，伤势不重，能自己行走的伤病者。方法：救护者站在身旁，将其一侧上肢绕过救护者颈部，用手抓住伤病者的手，另一只手绕到伤病者背后，搀扶行走。

②背负法：适用老幼、体轻、清醒的伤病者。方法：救护者朝向伤病者蹲下，让伤员将双臂从救护员肩上伸到胸前，两手紧握。救护员抓住伤病者的大

学习笔记

腿，慢慢站起来。如有上、下肢，脊柱骨折不能用此法。

③爬行法：适用清醒或昏迷伤者，在狭窄空间或浓烟的环境下。

④抱持法：适于年幼伤病者，体轻者，没有骨折，伤势不重，是短距离搬运的最佳方法。方法：救护者蹲在伤病者的一侧，面向伤员，一只手放在伤病者的大腿下，另一只手绕到伤病者的背后，然后将其轻轻抱起。如有脊柱或大腿骨折禁用此法。

2. 两位救护员搬运

①轿杠式：适用清醒伤病者。方法：两名救护者面对面各自用右手握住自己的左手腕。再用左手握住对方右手腕，然后蹲下，让伤病者将两上肢分别放到两名救护者的颈后，再坐到相互握紧的手上。两名救护者同时站起，行走时同时迈出外侧的腿，保持步调一致。

②双人拉车式：适于意识不清的伤病者。方法：两名救护者，一人站在伤病者的背后将两手从伤病者腋下插入，把伤病者两前臂交叉于胸前，再抓住伤病者的手腕，把伤病者抱在怀里，另一人反身站在伤病者两腿中间将伤病者两腿抬起，两名救护者一前一后地行走。

3. 三人或四人搬运

三人或四人平托式适用于脊柱骨折的伤者。

①三人异侧运送。方法：两名救护者站在伤病者的一侧，分别在肩、腰、臀部、膝部，第三名救护者可站在对面，伤病者的臀部位置，两臂伸向伤员臀下，握住对方救护员的手腕。三名救护员同时单膝跪地，分别抱住伤病者肩、后背、臀、膝部，然后同时站立抬起伤病者。

②四人异侧运送。方法：三名救护者站在伤病者的一侧，分别在头、腰、膝部，第四名救护者位于伤病者的另一侧臀部。四名救护员同时单膝跪地，分别抱住伤病者颈、肩、后背、臀、膝部，再同时站立抬起伤病者。

4. 抬担架方法

担架员在伤员一侧，将伤员抱上担架，然后将伤员固定于担架上。担架员走步要交叉，即前者先跨左脚，后者先跨右脚，上坡头在前，下坡头在后，冬季要保暖，夏季要防暑，并时常观察伤员情况。

简易担架的制作方法

在没有担架的情况下，也可以采用简易的担架：如用椅子、门板、毯子、衣服、大衣、绳子、竹竿或梯子等代替。

学习笔记

思政园地

弘扬志愿者精神，做现代文明公民

每次灾害来临，总有这样一群人，他们选择挺身而出，逆向前行。在汶川地震、玉树地震、芦山地震等重大灾后救援中无不跃动着大批民间志愿者的身影。中华民族拥有五千年的悠久文明和灿烂文化，从“乐善好施”的千年古训到“助人为乐”的雷锋精神，都传递出一种奉献、互助的志愿精神。广大青年大学生应扬起青春的风帆，把热情奉献给这个社会，弘扬志愿者“奉献、友爱、互助、进步”的精神，做现代文明公民，构建和谐社会，紧紧抓住时代主题，完成伟大的历史使命。

● 任务实施

福建驴友徒步穿越十八重溪，不慎滑坠山谷

2018 年 11 月 29 日下午六点半左右，一名驴友在十八重溪知音瀑布，滑坠到下方一个五米深的山谷中。所幸刚好有小树挡住，但是右小腿开放性骨折，血流不止。如果你遇到这种情况（最好没有），你将如何处置呢？

（资料来源：光明网，有删减）

● 任务评价

评价形式	评价标准	评价等级（优/良/中/差）
自评	1. 知识掌握牢固 2. 实际操作正确 3. 能解决实际问题	
小组评价		
教师评价		

● 任务巩固

户外急救包是专为野外工作者、户外活动爱好者设计，适用野外勘探、户外探险的个人防护。户外急救包主要是为了在遇到受伤、生病、被蛇虫叮咬等一些意外情况下，用于第一时间救援治疗。在国外急救包被直接称作 First Aid，意思就是第一时间的救援。当意外来临的时候，往往第一时间的治疗非

学习笔记

常关键，甚至关乎生命。因此户外急救包应该是每个人每次户外出行都应该准备周全的一件关键装备。有可能这个小包放在背包里一年两年都没有用，但是一旦出现意外，它将发挥巨大的作用。你知道户外急救包里应该配备有哪些救护物资吗？请列一个清单。

心肺复苏的操作流程

____

____

____

____

任务三　户外风险应对

● 任务引入

《2019 年中国大陆登山户外运动事故分析》中指出：2019 年中国大陆共发生 272 起登山户外运动事故，死亡人数 69 人，受伤人数 105 人，失踪人数 5 人。事故整体呈现下降趋势，迷路事故数量仍高居榜首，低海拔登山和徒步穿越连续多年成为事故频发的运动项目。随着登山户外运动的快速发展和参与登山户外运动人口的急剧增加，登山户外安全问题已连续多年成为影响登山户外运动健康发展的关键，也是政府、行业机构和社会大众关注的焦点。厘清事故发生的原因，找出同类事故的共性，才能从源头上杜绝事故的发生。

● 任务描述

户外风险是永远存在的，必须高度重视，毕竟生命无法重来。如何识别和处理这些风险，平安顺利完成户外旅程呢？通过对户外事故模型的分析和应急处置原则的学习，学会恶劣天气、地质灾害以及其他户外常见风险应对的方法。

● 任务学习目标

知识目标	技能目标	价值目标
1. 熟悉户外常见事故的类型 2. 了解户外风险的应急处置原则 3. 掌握常见户外风险的应对方法	遇洪水、暴雨、坠落等户外常见风险能采取正确的应对措施	1. 树立尊重生命，敬畏自然的理念 2. 树立安全意识、自我保护意识及理性的风险防范观念 3. 感悟中华民族团结互助的精神

学习笔记

● 任务必备知识

随着社会经济的快速发展，我国户外运动呈爆发式增长，并形成了一个庞大的人群，已经成为一项深受大众喜爱的体育运动，但随之而来的是户外安全事故频发。了解户外风险以及防范措施，并在事故发生时做适当的处理是非常必要的。

一、户外常见事故类型分析

户外专家根据各种户外事故类型，将户外事故发生的原因归纳为以下三个方面：

（一）户外事故模型

户外事故模型		
不安全状态	不安全行为	判断问题
落物	不当指导	取悦大家（不愿意大家不高兴）
不当地域（物质、政治、文化等）	不当监控	试图赶日程
天气	不当速度（过快或过慢）	错误认知
装备、服装	不当的物品、饮品、药品	新的、意外情况（包括恐惧和紧张）
急流、寒水	不当位置	疲劳
动植物	非常规的或者不当的程序	注意力不集中
参加者、组织者的身体及心理状态	\	沟通不畅
\	\	忽视直觉

注：资料引自 Dan Meyer and Jed Williamson，1979—2008。

了解户外事故发生的原因对安全开展户外活动是很有帮助的，对照上述户外事故模型可以有效防范不当状态、不当行为的出现。

二、户外灾害应对—恶劣天气

户外运动是一个放松身心，享受大自然美景的过程。但大自然随时都会变脸，我们要学会应对的各种突发状况中，最严重的就是自然灾害。只有掌握足够的常识及能力，才能更好地在户外保护自己。

为了享受快乐的户外活动，确保安全，我们需要从以下方面准备和处置：

（一）对恶劣气候应有的认识与准备

从事户外活动的人，平常就应学习天气方面的知识，学会观测天气。观测天气，是根据对星星、太阳、月亮的光度或云层形状、动向等情况的观察，设

学习笔记

法预测未来天气的一种方法。自古以来，野外工作如渔夫、野樵等在自然环境下工作的人，从经验中获得的天气预测方法，不少有着充分的科学根据。气象学者之中，有些人单凭云的形状、动向，即可充分预测次日的天气。野外气象学的入门第一步，即是眺望天空、眺望云。观天望气对于预测天气有莫大助益。其次，如果可能，应学会正确绘制无线电气象观测的天气图。一般人往往认为绘制天气图很困难，其实一旦实际着手，就发现简单之至，不妨购买天气图用纸，先行练习绘制天气图。如果学会观天望气，天气图的运用会更有效。

为应付恶劣天气，出发前应预先准备相关物品。首先，绝对不能缺少获知天气的收音机和天气图用纸。收音机要以小型、重量轻、且能收听短波广播的产品为宜，这样才能收听凌晨的气象报告。同时，也不要忘记带备用干电池。此外，应假设遭遇恶劣气候的状况，准备充分的装备、食物，携带雨具、防风夹克、毛衣、手套等。将备用衬衫、裤子等装入塑胶袋内，避免淋湿。如有宽余，可携带帐篷前往，遇紧急状况时，可派上用场。食物方面，个人应注意随身携带干粮，以易于下咽、易消化、热量高为主要选择标准，一吃下去立即转化为热量，譬如：羊羹、炼乳、巧克力等。

（二）遇恶劣气候时应做出的处置

首先，在有可能遭遇恶劣气候之前，必须尽快采取对策。由于野外天气变化无常，为了避免湿透的身体受强风吹袭，应在天气恶化前，采取预防措施，如先穿上雨衣等。预备替换的衣物必须收藏妥当，并再度检查，避免弄湿。如果遇上天气恶化再做准备的话，可能已经太迟了，因为一旦全身上下全部都湿透时，会加大体力消耗，换衣服的难度也会增加，而且在狂风大雪之中更换衣物，难上加难，几乎是不可能的事。另外，在天气还没有恶化之前，应该先行进食。因为在恶劣天气中，没有充分时间慢慢进食，也可能很长时间无法吃到东西。

在全队的行动方面，需要确认路线有无变更，下一站的休息地点，露营区的位置等；检讨各个队员的状况如何，有无落队者，行李分配是否需要调整等；而最重要的是，全体采取一致的行动。值得注意的是，在恶劣天气之中，队伍很容易离散，难以指挥，有时会造成非常危险的状况。

（三）在恶劣气候下继续行动的条件

首先，应视天气的恶劣程度与全队拥有的能力是否足以应付，再作决定。假如各个队员仍能支撑到目的地，而且也不是无法行动的恶劣天气，应付恶劣天气的装备也很充足的话，则不妨按原定计划行动。

但是，必须了解恶劣气候可能带来的种种影响，如岩壁受潮后很容易滑落、视线不佳很难辨清路线等，都可能导致行动时间难以控制；而且，各个队

学习笔记

员所感觉到的疲劳，此时也会比平常更显强烈，应仔细考虑上述状况之后，再采取行动。行动中，户外领队应确实掌握指挥权，发挥协调合作的精神，向目的地勇敢前进。

队员之中即使有一个人的状况欠佳，也应顾虑这个人的情况而采取配合其步调的行动。如果减轻他的行李负荷，可与其他队员一致行动，则指派他人给予协助；或者暂时休息等候天气转好也可以，不可勉强行动，因为在恶劣天气之中勉强行动，往往会造成灾难性的后果。在这个过程中，团结互助非常重要。

思政园地

团结互助是中华民族精神的瑰宝

2020年年初开始，中国不幸遭遇了一场波及全国范围的新冠疫情。但令世界惊叹不已的是，中国的经济社会大局稳定，人民需要的生活物资供给充分，公共秩序有条不紊，同时全国上下有组织地抗击疫情的行动蓬勃开展、井然有序，各方群众自觉自愿，踊跃捐资捐物，组成医疗救援队驰援武汉，其情感人，将一个文明深厚、治国有方、治理良好、万众一心的新时代大国风貌展示给了世人。这一切何以可能？执政党具有卓越领导力、国家有实力、政府运转高度有效，还有中华民族具有自强不息、厚德载物、不畏艰险、团结互助、共渡难关的优良精神传统和文化资源。

（四）判断是否应该露营

在相当恶劣的天气里，全队都无余力继续行动，应考虑露营。但遭恶劣天气侵袭，临时决定露宿，不但找寻场所困难，在准备工作上也会非常吃力。因此，务必在发觉天气恶化之前，尽快下达露营的决定。与帐篷露营相比，尽快进入附近的民居房较为安全可靠。

当然，应对恶劣天气最重要的还是拟订周详的计划，应付天气变化的预案也应先列入计划的日程之中。万一遭遇恶劣天气，则不用勉强行动，只要躺在帐篷或小屋内，静候天气转晴即可，记住珍惜生命永远是正确的。

（五）恶劣天气之紧急避难

1. 暴雨

遭遇暴雨时，户外领队应根据行进的路段和雨势的大小以及队员的身体状况迅速决定，继续行进或避雨。继续行进时，因暴雨影响能见度，应更加注意辨别方向。雨湿路滑，必要时使用安全绳，确保行进安全；避雨时，应注意保暖，防雷击，防山洪。

学习笔记

在宿营遭遇暴雨时，①根据周围地形和雨势大小决定是否要作出营地转移决定，将帐篷转移到安全地点；②对帐篷进行加固，挖好排水沟；③将帐篷内多余物品整理好，收入背包中，准备随时撤离；④必须轮班外出执勤，一旦发现山洪暴发、泥石流等危险情况，马上撤离帐篷。

2. 雷击

在高山被雷云笼罩时，雷电也会从侧面来袭，因而要特别注意。山脊很危险，躲在山脊下方的平坦地区较安全，不可大伙儿挤在一起，要尽量采取低姿势，所有的金属类都要拿下来，放在背包里；在打雷时，海岸线穿越躲在有许多小石头的地方半蹲下也是好办法，如果有大石头，可躲在与大石同高的距离内，但不要贴着大石头；如果是在森林，躲在与树林高度同距离内的地方也可以，但是大树正下方不可以！注意水是容易传电的，所以有积水的地方很危险，严禁站在水里，站在垫板上或踏在背包上都比较安全。

（1）预防。如果气象预测有雷暴雨，尽量不要出行；不要在狭窄的山谷或者溪谷中活动；不要到高而空旷的地区活动；注意观测积云雨是否增大增强。

（2）危机处理。及时急救，仍有生还机会，不能放弃；患者平卧，宽衣，解带；人工呼吸，心肺复苏术；用手指或者针，针刺人中穴、十宣（十指尖），涌泉、命门。

你来说一说：什么样的天气适合徒步？

____

____

____

____

____

三、地质灾害应对

《地质灾害防治条例》所称地质灾害，包括自然因素或者人为活动引发的危害人民生命和财产安全的山体崩塌、滑坡、泥石流、地面陷、地裂缝、地面沉降等与地质作用有关的灾害，是自然灾害中较严重的一种灾害。地质灾害发生突然，可预见性差，其防治工作往往是被动式的应急进行，其成灾后果将造成经济损失和人员伤亡。

日常户外活动中，有可能遇到的地质灾害有山洪（洪水、崩塌、滑坡、泥石流）、地面塌陷等，崩塌、滑坡、泥石流属于山地、丘陵地区典型的地质灾害，在山地丘陵地区发生极其频繁，造成的损失也比较严重。那么如何躲避地质灾害？当灾害发生后如何自救？

学习笔记

（一）地质灾害高发时期

（1）山洪发生的高发时期是每年的汛期，特别是强降雨时期。

（2）地面塌陷的高发时期是干旱季节、久旱后突然降雨、附近有施工振动或抽水活动的时段。

（二）在野外工作躲避地质灾害

人们在野外工作时，如果遇到突发性地质灾害应采取下面的方法避让：

（1）避开山边的危险环境，如陡峭的山坡、山崖，以防地裂、滑坡等；或者山脚、陡崖，以防山崩、滚石、泥石流等。

（2）躲避山崩、滑坡、泥石流。如果遇到山崩、滑坡、泥石流，要向垂直于滚石前进方向跑，切不可顺着滚石方向往山下跑。遇到山崩、滑坡，也可躲在结实的障碍物下，或蹲在地沟、坝下，特别要保护头部。

（三）地质灾害发生后的应急处置

首先是处险不惊，冷静应对，立即采取措施，要先救人，不要贪恋财物；其次是受灾害威胁时及时避让，进行自救、互救；再次是密切跟踪灾情和险情，加强监测，未确定其稳定性之前，撤离出的人员不得匆忙又搬回去；最后服从安置，听从指挥，不信谣传谣，消除恐慌心理，协助秩序的安定。

（四）灾后的应急自救

（1）地质灾害发生后，专业救灾队伍未到之前，应及时采取必要的避灾措施，不要立即进入灾害区搜寻财物，以免再次发生滑坡、崩塌。当滑坡、崩塌发生后，斜坡并未立即稳定下来，仍不时发生崩石、滑坍，甚至还会继续发生较大规模的滑坡、崩塌，因此不要立即进入灾害区去挖掘和搜寻财物。其次，立即派人将灾情报告政府。偏远山区地质灾害发生后，道路、通信毁坏无法与外界沟通，应该尽快派人将灾情向政府报告，以便尽快开展救援。最后，灾害发生后，在专业队伍到达之前，应该迅速组织力量巡查滑坡、崩塌斜坡区和周围是否还存在较大的危岩体和滑坡隐患，并应迅速划定危险区，禁止人员进入。

（2）查看天气，收听广播，收看电视，关注是否还有暴雨。如果将有暴雨发生，应该尽快对临时居住的地区进行巡查，建立防灾应急预案，指定专门的人员时刻监视斜坡和沟谷情况，避免新的灾害发生。

（3）有组织地搜寻附近受伤和被困的人员。撤离灾害地段后，要迅速清点人员，了解伤亡情况，对于失踪人员要尽快进行查找搜寻。对泥石流中受伤人员的救治主要是避免窒息，为此，将压埋在泥浆或倒塌建筑物中的伤员救出后，应立即清除口、鼻、咽喉内的泥土及痰、血等，排除体内的污水。对昏迷的人员，应将其平卧，头后仰，将舌头牵出，尽量保持呼吸道的畅通，如有外

学习笔记

伤应采取止血、包扎、固定等方法处理，然后转到急救站。特别注意的是，野外扎营时，要选择平整的高地作为营址，尽量避开有滚石和大量堆积物的山坡下或山谷、沟底。

（五）地质灾害之紧急避难

1. 洪水

切勿低估山洪暴发的威力和速度，小溪的流水往往由于上游降下大雨，雨水会集涌而下，于数分钟内演变为巨大山洪，如游人正在溪中，极易被洪水冲走，导致伤亡。

（1）预防。除非是有准备的溯溪活动，否则不要沿溪涧河道远足；夏天雨季，或暴雨后切勿涉足溪涧；下雨的时候不要逗留在河道休息，尤其在下游；开始下雨时应迅速离开河道，往两岸高地走；切勿尝试越过已被河水没过的桥梁，应迅速离开河道。

（2）危机处理。峡谷、溪谷活动中，下雨的时候要密切注意观察下雨量的变化；发现流水湍急、混浊及夹杂沙泥、腐烂树木的时候，是山洪暴发之先兆，应迅速远离河道、溪谷；如果不幸掉进湍急的河水里，应抱住或抓紧岸边结实的大石块、树干或藤蔓，设法爬回岸边或等候同伴救援。

思政园地

抗洪精神

1998年夏，我国江南、华南大部分地区及北方局部发生了有史以来的特大洪水，在这场抗洪抢险斗争中，形成了万众一心、众志成城，不怕困难、顽强拼搏，坚韧不拔、敢于胜利的伟大抗洪精神。抗洪精神是推进建设中国特色社会主义伟大事业和军队现代化建设的巨大精神动力。2021年9月，党中央批准了中央宣传部梳理的第一批纳入中国共产党人精神谱系的伟大精神，抗洪精神被纳入其中。

2. 崩塌

崩塌广泛出现在山坡、河湖岸、海岸上，主要发生在暴雨、冰雪融化季节。暴雨时或连日豪雨，天然或人工斜坡渗进大量雨水后，极易引致山泥倾泻，引发山体崩塌。

（1）预防。暴雨时或连日豪雨后，避免走近或停留在峻峭山坡附近；斜坡底部或疏水孔有大量泥水透出时，显示斜坡内的水分已饱和，斜坡中段或顶部有裂纹，露出新鲜的泥土，都是山泥倾泻崩塌的先兆，应尽快远离这些斜坡；如遇山泥倾泻崩塌阻路，切勿尝试踏上浮泥前进，应立刻后退，另寻安全小径

学习笔记

继续行程或中止行程。

（2）危机处理。队友被山泥崩塌淹没，切勿随便尝试自行拯救，避免更多人遇到伤亡；立刻通知有关部门准备适当工具进行救援。

3. 泥石流

泥石流发生的时段，通常是每年的七八月份的雷暴雨季节。正常的流水突然断流或者洪水突然增大，并拌夹有较多的柴草，树木；或深谷内传来类似火车轰鸣或者闷雷声，就算是极其微声，也应判定泥石流已经形成，要迅速离开。河谷、溪谷深处突变昏暗，并伴有塌方现象，也要迅速离开，不是山洪就是泥石流。

（1）预防。不要在大雨天、连续阴雨几天、当天还下雨的情况下进入溪谷，谨防山洪、滑坡、泥石流；泥石流常滞后于大雨暴雨而发生；不可存侥幸心理。

（2）危机处理。不能沿沟向上或者向下跑，而应该向两侧山坡跑，快速离开河道、河谷、溪谷地带；不要在土质松软，主土体不稳定的斜坡停留；要在基底稳固又较为平稳的地方躲避；切勿上树躲避。

灾害无情，了解灾后自救的基本常识，才能乐享户外。但“灾难无情，人有情”，灾难是不可避免的，也无法捕捉它的预兆与足迹，但我们却有一群最可爱可敬的人——人民子弟兵。在灾难来临时，他们迎难而上，让中国人民感到自豪，做一个中国人何其幸运。

你来查一查：

地质灾害一般发生在什么季节？应做好哪些准备？

____

____

____

四、户外常见的其他风险及紧急避难措施

在山区等自然环境中潜藏着各种复杂的危险因素，随时都有可能对登山者造成威胁和伤害，从而引发各种山难事故。客观上多变的山区环境是这类事故的基础因素，登山者主观上的准备不足和应对风险的处理方法不当则往往是导致危险发生的直接原因。在大多数情况下，很多危险是由于客观危险和主观失误同时存在而引起的，因此认识风险、加强风险防范是保证“安全户外，尽享自然”的基础。下面介绍几种常见的灾害，以及其预防和处理措施。

（一）坠落

坠落的直接原因，也许是悬崖边一脚踩空，也许是同伴不经意的碰撞，也许是攀援时抓着的树枝突然折断，也许是上坡或下坡时误踩上松动的浮石、滚

学习笔记

动的断枝、结冰的岩面或打滑的香蕉皮等等。

处置办法：在不熟悉的地区，登山活动尽量安排在白天，避免走夜路。行进中以联络通畅、避免碰撞为原则，相互间保持两三米的安全距离。在陡峭、狭窄、易打滑的危险地段，看清地貌再落脚。借助树枝攀援时，要手抓活枝，决不可抓枯枝，因活枝强韧，枯枝易折断。登山时最好穿登山鞋，因其鞋底花纹较深，不易打滑。

（二）迷路

迷路本身并不会对人体造成直接伤害，迷路后若不能及时脱离险境，随之而来的缺水断粮、寒冷和心理恐惧，是造成伤害的主要原因。

处置办法：出行前应作充分准备，对目标区域的行走路线、主要标志物、求助地点、联络方法等事项有清晰的了解。参与户外运动者要具备在晴朗与阴雨、白天与黑夜、城市与山野等不同条件下辨识方向的能力，有条件的可配备指北针、GPS 等野外定向设备。一般驴友可常备一个应急口哨，能使你在危境中绝处逢生。团队活动出行前要规定成员之间、团队与后方基地之间的联络方法，在陌生地域不可单独行动。携带的饮水和食粮要适当留有余地，以应对意外情况。在已经迷路而又一时得不到救援的最坏情况下，要节水节粮，就近寻找水源与可食动植物，同时注意保温，节省体能，延长支持时间以等待救援，并利用一切可能手段向外发出呼救信号。

知识卡片

寻路原则

走大不走小、走明不走暗、走水不走旱、走低不走高、走平不走险。所谓的走水不走旱，并不是说要严格沿着水岸行走，更不是要求在水里涉水前行，而只是沿着溪流或者河流流向的大方向行走。山区溪流往往岸边非常陡峻，并且很容易在天气恶劣环境下发生诸如山洪等灾害，要是涉水而行风险极大，切忌切忌！

（三）高温与低温伤害

夏季高温，若不注意防暑，有可能在野外活动时中暑（体温升高，往往伴有脱水）；冬季严寒，在衣着单薄、落水等情况下，易失温，引发冻伤。

处置办法：夏季活动，避免在阳光下曝晒，避开高温时间段（10—15 点）的野外活动，戴遮阳帽，带上足够饮水。冬季出行要事先了解目标区域的气温，特别注意海拔高度和坡向对气温的影响，穿着衣物和携带的睡袋要足够保暖。大致上，海拔每上升 1000 米，气温下降 6℃，以此推算，城市市区地面

（海拔仅十几米）温度5℃时，山峰附近营地（海拔1700多米）气温可低至零下5℃。同一山峰，南坡向阳，北坡背阴，温差也可达5至10℃。

（四）溺水

户外活动中的溺水事故，往往由于对水情不了解而发生。例如夏季溯溪活动时，遇上游水库突然开闸放水，或大雨导致山洪暴发，不及时撤离而被冲走。又如大热天遇山溪，禁不住清凉溪水的诱惑而下水洗澡，肢体突遇低温发生痉挛，以致沉溺。

处置办法：事先了解目标区域水情，学会应急救护技能；溯溪活动前应了解上游有无水库及放水规律，目标区域及其上游的近日降雨情况；野外露营不要选在溪沟边或其他地势低洼处；陌生水域不可单独下水；万一有人溺水，首先要争取第一时间积极抢救，同时呼叫求援。

（五）蛇伤

除冬季蛇类进入冬眠状态以外，春夏秋三季皆可能遭遇蛇伤。春季蛇刚从冬眠中苏醒，毒液积蓄量多汁浓，毒性较大；夏季高温，蛇喜栖居荫凉潮湿之地，如溪沟边、巨石下、草丛中，且早晚较为活跃；秋季蛇要积蓄能量越冬，食欲旺盛，活动频繁。

处置办法：避免蛇伤的最好办法是了解蛇的习性，不要去那些蛇类频繁出没的地方，尽量避免与蛇遭遇。非去不可时，应对地貌先作仔细观察，谨慎行动。比如，夏季的傍晚去溪边打水洗衣，不要去翻动溪边石头，说不定一条蛇正在石头下纳凉呢。蛇不以人为猎物，只要你不去侵扰它，蛇一般不会主动攻击人，在野外遇见蛇，绕行避开即可，不必惊慌。真正的危险是无意中踩到蛇身，蛇被踩痛了，自然要反击，猛咬一口，然后立即逃遁，这只是蛇本能的自卫反应。若是无毒蛇，被咬后少量出点血，疼痛一阵子，只要避免伤口感染，一段时间后自会愈合。若是毒蛇，那就麻烦了。

万一被咬，应立即自救，或由同伴救助，先作应急处理。首先识别牙痕以区分毒蛇与无毒蛇。无毒蛇没有毒牙，被它们咬伤者，其局部留有4行均匀而细小的牙痕；毒蛇有毒牙，被它们咬伤者，其局部伤口在绝大多数情况下常留有两个比较大而深的毒牙痕。若能肯定为无毒蛇咬伤，只要作止血、包扎即可。若为毒蛇咬伤（不易判定时按毒蛇咬伤处理），在伤口近心端结扎、扩创，吸出伤口附近毒液，外敷蛇药，保持伤员安静，然后尽快送医。送医路远的，结扎带每15分钟放松一次，以免肢体缺血坏死。所以，止血带、纱布、蛇伤药应作为户外运动者背包里的常备物品，以供应急使用。

（六）蜂蜇

常见的蜂种有蜜蜂、马蜂、胡蜂，其中蜜蜂为家养，马蜂和胡蜂为野生。

学习笔记

就个体来说，蜜蜂毒性较小，野生蜂毒性较大。但是蜂是高度社会化的动物，你弄伤一只蜂，可能招来蜂群报复性围攻。大群蜜蜂的密集围攻，足以致命，马蜂和胡蜂杀伤力更大。

处置办法：人并非蜂类的食物，蜂一般不会主动攻击人，除非你有意或无意地刺激、伤害了它们。零星几只蜂在你身边飞舞骚扰时，不必理会。蜂停落在头上、肩上时，轻轻抖落即可，千万别拍打。若遇见蜂巢，应绕行避开，不要过于靠近。

扎营前应观察周边环境，避免在蜂巢附近宿营。蜂类嗅觉极为敏锐，女孩子出行前不要浓妆艳抹，因为化妆品内含有化学合成品，其分子结构和气味往往模仿天然花香，易被误认为蜜源而“招蜂引蝶”。

万一被蜂群攻击，要尽快用衣物包裹暴露部位，迅速脱离现场，不要反复扑打。扑打会更加激怒蜂群，而且扑打时必然多出汗，汗多味重，会招致更多的攻击。

（七）水疱

脚起水疱主要原因有脚与鞋之间的挤压摩擦、潮湿、相对的高温等。登山时由于运动摩擦引起脚底或脚外侧出现水疱；运动中因出汗，潮湿的足底摩擦力增大，更易引起水疱。虽然水疱不是高温引起的烫伤，但如果皮肤温度增高，产生水疱的速度就会加快。

处置办法：不要穿新的徒步鞋进行长距离行军、穿越，涂抹爽身粉和涂凡士林可减少摩擦；一旦起了水泡，用斜纹棉布做成圈状，套住水疱，可承受每日活动的震动及摩擦；将大水疱或容易破裂水疱刺破，以利其中的液体排出；在刺破水疱前切记消毒戳针（可用火将针烧红），刺破水疱后勿将皮掀掉，因为这块皮可保护伤口；三合一抗生素可除去水疱的细菌感染；用简便方式覆盖，如创可贴等，透气对伤口有益。此外，纱布一旦湿了，就应该替换。

思政园地

无安全，不户外

户外出行，首先要对自己负责，对家人负责，户外旅游过程中一定要时时刻刻注意安全、保证安全。安全，永远是第一位的，无论你去的线路景色多美，强度多大，你都不能忽略安全，作为队员，你要考虑自身的安全，作为领队，你要考虑全队员的安全，没有安全做保障的出队，就不是一次成功的完美出队。能带队走出去，不是什么值得炫耀的事，还得能把大家安安全全的带回来，这才是本事。

学习笔记

你来议一议：

面对灾害的发生，是预防与处置并重？还是处置为主预防为辅？

五、户外救援

当户外探险活动中出现意外的时候，应及时采取有效的救援手段。目前国内尚无完善的户外救援体系，但大部分地区已经建立了一些民间的救援力量，如新疆山友户外救援队、河南户外联盟救援队、北京绿野救援队、山西天龙救援队等。根据国内历次户外救援的经验，在现阶段，国内的户外救援采取民间专业救援与政府救援相结合的方式。当出现户外意外事件时，民间救援队由于对户外线路较为熟悉，对于户外团队常犯的错误比较了解，应作为户外救援的第一梯队参与救援。各城市的公安、消防、特勤部队，有较强的抢险救人能力，有的还是当地地震救援的专业队伍，他们在民间救援队伍的帮助下，可以担当起救援主力军的任务。

（一）户外救援流程

目前，我国户外救援的体系尚不完善，尤其缺乏针对户外意外事件有效的应对机制。当户外活动中出现意外事件时，如果贸然向政府机构报警，往往会出现反应过度，各种非专业力量云集，领导高度关注，媒体蜂拥而至，消耗社会资源过多的情况。这样的救援，不仅效率不高，还会对企业、当地的户外运动产生不良的影响。

在户外出现意外事件时，应按照以下流程进行操作：

1. 自救
2. 向当地山友救援队或有经验的户外俱乐部、户外店求救
3. 山友救援队进行判断，或者派出小分队实施救援
4. 请求当地居民、乡镇政府帮助，因为他们对当地的情况最熟悉
5. 请求当地的消防特勤帮助
6. 请求政府动员更多社会力量

学习笔记

知识卡片

民间救援力量

近年来，在山西省洪涝灾害、雪灾等各项救援活动中，民间救援力量频频现身，像天龙救援队、蓝天救援队、绿舟救援队、山西新青年应急救援队等山西省数支民间专业救援力量义无反顾地投入各项救援活动中。与官方救援队伍相比，民间救援力量灵活机动、渗透性强，在某些特殊救援上甚至更具专业优势。民间救援力量的发展，不仅是对政府应急救援体系的有力补充，也是社会文明进步的标志。

（二）规避风险的措施

防患于未然永远是必要的，做好规避风险的措施远比救援的意义更加重大。

1. 办理保险

户外保险是专门用于保障户外运动安全的保险，它与普通的意外险有很大的不同，尤其是在保障范围上。主要是针对危险性比较高的一些户外运动，如：滑雪、滑水、潜水等。户外运动中，风险无处不在，出行之前队员要自行购买好保险。如系俱乐部组织的长途远征，组织者要提醒队员购买保险，并为队员代为办理保险相关事务。

2. 签署队员责任书

无论活动大小、无论长线短线，都应签订户外活动责任书。这是对领队的保护，也是对参与者负责。

3. 携带必要的通信和医疗装备

一般情况下，对讲机是比较常用的工具，用作语音通话，好一点的对讲机由于隔得距离可以高达 50 千米以上，是户外驴友们最青睐的通信工具之一。此外，离线导航，运动手表，也是户外的通信工具；求生哨可以起到联络作用；在承受范围内也可选择一台适合自己的卫星电话。户外存在很多不确定因素，随身携带急救包才能有备无患。急救包的品项和数量，与人数、天数、行程有关，准备急救包必须考虑活动的难易度、环境和人数等。如沙漠里一定要准备防暑药，热带雨林需要防止蚊虫叮咬，密林大山要带蛇药，去高原地区带上一些抗高原反应的药。

4. 准备好详细的路线资料、户外攻略和地图

从新驴到老驴，从跟别人走到自己走再到带别人走，不可避免地要做详细的行前攻略，细致入微的准备永远是旅途安全的保证。每次出行前做得最多的

学习笔记

就是研究地图，提前研究好地图相关信息，能大大提高真正出行的效率，户外旅游时间成本非常高，每一分钟都很宝贵。

5. 户外出行要提前将危险情况告知队员

每次户外活动之前，召集人应做好充分的准备，了解线路情况，细心考虑各种可能性，并将这些信息告知给每一位队员。心理准备是克服困难的力量来源，谨慎防范是安全顺利的重要保证。对行进的每一步，对每一个细节，对每一个动作，对每一座山峰，过每一条沟壑，都不可掉以轻心。

要避免户外运动中发生事故，从根本上来说，一要有预见风险的能力，二要对自身及所在团队应对风险的能力有一个恰当的评估，三是户外运动参与者必须具有团队合作精神。多数队员缺少经验，缺乏对各种风险的预见，有的领队虽能预见风险却过于自信，对困难估计不足；有的队员则缺乏团队合作精神，不听从领队劝告，喜欢自行其是；凡此种种，都可能成为事故隐患。

知识卡片

山地救援队名单

省/区/市	山地救援队名称	电话	联系人
四川	四川省山地救援总队	13981907558	高敏
新疆维吾尔自治区	自治区登协山地救援队	13609939029	金英杰
	新疆山友救援队	0991-5509995 转 801	杨军
	新疆蓝天救援队	13899800909	安少华
西藏自治区	西藏高山救援队	13908903044	普布次仁
青海	青海登山协会山地救援队	13897180622	李卫东
云南	云南省镇雄迷彩志愿救援队	15198528157	何钦华
	云南蓝天救援队	4006009958	孙大伟
福建	福建省山地救援队	15005005453	廖志文
	厦门蓝天救援队	400-890-9958	陈素珍
	厦门北极星救援队	18965813344	林得华
山西	山西天龙救援队	400-106-0095	陆玫
广东	深圳山地救援队	888-58995	石欣
北京	绿野救援队	400 600 7385	吕忠洪
陕西	陕西山地救援队	13008406500	王彩凤
湖北	云豹救援队	13507159969	向东
	湖北黄冈红十字蓝天救援队	4006009958 或 18972715598	蕲春籍

学习笔记

（续表）

省 / 区 / 市	山地救援队名称	电话	联系人
浙江	温州山地救援队	13506513838	缪纯杰
	新昌县红十字户外救援队	13757565696	潘庆卿
	浙江民安公益救援中心	4009920579 或 13967940889	徐华荣
	公羊队浙江省队	4008149119 或 13456765358	徐音
	仙居山地救援队	4000576610或 13967615800	方浙
	富阳公狼应急救援队	18858126006	陈剑明
	武义民防救援队	15888965608	杨平
	义乌民间紧急救援协会	0579–85888110	陈昊
	东阳红十字会救援队	17757900066	葛会红
	宁波市四明户外应急救援队	4001515885	全纪丙
	乐清市三角洲民间志愿救援队	13356110177	赖忠鎏
河南	河南户外救援总队	13838336788	陈水全
	河南户外救援联盟	13803827873	陈学政
湖南	衡阳山地救援队	18773409075	朱柏棋

资料来源：中国登山协会中国登山户外运动事故信息平台。

● 任务实施

2004 年，23 岁的女孩小慧参加了一次叫“中崆峡谷避暑游”的户外探险活动。按照计划，8 月 14 日一行 16 人的探险队一同进入中崆峡谷，傍晚在靠近潭边的空地上支起帐篷准备过夜。晚上 9 点 15 分，开始下雨，大家回到帐篷里躲雨。十几分钟后，雨越下越大，山洪从几百米高的瀑布口重重砸下潭底，紧接着激起的大浪砸向他们的帐篷。大家好不容易逃出帐篷，摸索着爬上了岸，已是凌晨 3 点多，队员们终于安全地转到了一个可以躲雨的山崖下。领队清点人数时才发现小慧失踪。

（资料来源：知网文章《自助探险出了“险”怎么办？》，有删减）

分析案例，你认为这次活动在出发前、活动中、事故发生后存在哪些失误？应该怎么做？留给我们的教训是什么呢？

学习笔记

任务评价

评价方式	评价标准	评价等级（优/良/中/差）
自评	1. 知识掌握牢固 2. 实际操作正确 3. 能解决实际问题	
小组评价		
教师评价		

任务巩固

在开始户外运动之前，非常重要的一件事情，就是相关风险的评估，树立风险意识，在后面的活动中才可能保证安全。就五台山两天一夜徒步活动，你来评估一下风险吧？

1. 我能不能参加这个的活动？
2. 我需要准备什么？
3. 这个活动的最大风险是什么？

我的评估是：

项目总结

1. 进步之处

2. 不足之处

3. 自我总结

项目四　驾轻就熟——户外领队培养

项目导读

亲近自然、收获快乐、感悟人生，玩户外已成为一种受追捧的生活方式。户外领队作为户外计划的践行者和团队的带领者，在户外活动中具有举足轻重的地位。安全户外、尽享自然，是每一位户外领队的工作准则。要想成为一名合格的户外领队，应具备相当的硬技能和软技能。做好出发前准备、活动实施、活动收尾等相关业务工作。当前对户外领队人才的培养，呈现出户外运动类企业、协会、职业院校、本科院校等多方多层次培养及协同育人模式。如何提升户外领队人才培养质量，促进户外运动旅游发展，是值得关注的内容。

学习目标

项目目标	基本理论与知识	1. 了解户外领队的概念、工作要求、职业素养 2. 熟悉户外领队证的类别及考取条件 3. 掌握户外领队业务流程 4. 熟悉户外领队人才培养路径
	基本技能与能力	1. 培养学生户外领队职业能力 2. 提升学生考取相关证书的能力
	基本素养与价值观	1. 培育学生户外领队职业道德修养 2. 增强学生户外领队职业认同感和专业认知度 3. 拓宽学生就业创业范围，提高学生在户外运动旅游领域、户外领队方面的就业创业本领
	思政育人目标	1. 引导学生明确户外领队带队中的责任担当 2. 增强学生户外出行团队意识，培养团队合作精神 3. 引导学生树立“不断学习、筑梦未来”的理念

项目实施

本项目由“户外领队职业认知”“户外领队带队流程”“户外领队人才培养”三个任务构成。通过任务实施，学生能了解户外领队职业定位、职业素养和工作要求，能掌握户外领队带队全流程及操作细节，对当前户外领队人才培养模式有一定认知。进而拓展学生就业创业范围，为学生从事户外领队工作奠定基础。

任务一　户外领队职业认知

学习笔记

● 任务引入

户外领队是在整人吗?

某日，某户外领队带队员穿越无底峡（张家界境内一条极险极虐的户外线路），这条线路一般需要三至四天完成穿越。由于张家界地形气候原因，这一区域在雨季危险性极大，通常峡谷水量在雨季的几个小时内便可形成对所有物体的冲刷与吞噬。

队伍行进途经山洪易发路段时，已快入夜。户外领队判断在峡底露营可能遭上游洪水侵害，要求所有队员在崖壁上打保障绳扣，将自己身体固定于崖壁上，就此度过一夜。这样的方法就是明确告诉所有队员：这一晚，谁都别想睡个好觉。而第二天早上大家发现：洪水并未如期而至。

针对以上情况，大家是否认为该户外领队是在小题大做，在整人呢？事实上并不是。如果洪水真的来了，领队的决定是在挽救所有人的生命，他在舒适度和生命之间做出最正确的决断；即使洪水没来，团队步调统一，践行户外活动中个人利益服从集体利益的大局观。

（资料来源：8264户外网，有删减）

可见作为户外领队，需要具备相当的能力和素养。户外活动中，户外领队的作用至关重要。

● 任务描述

不同于常规旅游活动中的出境领队及导游，户外领队工作责任大、要求多，除确保活动安全顺利地开展外，还负责提升队员活动过程中的体验感及获得感。因此户外领队应不断夯实自身专业知识、强化职业能力、培育职业道德素养，对接岗位需求，积极考取相关证书。

● 任务学习目标

知识目标	技能目标	价值目标
1. 了解户外领队职业的概念和发展 2. 熟悉户外领队的工作要求 3. 掌握户外领队的技能要求 4. 熟悉户外领队相关证书的考取	1. 培养学生户外领队职业能力 2. 提升学生考取相关证书的能力	1. 增强学生户外领队职业认同感和专业认知度 2. 引导学生树立“不断学习、筑梦未来”的理念

学习笔记

● 任务必备知识

一、户外领队职业概述

户外领队是推动户外休闲运动的主导力量。户外领队是对从事户外运动指导与教学、带领队伍完成户外活动的人员的统称。户外领队是户外计划的制定者、践行者，是户外活动团队的带领者，安全的捍卫者，冲突的调解人，环境保护者，善后义务工作安排者等。

目前市场上户外领队有“俱乐部领队”“户外店领队”“专业资深领队”“玩家领队”等多种类型。俱乐部领队除踩线 AA 自助活动外，基本上组织的都是商业活动，“户外运动 + 旅游”形式为多，以赚取利润为目的；户外店领队通过带队出行，增加户外装备和用品的销售额，商业、AA 自助活动均有；专业资深领队多带队难度级别较高的商业路线；玩家出身的领队带队形式多为自助。

户外领队≠导游≠出境领队。导游是取得导游证，接受旅行社委派，为旅游者提供向导、讲解及相关服务的人员。出境领队是依法取得从业资格，受组团社委派，全权代表组团社带领旅游团出境旅游，监督境外接待旅行社和导游人员等执行旅游计划，并为旅游者提供出入境等相关服务的工作人员。三者的区别主要体现在如下方面。首先，他们的带队出行工作场所不同，相比出境领队和导游，户外领队的带队行进区域往往偏离常规景区，较多选择非传统路线地区。其次，要求具备的知识能力不同，出境领队和导游更多的是以接待、向导、景点讲解为主，但户外领队需具备各种户外知识和技能。再次，分工不同，户外领队是户外活动的全面管理者，涉及线路策划、产品推广、招募团员、落地实施、带队行进等，出境领队和导游则依照旅行社计调或旅行策划人员的安排，负责接团、带团、散团等服务。最后，持证情况不同，有意愿当导游的人员，通过国家文化和旅游部组织的全国导游资格考试，考取导游资格证书，换取导游 IC 卡，持证后上岗；有意愿当户外领队的人员，通过国家级培训体系，获得户外领队资质认证，持证上岗。当前户外领队与导游开始出现融合交叉趋势，越来越多的户外机构开始聘请持证导游充当户外活动的执行者，越来越多的旅行社为了拓展业务、增加利润，开始将户外元素融入旅游线路产品设计中，借调专业户外领队完成带团任务，这种融合从实际需求出发，结合双方优势，能够互惠互利。

户外领队≠向导≠教练。户外领队和向导的区别在于工作范畴不同。户外领队是一条户外线路的总负责人，是整个户外活动的操控手；向导则是某一次户外活动任务的导航者和执行带队者。户外领队和教练的区别在于服务对象以及服务内容不同。户外领队服务于户外运动参与者，使他们在户外活动收获体验价值；教练服务于户外项目学员，帮助学员掌握户外运动相关知识和技能。

二、户外领队职业的发展

（一）从自由化爱好者发展为商业化职业者

从业内人士角度来看，中国户外领队的“鼻祖”是中国最早的户外探险家，如余纯顺，赵子允、20 世纪 80 年代的“长漂”（长江漂流探险）队长、“黄漂”（黄河漂流探险）队长等。他们的民间自发探险行为，是当时时代赋予的一种责任，也是作为探险爱好者实现个人价值的一种方式。

20 世纪 90 年代末，随着互联网的兴起和发展，出现“驴友”“背包客”等群体。“驴友”一词源自网络，是旅游的“旅”的谐音，是对户外运动（如徒步、穿越、骑行等）自助自主旅行爱好者的称呼。背包客，是指带着帐篷、睡袋，穿越、露营的户外爱好者。随着驴友、背包客这些户外爱好者群体的不断壮大，大家开始约伴 AA 制出行，逐渐出现了最开始的“领队”。这时的领队作为户外运动爱好者，他们绝大多数有自己的本职工作和经济收入，不以户外领队的工作谋生，纯属因为自己的业余爱好和兴趣，以及在相关户外运动项目中想要自我发展，获得成就，因此选择在业余时间担任该角色。参与者在他们的召集组织带领下，以成本价参与特定的户外活动。通过良好的体验感和自发的口碑传播，在养成高黏性用户群体的同时，使户外运动参与人群快速壮大。

之后一部分 AA 制玩家开始筹划一些商业性质的活动，逐渐出现首批以领队工作为生活基本收入来源的专职户外领队。队员在 AA 制费用之外，每人每天交一定数额的领队服务费，领队为队员采购交通、住宿、餐饮等服务，完成带团行进任务。一些做得好的领队建立第一批商业户外俱乐部，开始招聘一些专职领队。还有一部分户外用品装备店，如三夫户外，为提升装备销量，主动发起组织一些有专职户外领队跟进的户外活动。

经过多年的发展变迁，我国户外领队已从以前的户外爱好者自由式发展走入商业职业化发展阶段。

（二）提供客源地组团服务的户外领队与提供目的地专项服务的户外领队并存发展

当前商业户外俱乐部的业务开始细化，与旅行社业务分类相似，出现“组团”“地接”的分工。对于客源地周边户外活动项目，仍以客源地户外领队组团带队出行为主。但对于中远程且有一定难度的户外线路，往往会对接目的地“地接”。比如北京、上海、广州、深圳等地的户外俱乐部组织当地客源群体，赴新疆、西藏、甘肃、内蒙古等地参加户外线路活动时，因组团成本核算较高，往往会找目的地户外俱乐部或相关公司企业合作，由“地接”工作人员落实接待计划，派发户外领队，完成带团任务。

随着户外教育的普及，国民参与户外运动旅游经验的积累和丰富，目的地

学习笔记

户外项目公司机构的增加，从长久看，擅长组团出行的户外领队会向目的地团建教练、营地教育导师、赛事组织者与执行者、当地向导（如徒步登山向导、攀岩向导）等方向转型。户外领队的发展会越来越专业化、分层化、规范化。

三、户外领队的工作要求

（一）确保活动的安全性

安全，是户外活动的第一要义。把队伍安全带回是户外领队最基本的工作要求。确保活动安全，要做到以下几点：

1. 夯实自身专业性

户外领队的专业性，不仅包括硬技能，还包括软技能。硬技能包括专业户外技能的掌握、户外安全常识和急救处理等；软技能包括沟通能力、判断决策能力和处理突发事件的能力等。例如在户外活动中，装备使用、行装穿戴，当队员崴脚受伤时如何处置，是冰敷还是热敷等，这些是领队要掌握的硬技能；而发现队员崴脚受伤后，如何与队员进行有效沟通，是惊慌失措还是镇定处理，如何安抚其他队员的急躁情绪，这些是领队要掌握的软技能。硬技能与软技能，就像自行车的两个轮子，缺一不可。

2. 做好出发前准备

一方面是对活动的准备。户外领队要熟知活动地点的相关信息，比如地理位置、季节特征、天气情况、活动线路；要熟悉活动环节，准备物资，如活动必需的装备、必备的急救包、对讲机等；提前联系合作供应商，如车辆是否能按时到位，司机是否妥当，住宿、餐饮服务是否对接安排完毕等。

另一方面是对人员情况的掌握。户外领队要准备队员名单；要了解队员基本情况，包括民族、年龄、健康状况、是否有基础疾病等；还要了解队员是否曾经参加过户外活动，是否适合参加此项活动。

（二）提升队员的体验感

每一位参与者都期待从户外活动中获得体验价值，或享受阳光，寻找乐趣，或释放自我，强健体魄……提升队员户外活动的体验感和愉悦感，得到参与者的认可，是每一位户外领队的职责所在。

1. 摆正带队心态

户外领队要做快乐使者，要有健康的心理，乐观的心态，以及积极主动的热情。情绪是相互影响的，领队的快乐可以传递给队员；相反如果领队爱抱怨、发脾气，那么也会影响队员的情绪。户外领队要做气氛的制造者，营造良好的活动气氛，能够让参与者感受到活动的魅力，加强融入感，让大家在愉悦中加深对户外活动体验感知。户外领队要做一个风趣幽默的人，一句幽默话，一个风趣故事，一个笑话往往能使人笑逐颜开，改善心情，疲劳顿消。同时户

学习笔记

外领队要善于观察哪些队员是活跃分子，哪些队员是能开得起玩笑的。适当的搞笑互动，有助于传递欢乐正能量。但对于取笑要特别慎重，即使是自娱自乐，也有可能伤害别人。

2. 主动关心队员

“霍桑效应”告诉我们，那些意识到自己正在被别人关注的个人，会不自觉地改变自己的言行举止。关注对方感受，让对方从心里接受你，信任你。作为户外领队，要主动关注队员，尤其是那些在行进中感觉不太好的队员。做好定期提醒，如是否有人出汗需要停下来脱掉一层衣服，是否有腿脚不适或酸痛，能否坚持等，要格外留意，逐步跟进。通过观察队员的行动，观察周边的环境，认真倾听队员的发声。在队员需要的时候及时出现，队员感到累，想要放弃时，户外领队的加油鼓励，一个拥抱；感到烦躁，与其他队员产生矛盾时，户外领队的安慰调解、循循善诱都会让队员感受到被重视、被尊重、被关注。户外领队优质细致的服务，可以大大提高队员的自信心和对领队人格魅力的认可，进而增加对户外活动的正向体验感。

知识卡片

霍桑效应的来源

霍桑效应（Hawthorne Effect）或称霍索恩效应，是指当人们知道自己成为被观察对象时，会产生改变自己行为倾向的动作。霍桑是坐落在芝加哥的一个美国西部电器公司的名称。这一效应源自 1924 年至 1933 年间在该工厂内的一系列实验研究，由哈佛大学心理专家乔治·埃尔顿·梅奥（George Elton Mayo）教授为首的研究小组提出此概念。这场实验最初是为了提高该工厂的生产效率，刚开始改变了各种外部因素，但是生产效率一直没有提高。后来只好请来一些心理学家，在两年的时间内约谈厂中的两万多名工人，耐心地听取工人的意见和抱怨，没想到生产效率瞬间提高不少。在历时九年的实验当中，最能直观说明霍桑效应的，就是当六个女工被单独挑选出来时，她们的工作效率会极高，因为在她们心里认为，这种重视的感觉让她们认为自己很优秀，是特殊群体，所以就会加倍努力工作。

（三）增强队员的获得感

走向户外，远离尘嚣，丢掉烦恼，抛却失意，有所获有所悟，是每一位户外参与者所期待和向往的。

在户外活动中，户外领队带队深入目的地，通过近距离接触、交流和观察，了解体会当地的民风民俗。从好奇到理解，到尊重，再到自我反思，这都

学习笔记

需要领队有意无意地引导。偏深度体验的活动要多引导队员之间的沟通交流，让大家互相了解参与这场活动背后的缘由，每个人都有自己独特的故事，要鼓励大家分享，甚至去创造这种氛围让大家坐下来交流，互相学习，互相关心。其实，不论高海拔探险，休闲徒步，还是亲子教育，活动中的户外领队不必把自己当一个指挥官或者教练，户外领队其实是队员最好的良师益友。

同时领队要善于学习，不断进取，要博闻强识，见多识广，做一个“杂家”，涉猎经济、生活、音乐、艺术、电影、历史等不同领域，永远保持学习吸收状态，便于与不同队员进行话题的承接。作为户外领队不仅要了解户外运动目的地人文历史、风土人情，还需要明确队员参与户外运动不是简单的走马观花，而是有真正追求户外运动精神的需求，每个人都想要在户外运动中收获属于自己的感知和感受。

思政园地

梦想从学习开始

《礼记·学记》中提到“玉不琢，不成器；人不学，不知道。”习近平总书记说道，梦想从学习开始，事业从实践起步。当今世界，知识信息快速更新，学习稍有懈怠，就会落伍。有人说，每个人的世界都是一个圆，学习是半径，半径越大，拥有的世界就越广阔。只有学习，才能进步；只有学习，才能有作为。

作为户外领队，要时刻牢记自己的责任和使命，应该重视知识技能的学习和实践经验的积累，以学立德，以学增智，以学兴业。通过学习，提高自我，使自己常态保鲜，为成就更大的梦想铺好“奠基石”。

四、户外领队的技能要求

领队是整体队伍及整个户外活动的核心。一名成功的领队可以带领队员完成激动人心的巅峰之旅，一名失职的领队有可能将队员带入悲惨的深渊。领队对户外活动的顺利开展、队员的体验感、获得感起着关键和决定作用。户外运动发展到现在，已经演变成一门包含多种专业知识跨领域的学科，从无线电通联导航到环境装备学，从野外运动学到野外医学，从地形学到气象学，还有组织运筹学、组织管理学等，可以说是包罗万象。要成为一名合格且优秀的户外领队是非常不容易的，需要有充足的知识储备、扎实的户外技能、灵活应变的能力、坚强的意志力，更需要有从实践中获得的宝贵经验。

（一）硬技能

“硬技能”作为教育学名词来说，是指工作中有清晰指标并可以被观察、

学习笔记

量化及测量的技能。通俗来讲硬技能是完成一项特定工作所需的技术技能和知识。户外领队应掌握以下硬技能。

1. 户外运动技能

户外领队应掌握户外装备应用、绳结技术、户外医学、户外求救技能、野外生存和活动技能、攀登技术、保护技术、保护站建设、下降技术、营地建设等。这些技能是户外领队的看家必备技能，需要循序渐进不断学习。

2. 急救应急技能

在户外活动中，一旦发生险情或事故，需要进行救援时，领队应保持清醒冷静的头脑，判断所面临的风险形势及其发展趋势，沉着应对；户外领队应能处理简单的外伤，骨折，掌握心肺复苏，溺水抢救，转移伤员等常规自救、施救技能。了解失温、高温伤害、坠落、高原反应以及相关的应急预案等。

3. 定位定向技能

在野外判读方向是户外领队的一项必备技能。一名专业的领队要知道如何利用地形地貌判读方位；如何利用自然物判定方向；如何利用地形图判定方位，标定地图等。同时户外领队要善于跟踪路线标志，野外的大多数小路都有路标或者明显的标志物，这可以帮助徒步旅行者始终保持在既定路线上，避免迷路。户外领队要知道寻找什么样的道路标记，并要记下看到最后一个标记的时间。

4. 计划制订技能

俗话说:“好的计划是成功的一半”。制订周密的户外活动计划有助于提高活动质量。计划制定、组织实施和掌握团队信息是实现活动目标和避免事故发生的基础。户外领队要能根据目标人群的需求、类型特征和技能水平等分析活动参与人群，设定活动目标，安排活动内容，测评活动资源，策划路线，完成活动评估。

5. 户外环保知识

在户外环境中活动，我们获得与大自然心灵相通、感应交流的权利；与此同时，也要懂得尊重自然，敬畏自然，在享受户外的同时承担保护大自然原始面貌的义务。户外领队应主动执行环境最小冲击法则，即 LNT 法则。对队员而言，相较于喋喋不休的说教，户外领队亲自带头做表率效果更佳。

6. 食品营养知识

食物能为户外运动参与者补给能量，增添乐趣。户外领队应明白在户外运动中因强度大、运动量大，食物应按照卫生，适量，供能高，便于携带，耐存储，方便食用，食品多样化，可口，营养均衡，少产生垃圾，经济实用的原则进行采购和准备。

学习笔记

7. 法律法规知识

户外运动中发生的每一起事故都是蔑视自然、忽略安全、违规行动的恶果，不仅严重威胁自身安全，而且给社会带来沉重负担。户外领队作为社会公民，必须要知法、懂法、守法，绝不违规带队犯险穿越，碰触道德法律底线。遵循爱护生命、遵守法规的出行原则，学习法律知识、行业政策法规，了解户外运动常见法律纠纷、户外事故处理案件等，自觉用法治思想武装头脑、指导行动、规范行为。

（二）软技能

“软技能”是一个人激发自己潜能和通过赢得他人认可和合作，放大自己的资源以获得超越自身独立能力的更大成功的技能总和。通常指一个人的人格特质、社交礼仪、人际关系、行为举止等。户外领队应具备以下软技能：

1. 沟通能力

沟通能力是领队的基本能力。领队在沟通过程中应考虑到大家的理解水平，要认真倾听并确信你理解了别人想要表达的意思。开放、坦诚、耐心的沟通态度，清晰、明了、活泼的表达方式，能够促使领队和队员之间明确共同关注的问题、理解信息内容、保证信息实用且有效。实际带队过程中，有经验的领队会传达给队员一些正式或非正式的通知、警告以及适时的提醒、提示，这些也属于沟通范畴内容。

2. 组织协调能力

户外活动是人与人、人与环境、人与物相互作用的结果。户外领队需要协调活动中服务采购事宜，比如交通、住宿、餐饮、同业合作等细节。还要协调队员与队员的关系。因为同一团队内队员的自身修养、生活习惯、行为方式、兴趣爱好等各不相同，出行中难免产生矛盾。也要协调因人为因素或不可抗力导致的行程调整，如因为路段塌方或施工等导致无法通行必须绕道，车况不好导致无法按时到达目的地，影响次日行程，或因天气原因导致营地无法扎营等问题。

组织协调能力的强弱直接关系到活动出行质量，队伍越大，出现的问题越多，越难协调。因此户外领队必须具备严谨的组织能力，强大的协调能力，才能保障出行中的顺畅。良好的组织协调能力，能增强队员的认同感和信任感，无形之中强化队员的配合度和责任感。

3. 判断决策能力

户外运动的不确定因素极大，当出现紧急事态时，户外领队要能快速分析，做出适宜的判断决策，把损害控制到最低，这样的操作对团队其他成员的影响尤为重要，可以让队员更安心、更有安全感。审时度势，果断决策，机敏、妥善地处置各种问题，把队员带到胜利的终点，是户外领队必须要做到的。一个户外领队的知名度和权威的建立是与判断和决策能力分不开的。

4. 风险管理能力

户外运动中的许多项目具有挑战性和刺激性，充满着各种各样的危险因素，如登山过程中坠落、野生动物伤人等人为和自然风险。多数队员缺少经验，缺乏对各种风险的预见；有的领队虽能预见风险，却过于自信，对困难估计不足，凡此种种，都有可能成为事故隐患，导致事故发生。因此户外领队要强化风险意识，提高化解能力，有效降低危险发生率。在出发前一定要评估风险，实地行进中要能及时发现风险，紧急情况下能有通联社会保障救助力量的前期准备及能力。如果不能，也要有体能脱队前出，独自寻找一切救助的能力。

5. 领导力

领队在户外活动中带动他人共同实现目标的能力就是领导力。2006 年中科院经过课题攻关，基于领导过程构建出领导力五力模型：感召力、前瞻力、决断力、控制力、影响力。感召力本质是吸引力，是一种不依靠物质刺激或强迫，而全凭人格和信仰的力量去领导和鼓舞人的能力；前瞻力，本质上是一种预见力，是着眼未来，预见未来，和把握未来的能力；决断力，本质上是一种运筹力，是基于一种阅历积累后对即将发生的事件给出的行事方向的能力；控制力，本质上是一种整合力，是领导者有效控制组织的发展方向、战略实施过程和成效的能力；影响力，本质上是一种交易力（支配他人的能力），是领导者积极主动地影响被领导者的能力。

如果领队没有领导力，没有一定的威信，就无法获得队员的信任，甚至这场活动可能都无法成功进行，更不用说给队员带来良好的体验。当意外情况发生时，领队必须发挥强有力的领导力，把大家组织起来，安定情绪，安排好各自的职责，做紧急救援处理。当然户外领队也不能因自己的团队领导者身份作威作福，要通过自身的专业性和服务性，满足队员的需求，从而获得威望。

6. 建立信任

信任在社会学、心理学、营销学、经济学、管理学等不同领域的定义不同，通俗来说，就是信赖对方。在户外活动中，队员遇到问题时，总会第一时间找领队；甚至活动结束后，队员再次出行时，还会找该领队进行咨询，这就是信任。队员可能因为户外领队的专业而信任，也可能因为户外领队的办事不当而不信任，那么如何获得队员的信任呢?

（1）增强双方熟悉度

人们对陌生人有一种自然的距离感，只有相互了解，相互熟悉后，才能逐

学习笔记

渐建立某种偏好，产生信任。在户外活动中，一些领队总会展开自己的老家是哪里，自己喜欢哪里等话题，不经意间在队员心中建立起“我和他一样，我们爱好相同，我也是这样认为的，我曾经也去过……”的熟悉感。而人们往往会被熟悉的内容所吸引，这种熟悉暗示方法能极大地缩短建立信任的时间。

（2）做好队员心理建设

在户外活动出发前，领队通常详详细细、美轮美奂地介绍完活动内容、行程安排后，突然话锋一转，“但是”“可能”“活动中总会有些突发变化”……提前做好心理建设，让队员期望和实际呈现一致的做法，能弱化队员发现预期和实际出现偏差时的失望感，减少对活动环境、活动内容、甚至领队能力产生的消极感和不信任感。

（3）展现真实的自己

做一个真实的人，绽放出自身人格魅力，是为人处世最好的办法，也是建立信任的途径。当你保持真实时，就会获得好的名声，好的口碑，也有利于沉淀更多的忠实客户。这里说的“真实”是指那些充满正能量的、有益的内容，比如一位户外领队的专业能力过硬，但是说话带脏字，这两个都是“真实”的，但在活动中需要都展现出来吗？当然不是，呈现给队员你的专业性即可，要摒弃掉说脏话的毛病。

你来说一说：

自己在理论知识、实操技能和组织管理方面，与专业的户外领队相比还有哪些差距？如何提升自己相关方面的知识、能力和素养？

五、证书考取

（一）社会体育指导员证书

《中华人民共和国职业分类大典》中“社会体育指导员”，是指在群众性体育活动中从事运动技能传授、健身指导和组织管理工作的人员。具体工作包括有：指导人们学习掌握体育健身的知识、技能和方法；组织人们进行健身、娱乐、康复等活动；协助开展体质测量、监测、评价等活动；承担经营、管理及服务工作。

户外领队证的考取

社会体育指导员的职业共设四个等级，分别为初级社会体育指导员（国家职业资格五级），中级社会体育指导员（国家职业资格四级），高级社会体育指导员（国家职业资格三级），社会体育指导师（国家职业资格二级）。职业方向有游泳、健美操、滑雪、保龄球、卡丁车、蹦极、攀岩、轮滑、滑冰、射击、射箭、潜水、漂流、滑翔伞、热气球、动力伞、跆拳道、柔道、摔跤、拳击、武术、击剑、马术、帆板、滑水、跳伞、网球、羽毛球、棒球、垒球、高尔夫球、自行车、围棋、象棋、健美、航海模型、足球、篮球、乒乓球、台球、健身教练、散打、空手道、体育舞蹈、国际象棋、拓展、山地户外 47 个项目。

学习笔记

社会体育指导员职业资格培训工作由经国家体育总局批准的培训机构中国登山协会承担。参加中国登山协会培训且考核合格后，可取得由国家体育总局颁发、由人力资源和社会保障部印制的“社会体育指导员（* 级）（职业方向：***）国家职业资格证书”（见图 4-1、图 4-2）。

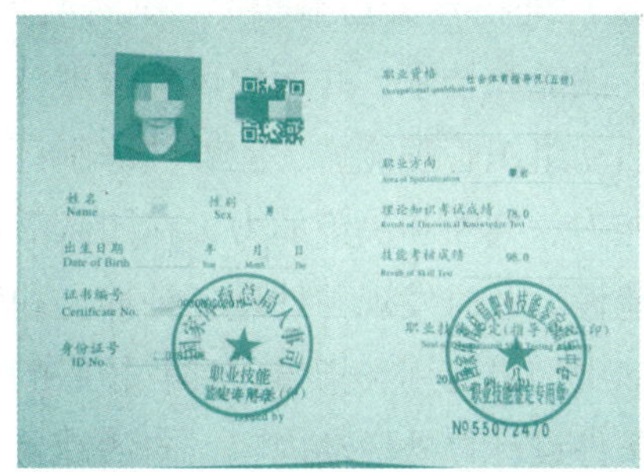

图4-1　社会体育指导员（五级）（职业方向：攀岩）证书 朱兴涛提供

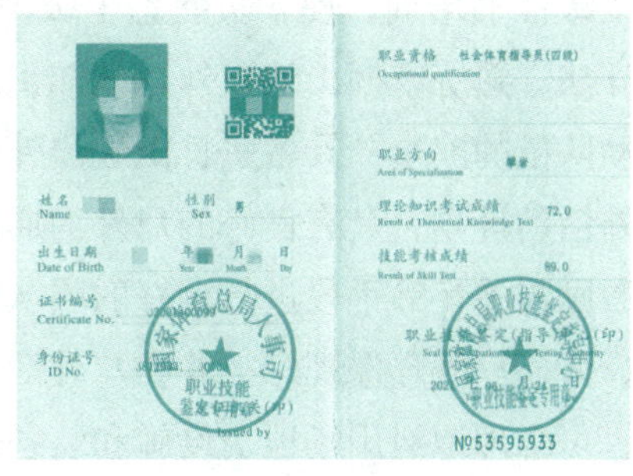

图4-2　社会体育指导员（四级）（职业方向：攀岩）证书 朱兴涛提供

知识卡片

中国登山协会是组织、管理和推进登山运动唯一的全国性机构，成立于 1958 年。2005 年正式成立培训部（培训工作早在 1999 年已经开展），主要职责是负责登山及相关运动（高山探险、山地户外运动、攀岩、拓展）的等级认证和技术培训。

（二）山地户外指导员证书

1. 初级山地户外指导员证书

初级山地户外指导员证书主要针对热爱户外运动，并致力于成为户外运动领队或指导员的人群，报名参加由中国登山协会主办、各地培训合作机构承办的培训，考核通过后，获得“中国登山协会初级山地户外指导员”电子证书。

初级证书培训，使学员熟悉初级山地户外指导员基本职责、义务与能力，

学习笔记

遵纪守法；熟练掌握单日（非露营）山地徒步活动的相关知识、技能和技术，并熟练应用，保证活动队伍的安全；具备单日（非露营）山地徒步活动的组织管理能力，能够制订并实施活动计划；具有较强的环保意识，并在户外活动中加以运用；具有较好的指导能力，向活动参加者传播正确的户外理念、传授基本的户外知识、技能和技术。

2. 中级山地户外指导员证书

获得中国登山协会颁发的初级山地户外指导员证书，且在取得证书后顺利完成至少 10 次以上不同路线的户外活动领队工作，有志从事登山、山地户外运动事业的人员，可以报名参加由中国登山协会主办、各地培训合作机构承办的培训，考核通过后，获得“中国登山协会中级山地户外指导员”电子证书。

中级证书培训，使学员熟悉中级山地户外指导员基本职责、义务与能力，遵纪守法；熟练掌握山地户外运动知识、技能和技术，并运用风险管理技术保证活动队伍的安全；具备多日山地户外活动组织管理能力，能够熟练制订并实施户外活动计划，具有良好的户外沟通能力、判断和决策能力，在团队活动中运用激励与关怀等手段进行良好的团队建设，及时发现并处理各种冲突和紧急情况；传播户外环保理念，并在户外活动中加以运用和指导；具有较好的指导能力，可合理地运用场地、设施和装备条件设计户外活动内容，向活动参加者正确地传播户外理念、传授户外知识、指导户外技能与技术。

3. 高级户外指导员证书

获得中国登山协会中级山地户外指导员资质，在取得证书后顺利完成至少 10 次以上不同路线、类型的户外活动领队工作，并且获得国家或国际认可的初级及以上急救资质（在有效期内）的人员，可报名参加由中国登山协会组织的培训，考核通过且符合相关要求者将获得中国登山协会高级户外指导员的实习资格（实习期为两年），实习合格后将获得中国登山协会颁发的“高级户外指导员证书”。学员可持该证书按相关规定换取由国家体育总局颁发、人力资源和社会保障部印制的“社会体育指导员（职业方向：山地户外）国家职业资格三级证书”。

通过培训，使学员了解登山户外文化，掌握国内外山地户外运动的发展状况及趋势；进一步了解户外运动的相关理论，认识户外运动包含的常见项目的基本特点；掌握户外常见运动项目（攀岩、山地自行车、定向运动、皮划艇、绳索操作技术、拓展等）的主要知识、技能与技术；了解并掌握从事户外运动必备的运动训练原则与方法；熟练掌握户外环保的实践方法和理念，并具备相应指导能力；深入掌握户外领队的综合技能并熟练运用；了解户外赛事组织管理的相关内容；掌握户外风险管理的综合知识，并对综合户外活动进行合理风险评估与安全管理；掌握野外急救的基本方法和理念。

（三）攀岩指导员证书

1. 初级攀岩指导员证书

该证书主要针对有志从事攀岩运动推广、教学工作、攀岩场馆的从业者，热爱攀岩运动的爱好者。报名参加由中国登山协会主办、各地培训合作机构承办的培训，考核通过后，将获得由国家体育总局颁发、人力资源和社会保障部印制的“社会体育指导员（五级）（职业方向：攀岩）国家职业资格证书”，同时获得“中国登山协会初级攀岩指导员”电子证书。

通过培训，学员熟悉初级攀岩指导员基本职责和义务；熟练掌握基本攀岩安全操作技术；熟练掌握基本攀登技术动作，并具备一定攀登能力；掌握基础攀岩知识；具备指导初学者的能力，可以独立负责人工攀岩场所单段攀登指导工作。

2. 中级攀岩指导员证书

初级攀岩社会体育指导员持证一年，具有一定攀登能力和经验的人员，可报名参加由中国登山协会主办、各地培训合作机构承办的培训，考核通过后，将获得由国家体育总局颁发、人力资源社会保障部的“社会体育指导员（四级）（职业方向：攀岩）国家职业资格证书”，同时将获得“中国登山协会中级攀岩指导员”电子证书 。

通过参加培训，学员能熟悉中级指导员基本职责和义务；具有足够的安全意识；熟练掌握攀岩中级攀爬技术，具备攀岩者的体能与技术训练的基本方法；全面掌握攀岩安全操作技术，可以独立负责自然攀岩场地（运动攀）攀岩向导工作；了解攀岩比赛规则、攀岩活动组织管理和自然岩壁开发；能以先锋攀登演示、讲解 5.10 级别难度线路；在一定程度上掌握传统攀登基本技术。

（四）初级营地指导员证书

该证书对接有志从事营地活动或营地课程的领队或指导员以及从事青少年课外教育活动的工作者。报名参加由中国登山协会主办培训，各地培训合作机构承办的培训，考核通过后，获得“中国登山协会初级营地指导员”电子证书。

通过培训，学员能理解营地内涵和外延；熟悉营地指导员基本职责义务与能力，遵纪守法；熟练掌握组织和带领营地活动的相关知识、技能和技术，并熟练应用，保证营地活动可以安全有序地开展；具备良好的营地活动组织管理能力，能够制订并实施营地活动计划；具有较强的环保意识，并在营地活动中进行传播。

学习笔记

● 任务实施

为某户外俱乐部制作一份户外领队招聘简章。（另附活页作答）

● 任务评价

评价形式	评价标准	评价等级（优/良/中/差）
自评	1. 招聘简章要素齐全，美观大方 2. 对户外领队的职业认知准确 3. 对户外领队的应聘要求描述到位	
小组评价		
教师评价		

● 任务巩固

搜集国内或国外户外领队履历资料，介绍你心目中最牛的户外领队。

任务二　户外领队带队流程

● 任务引入

第一次带队，“bug”不断

第一次带队，我很紧张，共 18 位队员，去的是小三尖。知道责任重大，所以行前做足准备。我收集到网上所有关于小三尖的信息，参考了曾经去过小三尖这条线路的驴友发的帖子，整合最新的信息汇聚成最全的路书；制订了和以往队伍都不一样的徒步计划，并确定好营地位置。

虽然做了很充分的准备，但在行进中“bug”还是接二连三地袭来。

Bug1，当我们到达雷达站下面的时候，发现那边的季节性水源已经枯竭，只有一个沼泽。沼泽水虽能煮饭，但不敢喝，于是我观察等高线地图后，派出两人一小队共 3 队开始寻找水源，终于在林子里找到一处石头缝里出现的水源，但水源太小，于是我不得不把水源的坑挖大，等第二天再来取水。

Bug2，因为第一天住宿的时候有队员自己带电蚊拍露营，自顾自进帐篷。而一些队员觉得自己也应该享受使用的服务，态度蛮横不讲理。我当时就有点小脾气，第二天带着体力好的队员就蹭蹭往下冲，约 11 点 30 分就到达下切的水渠边。开始休息！等到 12 点半的时候，后面还不见来人，我开始有点儿慌了，开始打电话，发现电话完全打不通！开始大声叫，发现山里太大，根本听不见有人回应！等到下午 1 点钟的时候，压队终于带着人下来了！我如释重负，觉得大难不死，全靠压队稳健，把人全带下来了，不禁觉得后怕，要是任何一个队员出了意外，我都是负不起责任的。

（资料来源：《户外五年——我的领队之路》，知乎网，有删减）

户外领队责任重大，不仅要保证队伍的安全，队员的种种需求也要照顾到位。意气用事，喜怒形于色，冲动行事，容易引发安全事故。

● 任务描述

明确带队任务，做好户外旅行活动行前准备，提供优质服务，规范执行活动项目，行后及时总结反馈，确保活动前后衔接顺畅，保证队员安全，赢得客户信赖，是每位户外领队的业务工作内容，户外领队必须掌握带队业务操作全流程及每个执行细节。

● 任务学习目标

知识目标	技能目标	价值目标
1.了解户外领队行前做好准备的必要性 2.掌握户外领队带队流程	1.具备带队执行户外活动的能力 2.具备处理突发事件的能力	1.提升学生的户外领队职业道德修养 2.助力学生体验户外领队带队中的快乐、自豪感和成就感

● 任务必备知识

户外活动的组团及实施与常规旅游不同，在带队过程中户外领队不仅要当好向导、讲解员，做好后勤保障，能处理突发事件，还要善于调节队员情绪。同时，户外领队必须了解行前准备、活动实施、活动结束全过程的带队业务操作。

下面以户外徒步行进带队为例进行的介绍。

一、明确带队任务

详细掌握此次带队的行程安排，注意事项，队员基本情况等细节，分析此

学习笔记

次带队活动所要糅合的户外理念和户外使命。

二、召开准备会

由于户外活动具有一定的风险，需要准备特定的装备，出行注意事项较多，因此在活动出发前，应尽量集合全体队员召开准备会，提前给队员打好“预防针”。准备会有助于消除队员的紧张心理，提升文明安全出行意识，增加对组织者的信任度。

在准备会上，户外领队要完成以下工作：

（一）致欢迎词

尽管在招募团员组队过程中，领队和队员已在网络或电话中交流沟通过，但欢迎词是户外领队第一次面对全体队员的讲话，因此该环节不应缺失。

户外领队的欢迎词一般包括以下内容：

（1）代表所在企业（俱乐部）、本人欢迎大家参加此次户外活动；

（2）介绍自己的姓名等个人信息；

（3）简要介绍自己在本次活动中的职责；

（4）表示愿意提供服务的诚挚愿望；

（5）预祝出行愉快顺利。

（二）相互认识

户外领队重点介绍自己的带团经历，本人持有的相关户外领队资质，对本次户外出行线路的认知等。鼓励队员介绍自己的户外经历，对本线路的了解程度，对本次活动的期望等，这样既可以让领队了解队员的想法，也可以让队员之间互相了解，有利于团队的和谐。

（三）介绍活动计划和线路情况

对此次户外出行的要点进行阐述，如出行时间、人数、起点、途经线路、目的地、线路环境、交通、食宿安排、责任声明等。并解答大家提出的疑问。

（四）分发团队标识、领队卡片、救援联络卡片

团队标识是识别团队成员的视觉语言表现。一般印有户外活动组织机构的Logo、名称，以红布条、不干胶贴纸等方式呈现。贴纸可贴在背包、衣服、帽子等地方。

户外领队卡片是用来呈现领队个人信息、户外机构企业标识、企业理念等内容的卡片，类似于企业个人名片。

救援联络卡片是用来记录持卡人信息资料的卡片，采用防水材料制作。当意外发生时，通过该卡片上的信息能快速确认持卡人身份，及时联络其家属及朋友。

紧急联系卡（样卡）

姓名		血型	
性别		出生年月	
过往病史			
过敏原			
紧急联系人1		紧急联系电话	
紧急联系人2		紧急联系电话	

（五）分配任务

与常规跟团游不同，一些户外爱好者喜欢且愿意在出行中承担一定的工作，以体现自身的价值。因此户外领队在召开准备会时，根据队员自身优势，可以适当分配一些任务给队员，这样既能减轻户外领队工作压力，也能满足队员实现自我的期许。

可以分配的角色有：

小组组长及收队：如果队伍人数较多，需进行分组（梯队）管理时，要选出各小组组长、收队，负责本组队员行进管理等。一般选择稳重、有责任心、团队意识强，有一定户外出行经验的队员。

文艺委员：负责活跃氛围，组织全队娱乐活动，一般选择年轻、活泼、爱热闹的队员。

环保监察员：负责监督全队的环保行为，一般选择队伍中德高望重的队员。

旅拍师：负责拍摄团队及个人照片，一般选择爱好摄影、摄影技术好的队员。

（六）宣布出行须知

1. 团队纪律

不得擅自离队；不得中途“哗变”；所有行动听指挥，全体人员必须服从领队，配合领队，不得起哄，更不能拆台；遇到伤病、生理等困难要及时告知户外领队，不能累积问题；不得与目的地工作人员、当地居民有失礼行为，不得发生冲突。

2. 环保要求

要让队员明确，户外活动对环保的要求要高于常规的旅游活动。要求每位队员准备 2~3 个垃圾袋，沿途的垃圾应随身携带，不得抛弃，不得焚烧，不得掩埋。领队要特别强调环保是每个队员的责任和义务，不仅仅是领队的事情，同时引导队员享受作为高度环保队伍一员的荣耀。

学习笔记

3. 安全提示

如在乘车时，如何避免装备混乱或者拿错；在行进时，如何避免出现身体伤害；如何避免迷路和失踪；如何与当地人尤其是少数民族居民打交道，有什么禁忌等。

（七）确认装备

介绍本次活动个人装备的要求，逐一落实每个人的装备情况。在准备会期间重点应放在确认个人装备的有无、是否符合线路要求、公用装备的数量。避免准备过度，造成负重浪费。对于采购的新装备，应提醒队员提前试用，尤其是徒步鞋，必须至少穿着步行 5~10 千米后，再参加户外徒步活动。对于可以集体使用的装备，如帐篷、对讲机、气罐等要求进行统计协调，避免出现装备重复携带。

（八）收集相关证件或信息

应掌握队员信息，收集队员证件并进行集中复印，以便于办理有关手续，如购买保险，或办理边防证，这样提前复印好证件可以节约很多时间。

（九）通知集合时间和地点

告知队员准确的出发集合时间和地点，可以比计划时间提前 10 分钟到半小时，同时公布户外领队电话，便于队员联络。

三、做好出发准备

（一）整理目的地、沿途、队员信息

将户外线路中涉及的细节信息，如沿途吃、住、行、游览等服务的联络人、联系方式，罗列在文档中，可以打印出来以做备用。

由于地域和文化的差异，不同地区的驴友对于户外运动也有不同的理解方式和理解程度。因此作为领队有必要了解他们的性格特征、户外经历、兴趣爱好、特长等，以便有针对性地进行服务，并提前准备队员名单。

（二）备好物资，做好精神准备

出发之前，作为领队要对本次出行使用的各种个人物资器材进行认真的清点和准备。作为领队，不必追求个人装备的高档，但必要装备一定要有，同时还要携带一些看似个人装备，但在关键时刻也能够为全队所用的设备。如绳索、通信器材、GPS、指南针、药品（如感冒药、消炎、止泻药、创可贴、云南白药）等。

提前为自己及队员投保专业的户外自助游、徒步意外等险种。

领队的精神准备：无论如何，一次户外活动都是一个系统工程，是对领队全方位素质的考验，领队在出发前一定要摆正自己的心态，以热情、积极、渴望的态度去迎接队员，并且和队员一起，在户外活动中迎接大自然为你准备的挑战。

学习笔记

四、团队集合出发

从客源地乘车出发抵达目的地，本次户外活动的序幕缓缓展开。

（一）提前 1 小时与司机确认

如果是包车，不管在前一天是否和司机确认过，一定要在出发前 1 小时和司机再次确认集合地点及时间，这不仅是对司机师傅按时到位的提醒，也是对他工作的支持。

（二）提前 30 分钟到达集合地点

无论乘坐包车还是公共交通工具，户外领队都应该比通知队员的时间提前 30 分钟到达集合出发的地点。这样的做法有利于展现户外领队积极热情的工作态度，收获队员的信任和尊重。

（三）到达点名，检查装备

在上车前，户外领队要根据名单进行点名，这是不管人多人少都要履行的程序。大声点名是户外领队认真负责的表现，也是对队员尊重的表现。点名还起到互相认识的作用。

在检查装备时，应重点检查队员的背包是否结构合理，负重正常。对于有太多外挂的背包，负重过大的背包，负重过轻的背包，都要进行询问；检查本次线路要求的必备装备的携带情况；检查队员鞋的穿着情况，查看是否有不合格的鞋，有没有穿着新鞋的队员等。对于装备检查中发现的问题，必须及时纠正，即便耽误时间也应在所不惜。

（四）背包放置

如果有露营的户外活动，队员一般会携带较大的露营背包，这类背包可以放置在行李箱中。作为领队应在前一天提醒司机清理行李箱，避免油污、灰尘弄脏背包，或者准备一些报纸，铺垫在行李箱中。如果是没有行李箱的车辆，或者公共交通工具，行李需要占据一定数量的席位。那么领队应先估算好行李占据座位的数量，提前规划设计，一般来说，行李可以放在最后两排。以 31 座的车为例，如果团队有 22 人，除去 22 个队员座位后，可安排最后两排的 9 个座位用于搁置行李。

（五）队员座位安排

乘坐租赁客车时，队员的座位一般由队员自己选择，户外领队无须安排。有的队员是结伴而来，可能会因为来晚而导致座位分开，这时户外领队应尽量安排调整座位，在不影响其他队员的情况下解决问题。对于长途乘车，领队应注意观察相对不太舒适的座位，可以在半途后，通过一些游戏娱乐活动，巧妙地调整座位。对于有晕车症状的队员，应鼓励前排队员主动谦让，将座位让给需要帮助的人。当然，要确保户外领队坐在最前面的位置。

学习笔记

（六）对集合迟到的处理

户外活动中，队员迟到是常有的事情，应根据情况采取不同的措施。点名后未到的队员，应及时拨打队员电话，询问情况，如果正在路上，迟到时间不长，应将实情告知队员。迟到队员到达后，可以给予适当的惩罚措施。如果迟到队员预期到达的时间过晚，此时如果等待，会导致队员的不满，户外领队可以决定不再等候，并立即告知迟到队员不必前来。

（七）对临时取消行程的处理

团队临出发前，如果有队员临时无法出行，领队应避免出现情绪波动，及时与队员通报相关情况，如有住宿、餐饮等服务的采购，要及时进行调整。

五、行车途中互动

（一）适时停车休息

坐车是件非常消耗体力的事情，尤其是长线活动，从出发地到目的地第一站，车程可能要花费几小时，容易让人情绪烦躁，身体不适。如果在乘坐租赁客车的过程中，要与司机师傅商量，间隔一段时间在合适的停车服务区域，让队员下车休息，活动四肢，舒展筋骨，缓解不适。

（二）乘车途中互动

在乘坐交通工具期间，可以进行有效互动。穿插雅俗共赏的文艺节目，活跃氛围，能给整个出行添彩。通过互动活动，增进队员间熟悉程度。户外领队从中也能发现队伍中的小团体、活跃分子、不说话爱默默待着的队员、有问题的队友（如爱挑刺）等。但一定要注意避免粗俗低级的话语和节目。

1. 短线互动节目安排

在去往城市周边等近距离的户外活动，车程 1~2 小时，户外领队自己、加上个别队友作为文艺骨干即可。多数人是观众，少数人参演，这样的比例设置比较适中。

2. 长线互动节目安排

如果车程时间长，气氛的活跃及文艺活动的表演互动，一般要交给骨干队员，领队只做辅助即可。文艺节目的穿插要根据大家的精神状态和兴趣所致，间隔有序进行。户外领队主要是储蓄精力，毕竟整个出行中户外领队需要考虑和完成的事情太多，要时刻保持自己头脑清醒和精力充沛，做到遇事不乱，处事不惊。

你来说一说：

在户外出行乘坐交通工具的过程中，可以穿插设计哪些文艺及互动项目？

学习笔记

六、安排食宿

如果是长线出行，在到达目的地第一站后，可安排队员入住宾馆洗漱，补充餐食、物资等。因为接下来的行进可能会逐渐远离人烟稠密的地区，无法保证配套设施和服务的供给，因此要提醒队员在这里做好足量的补给。

七、行进管理

（一）行进前

（1）检查、整理装备和物资，分配公用物资，调试对讲机等。

（2）带头做热身操，强调休息时间、休息点、就餐地点等。

（3）大团队分组安排。一般来说，超过 20 人的队伍要提前分组，并确定“第一组（梯队）”“第二组（梯队）”……，每个组都要有负责任的组长和收队。要做硬性规定，“第二组”的组长不能超越“第一组”的收队，依次类推。户外领队和分组组长，要通过对讲机随时进行沟通。

（二）行进中

1. 行进一小时内的管理

徒步行进一个小时内，队员的身体素质、团队意识、徒步习惯、队员关系等会逐渐显露出来，这也是户外领队观察队员、了解队员、做好后期行进问题预测的最好时机。在徒步开始的半个小时到 40 分钟，户外领队要根据实际情况适时调整速度和节奏，在此期间休息时间以 3~5 分钟为宜。

2. 行进中节奏把控

行进时合适的节奏，不仅可以合理保存体力，还可以缓解疲劳。掌握好行进速度，避免时快时慢，最好维持自然步调。行进途中，户外领队最大的威胁来自队伍分散，无法控制，特别是行进速度较快的队员。

把控队伍节奏最好的办法是将一天的行进时间拆解成若干小段，根据路程和时间分段控制，预算行进时间和休息时间，适时聚集，适时分散。并告知队员每小段后的修整计划，以及必须集合、等候后续队员的要求，以此保持全队良好的节奏。领队自己保持中速行进，隔一段时间要让队员报数。对于较为陌生的路段，领队应适时查看地图以校正路线，发现错误及时改正，甚至原路返回。遇到岔路口、有障碍或前进方向不明确时，必须由户外领队作出决定，队员不得自作主张。在徒步时如果队员体力消耗过大，心跳加速，呼吸加快，这时应稍停片刻，待呼吸放缓，心跳减慢以后再继续前进。

大团队行进中可能出现个别队员喜欢往前冲，这类队员一般体力较好，有

学习笔记

一定的户外出行经验和能力。对于这类人群，应及时提醒，或者给他们安排团队任务。个别队员跟不上本组，后组应及时收容；各组间的距离过长，此时第一组要压住队伍等候，绝不能与后队分隔太远。

思政园地

同一个团队，同一个梦想——增强团队意识、建立团队精神

团队意识是整体配合意识、大局意识。团队精神是一种协作共赢精神，是一种文化氛围，是一种积极向上、朝气蓬勃的精神面貌，体现出全体成员的向心力、凝聚力。缺乏团队意识，个人主义泛滥，团队就是一盘散沙，团队目标就无法达成，团队梦想就无法实现。

在户外旅游中，一定要有团队意识，一定要做到风雨同行、同舟共济，发挥团队协作精神。只有这样，才能到达大家期待的终点。与此同时，开展户外活动也有助于增强团队意识，培养团队合作精神。

3. 行进中休息安排

疲劳是缓慢而隐匿地发生的。当我们感到疲劳时，身体已经到了必须修整的地步。在疲劳状态下，人的运动速度、准确性，反应能力下降。这种生理、心理变化，极易发生意外伤害。因此及时发现疲劳，适当休息，避免意外发生，是户外领队及参与户外活动的人必须注意的。

在户外活动过程中，发现原来可以轻易完成的动作，现在因体力不支无法完成；运动能力失调，身体摇晃，手脚不协调；反应迟钝，心情变得糟糕，不耐烦，情绪激动，失去原本参与活动的决心和欲望；恶心呕吐；睡眠欲望极强。以上情况出现其中之一，就应立即休息。

一般而言在走平路时，应匀速行走 40~50 分钟左右，休息 3~5 分钟；行程达到全程的五分之三时，应卸下装备充分休息 1~2 个小时左右。爬山时应行进 20 分钟左右，休息 3~5 分钟。在海拔比较高的地方行走 10 分钟就要休息 10 分钟。无论有无疲劳感都要休息，这是避免疲惫的最佳方法之一。

4. 山地行进中技巧应用

在山区复杂的地形和路线徒步，不能只埋头走路不抬头看路，要合理的选择前进的路线。山地行进切忌步幅太大、无节奏、弯腰、面朝下、只看脚面、一手插在裤兜里、一手提东西走路。要将重心全部放在脚跟或前脚掌，徒步时“要走不要跳，要匀不要急、走路不走坡，走硬不走软，前紧后松，快去慢回。走路不看景，看景不走路。”应尽量选择视野开阔的山坡路段，在林区行进应收紧队伍。在缓坡时可以直切，然后迅速回到道路上，既可以节省体力，又可以加快速度。

在陡坡攀爬时，“谢公屐”（一种鞋可以前后颠倒，适合上山和下山的鞋）的原理应该很好地加以应用。上山时，应选择脚跟落在坚硬突起的石块上，使整个脚掌在局部形成平面；下山时则相反，前脚掌应选择突起的石块作为落脚点。这样既可以保持身体平衡，又可以节省体力。另外，在较陡的山路上，用侧行的办法比较安全和省力，即走“之”字形路线，同时用脚的侧面切地，以增大受力面积。每迈出一步，都应脚踏实地。因为如果脚下滑动，你要保持平衡，需要付出比平时更多的体力，建议尽量使用登山杖或木棍保持平衡。

学习笔记

知识卡片

谢公屐

谢公屐是一种古老的登山鞋。魏晋南北朝时期，木屐很流行。特别是南方多雨的季节，木屐是远行的必备品。谢灵运喜游山陟岭，特制一种前后齿可装卸的木屐。上山的时候去掉前齿，下山的时候去掉后齿，以方便攀登，既能保持平衡又省力。因此将这种特制的木屐称为“谢公屐”或“游山屐”或“谢屐”。

唐代诗人李白在《梦游天姥吟留别》中表达对谢公屐的喜爱：“脚著谢公屐，身登青云梯。”

唐代诗人李敬方《题黄山汤院》：“谢屐缘危磴，戎装逗远村。”

宋·刘克庄《水龙吟》词：“抉书种树，举障尘扇，著游山屐。”

元·范梈《送张炼师归武当山》诗：“始来武当时，袛着谢公屐。”

明·高启《云山楼阁图为朱守愚赋》：“为问仙家在何处，欲穿谢屐一登临。”

明·宋濂《看松庵记》：“君乐甚，起穿谢公屐，日歌吟万松间，屐声锵然合节，与歌声相答和。”

清·李调元《再游嘉定凌云寺》诗：“老来久弃游山屐，又上凌云陟九巅。”

（资料来源：根据网络资源整理）

5. 收队沟通

为保障整个行进途中的顺畅和安全，户外领队要与收队随时随地做好沟通。

收队主要是根据队尾队员状况对其进行管理和控制。准确研判队尾队员身

学习笔记

体及其速度是否有异常，弄清异常原因，有针对性地进行管控。一般会选择体能、技术、经验、责任心等方面都很出色的强驴来担任。因收队没法按照自己的节奏走，体力消耗一般会很大，甚至有时候还要对身体状况异常的队员进行分包减负，所以需要体能好的强驴。收队还必须能对队尾队员的身体状况进行监控和风险管理，这也需要较丰富的户外经验。收队责任心要强，如果收队失职、失范，容易发生事故。

（1）收队要适时干预队尾队员的速度

当遇有身体状况出现异常的队员时，无论如何不能给他鼓励与鞭策，而应该让他立即停下来。如果排除了危险性疾病的可能，则可以教给他要按照自己的节奏走，而不能努力追赶，直到其状态调整至正常情况。当队尾的个别驴友因留恋风景、驻足拍照而速度过慢时，可以催促并带动其适当提速。当担心或预判队尾队员会与大队脱节而迷失去向时，收队要快步走上前面最近的山头，一方面凭制高点目视大队的去向，另一方面凭制高点监视队尾队员跟随的情况，在拐角处也是同理。及时与户外领队联系沟通，预防掉队太远。

（2）收队要为队尾队员鼓舞士气

当队尾队员疲惫出现体力不支时，收队应该通过激励的言语，坚毅的语气去激发、感染队友们。还可以激发、唤醒队尾其他队员关于团队精神及协作精神的热情，调动大家一起来帮着分包减负，并不离不弃。

（3）收队负责收掉路标

收队确认自己的后面没有脱队队员时，可收取先锋及前队留下的路条式路标，以免这些标示成为以后再次活动时的“乱码”。

（三）即将到达终点的管理

即将到达终点时候，是队伍最疲惫的时候，也是队员身体素质差异最大的时候，同时也是最容易营造团队团结精神的时候。一支失败的户外徒步团队，出现问题的时候往往不在出发、不在途中，而是在即将到达终点的最充满希望、也最为疲惫的时候。要确保徒步活动成功，户外领队必须对最后这段行程进行预先设计，并采取强有力的手段加以控制。例如在到达目的地之前，提前集合队伍，强制全队进行集中等候等。

八、露营安排

（一）选择营地

营地的选择必须是在活动出发前就预先设计好的，即便未知路线，也要首先进行图上作业，或者在谷歌地球（Google Earth）中验证，切忌出现户外领队不知道扎营地点的情况。选择营地时要遵循以下原则：

如何选择营地

1. 安全

营地要远离危险，远离崖壁和陡坡，防止落石、塌方、滑坡；不要在河道、河滩、小河汇流处扎营；要仔细观察营地周围是否有野兽的足迹、粪便和巢穴，避免在野生动物出没的区域扎营，也不要建在家畜休息的地方；不在谷底低洼处扎营；当下雨或有雷电时，不在高地、高树下或孤立的平地上扎营。

2. 舒适

近水源。附近最好有干净无污染的水源，但在深山密林中，近靠水源会遇到野生动物，要格外小心注意。

营地平整。最好是草地，不要有草根树根和尖石碎物，也不要有凹凸或斜坡。但过于茂盛的草地容易有带刺带尖的东西，因此扎营也不合适，会扎破帐篷。不能扎营在牧民的草料地。

背风背阴。营地一定要选择避风处，因为风会迅速带走人体的热量，大风会卷走帐篷，会搅得队员无法休息。尽量背阴，避免帐篷长时间暴晒。

与居民点如村庄等保持适当距离，不易过近，以免引起围观，受影响而无法开展活动；但也不易过远，遇到紧急情况，方便找村民求助。

3. 环保

在可耐受的地面扎营，营地最好距水源 60 米以外。

理想的“五星级”露营地的标准：绿绿的平坦草地，落叶在沙沙作响；可以听到潺潺的水声；晴朗夜空下，月色撩人，可以仰望到城市久违的星空；清晨可以听见小鸟在鸣叫……

（二）扎营管理

在扎营时，户外领队要对营地的组织管理进行设计规划，做到心中有数。要迅速圈定场地，分出区域（如住宿区、活动区、炊事区、卫生区等），避免个别队员的帐篷远离营地，也要避免帐篷之间距离过近。要帮助不熟悉帐篷使用方法的队员，并组织大家互相帮助。对于没有帐篷的队员，要观察队员自己的意愿，必要的时候帮助协调解决。

营地帐篷的使用管理要注意以下几点。

（1）帐篷搭建好后，为防止虫子进入，可在帐篷周围撒一圈煤油或者喷点风油精。进出帐篷要及时顺手把帐篷口拉住封闭好，这样也可以防止蚊虫等小动物飞爬进帐篷里，影响队员晚上的休息。

（2）进帐篷休息时把装备及物品归类整理摆好，依照情况放置在帐篷内或帐篷外，尽量不要散落无序堆放。

（3）进帐篷睡觉前，养成良好习惯，把头灯放在随手可取的位置。

（4）严格按照户外领队安排的作息时间值夜与休息，严禁在营区大声交谈

学习笔记

或者打闹。

（5）晚上不允许随意拉开队友的帐篷，以免惊扰到在帐篷休息的队友。

（6）把能力较强的队员安排在帐篷区的外围。

（7）在下雨的时候，为避免帐篷被淹，应在棚顶边线正下方挖一条排水沟。

（8）尽量用地钉和绳索把帐篷绷紧，在内帐和外帐之间保持空气层，确保空气流通。

（9）最好不要在帐篷内点火做饭。

（三）营地管理

1. 露营时的安全管理

除了在选择营地时候要考虑安全因素外，在扎营之后也要注意以下安全事项，并随时提醒队员：

（1）防止火灾，在做饭、点燃篝火的时候，易发生火灾。

（2）在有外界危险因素的地域，可以安排夜间轮流值班。

（3）在下雨的夜晚，注意观察河道情况，避免遭遇泥石流和洪水。

（4）在营地外设置路障、树枝，防止有人恶意侵扰，或野兽、家畜侵袭。

（5）严禁队员酗酒闹事。

2. 娱乐组织

一般来说，有篝火晚会的露营活动是队员们最期待的，但在点燃篝火之前，一定要确认这个营地是可以点篝火的。“篝火”二字的后面，往往跟随着“晚会”两个字。作为户外领队，应配合团队中的文艺委员，共同组织队员活动，活动以唱歌、跳舞、畅聊分享、观星揽月等集体活动为主，并鼓励全体队员参加。

3. 清晨叫早、拔营

夜晚睡觉前，应根据次日行进计划，确定起床拔营时间，并根据这一时间通告队员早起时间。一般来说，从清晨早起，到最后拔营出发，需要 2–2.5 小时，因为拔营离开前要检查装备和营地。户外领队和环保监察员要提醒队员收拾垃圾，掩埋粪便，做好彻底的环保工作。巡查营地是否有遗留的装备和物资。在拔营后，要感觉不到曾有人在此扎过营，这是户外露营的标准做法。

九、散团、活动总结

活动结束后，户外领队应及时清点、收拾、妥善放置装备，以备下次使用。

清理账目。户外旅游活动与常规旅游团队一样是预先收费的，但户外出行常常会有一些不确定的事情发生，一定要和队员事先讲清楚，事后按照约定收取或者退回相关费用。

学习笔记

其他后续工作。如可组织看片会，发布活动总结、照片、文章等；也可内部总结交流，形成总结报告，为下次服务提供经验总结。在公众号、微博等新媒体上整理发布活动照片、文章，增加流量，吸引更多人的关注。对比活动实际执行情况与前期计划，分析未完成部分的原因，提高后期制定计划和执行能力。

● 任务实施

制作户外领队带队业务流程图。（另附活页作答）

● 任务评价

评价形式	评价标准	评价等级（优/良/中/差）
自评	1.对户外领队带队全流程描绘准确 2.体现户外领队带队中的细节把控 3.流程图内容清晰，美观大方	
小组评价		
教师评价		

● 任务巩固

搜集户外领队带队案例（正、反面案例各一），分析案例中户外领队工作的优点和缺点。

____

____

____

____

任务三　户外领队人才培养

● 任务引入

践行“两山”理念，培育户外运动产业

国家体育总局发布的《“十四五”体育发展规划》中提到，坚持践行“两山”理念与发展户外运动相结合，推动自然资源向户外运动开放……，“户外运动产业培育工程”中指出编制户外运动产业发展规划，重点发展冰雪、山地户外、水上、汽车摩托车、航空、自行车、马拉松、铁人三项等户外运动产

学习笔记

业。利用不同区域自然生态禀赋，引导户外运动产业合理布局，打造区域特色户外运动产业。推动山地户外运动形成“三纵三横”（太行山及京杭大运河、西安至成都、青藏公路，丝绸之路、318 国道、长江沿线）空间布局；建设水上运动“五方三点”（以东优、西扩、南强、北进、中兴为五方特点的全国布局，以国民水上休闲运动中心为焦点、以绿水青山系列赛事为支点、以江河湖海为发力点的三点式工作网络）赛事产业集聚区；打造汽车摩托车运动“三圈三线”（京津冀、长三角、泛珠三角、哈尔滨至三亚、北京至乌鲁木齐、上海至拉萨）自驾运动精品路线和营地网络；合理布局航空运动“200 千米航空体育飞行圈”。

产业的发展，必将带动人才的需求。作为户外旅游中不可或缺的领队，其培养的模式方法值得大家关注。

● 任务描述

培养专业化、职业化户外领队，需要高等院校、户外商业机构、户外运动类协会齐心协力，共筑人才培养模式。构建结构合理、素质优良的户外领队人才梯队，形成有利于户外领队人才成长的培养、管理、激励机制。

● 任务学习目标

知识目标	技能目标	价值目标
1. 了解户外领队人才培养对接产业需求的必要性 2. 熟悉不同的户外领队人才培养模式	能厘清不同主体方培养户外领队人才的优势和劣势	1. 提升学生对户外运动相关专业的认知度 2. 引导学生树立“不负韶华、筑梦未来”的理念

● 任务必备知识

随着户外休闲运动的蓬勃发展，对户外领队的需求逐渐增多，因此加强对户外领队人才的培养势在必行。目前户外领队人才培养模式主要有以下几种：

一、户外运动类企业组建户外领队短期培训班模式——以小羊军团为例

从 2006 年开始，小羊军团就开始组建业余户外活动领队技能培训班，承担新疆户外领队课程教学任务，逐渐形成国内独特的“小羊军团领队培训体系”。小羊军团户外领队的培训，旨在提高新疆户外旅行爱好者的户外综合技能与团队管理能力，提高业余户外领队安全意识，帮助户外爱好者顺利成为一名能够组织户外与深度旅行活动的领队。

学习笔记

知识卡片

小羊军团是新疆乌鲁木齐最早的自助户外群体之一，成立于2000年。小羊军团实行非会员制，任何人都可以依照小羊军团公约参与并组织户外活动，并享受均等权利。小羊军团户外探险自助旅行网站的户外活动以徒步、登山等为主。小羊军团倡导户外资源公开，鼓励多领队制并进行专业培训；定期组织各种户外、旅游、探险主题讲座和文化交流活动。近年来，小羊军团组织各种户外活动数百次，参与者达数千人次，已成为新疆地区最大的户外群体。

培训班的课程涉及户外初中级技能、户外深度技能与特种旅游户外领队技能等方面。具体包括户外基础与野外生存常识，新疆深度旅游户外活动组织管理，户外定位、安全救援、山地攀登、绳结技能，新疆户外旅行历史文化，新旅游业态等。

学员采取“理论＋野外实践”相结合的培训方式完成课程，通过卷面、实践考核、领队实习实践等环节，考试合格后，获得培训班结业证书，同时可以申请小羊军团网站认证领队资质。

二、相关协会组建户外领队短期培训班模式—以深圳市登山户外运动协会为例

深圳市登山户外运动协会的山鹰户外领队课程是山鹰体系最有代表性的课程之一。课程设计切合实际需要，创造性的融合应用多种最新的教学方式方法，以学员为中心，采用多样化的学习形式，如角色扮演、场景模拟、团队带领、案例研讨、蚱蜢式教学、启发式教学、自发性挑战原则、全方位价值契约原则 FVC、引导与反思技术等方法，并提供个性化反馈。让学员在做中学、玩中学，寓教于乐，让学习更有趣、更好玩！

知识卡片

深圳市登山户外运动协会于2003年注册成立，由深圳的户外运动爱好者组成。协会的宗旨在于推广登山户外运动，为最广泛的户外运动爱好者提供参与活动交流的平台，营造理性、和谐、有序的户外氛围，在全社会倡导自由、开放、进取的生活态度，树立健康、安全、环保的户外理念。“理性、团队、环保、诚实、进取”是协会的核心理念。2007年建立国内首个户外培训体系——户外运动证书培训体系，为巩固户外培训，于2015年开始向各地方登协、户外机构发出倡议，联合推广这一体系，以

学习笔记

建立统一标准、统一注册、统一证书的目的。

（资料来源：深圳登协官网）

课程培训目的是提高学员在山野活动时的个人技术和应变能力；具备团队领导能力，能够制订和实施野外活动计划；具备处理意外事件和实施救援的能力。

培训课程涉及内容有：户外概论，领队素养与职责，绳索知识与技能，常见意外伤害、急救知识与技能，导航知识与技能，团队管理，营地生活与管理，户外活动组织与管理，夜行、山野行进规则与注意事项，户外风险评估与安全管理，户外环境与危险识别，应急庇护所搭建及天幕使用，户外运动相关法律原则等。

采用室内学习理论，野外实战实践相结合的学习形式；考核分值包含理论知识评价，培训期间作业以及出勤，野外实操考核即两天一夜户外徒步和露营活动实操。考核合格，且完成实习者（自成绩公布之日起，考核合格后三个月内独立组织实施一次两天一夜的负重徒步露营活动并提交相应报告），可获得《山鹰户外爱好者培训体系》二星户外领队培训证书。可在一二星户外爱好者培训中担任助教工作，享受助教劳务补贴。

三、相关协会授权企业组建户外领队短期培训班模式——以绿野户外网为例

绿野户外网组织的初级、中级、高级户外领队资格培训是由北京体育休闲产业协会独家授权的培训活动，通过考核的学员将获得由北京体育休闲产业协会颁发的户外领队职业资格证书。绿野户外网建立了严格的户外领队备案制度，实行领队执证上岗。

知识卡片

绿野户外网成立于1998年年底，是中国第一家户外旅行活动网站。经过多年的发展，绿野户外网从简单的BBS进化到内容丰富、功能强大的户外社群电商，是集户外综合信息、户外活动平台、移动客户端平台、户外论坛、领队培训管理、绿野保险、亲子活动、团建定制等版块于一体的中国最大的户外综合门户网站。

课程培训目的是增长户外知识，提高户外技能，降低户外风险。

绿野户外初级领队培训，包括室内室外课程，有专项理论培训和专项实操

培训。理论知识学习户外活动起源、发展，领队职责、安全意识，野外风险防范及应对，户外装备，野外定向，环境保护，行前计划与准备等；实操技能有户外基本行走技巧，基础医疗，绳索基础技术，营地安全等。最后，只有通过理论考试和实践考核才能获得证书。

四、高校户外领队人才培养模式——以乌鲁木齐职业大学旅游学院为例

乌鲁木齐职业大学旅游学院与新疆小羊军团 2008 年 9 月联合开展《户外领队业务》课程教学活动，效果良好。课程目的是培养旅游类专业学生带领野外露营团队开展“无景点旅游”或者“非观光旅游”的能力，课程内容除野外生存知识与技巧外，还包括“户外团队的服务与管理能力训练（营地管理、骑马管理、行进中管理等）”，“户外旅游线路介绍”，“户外领队工作流程”，“旅行中的文化”等内容。通过一学期学习，学生能胜任初级户外线路的小型团队带队工作。

学院建设有“户外领队业务实训设备室”，组建户外社团——拓途社，在老师的指导下开展野外拉练，并参加新疆登山协会每年主办的“新疆户外技能挑战赛”，每年在校内组织“校园定向赛”，学生积累了实践经验，极大地提高学生学习热情，也为进一步开展户外领队教学工作积累经验。

目前我国已有多所高校开设户外运动专修课程，是系统培养户外运动专项人才的重要途径。构建以市场为导向，以人才需求规格为标准，以在户外运动行业如户外运动俱乐部、户外体验式培训企业、地方登山户外协会、社团等，直接就业或创业为导向的高等学校人才培养模式是非常有必要的。

思政园地

不负韶华，筑梦未来

每一个国家，每一个民族，每一个人，都始终在追逐梦想的道路上。以梦为马，不负韶华。新时代属于每一个追梦人，心怀梦想、奋力追梦，把个人对美好生活的向往、对人生出彩的渴望，熔铸到共筑中国梦的征途中，与时代共同奔跑，在奔跑中拥抱梦想、成就梦想。

一起奋斗，一起拼搏，我们都是追梦人！

● 任务实施

走访调研本地户外俱乐部等商业机构对户外领队的需求和要求。撰写调研报告。（另附活页作答）

学习笔记

● 任务评价

评价形式	评价标准	评价等级（优/良/中/差）
自评	1. 调研报告内容明确、丰富 2. 小组合作分工合理 3. 对当前户外领队人才培养需求有一定理解和想法	
小组评价		
教师评价		

● 任务巩固

分析各种户外领队人才培养模式的优缺点。并阐述哪种模式更吸引你？

● 项目总结

1. 进步之处

2. 不足之处

3. 自我总结

项目五　身体力行——户外活动策划

项目导读

户外活动、户外线路产品、户外运动赛事是户外爱好者发现精彩自然和见证自身蜕变的载体。户外活动策划是立足于户外运动目的地资源禀赋，通过分析户外活动受众群体对活动主题、活动内容、获取信息渠道、户外精神追求等方面的需求，融入户外运动文化和理念，对各类户外运动资源、旅游资源及旅游构成要素进行合理搭配组合的过程。户外运动品牌赛事是宣传目的地户外运动资源、吸引游客、带动消费、提升城市活力、促进经济发展的重要抓手。因此基于参与者的需求和目的地独特资源，策划有意义的户外线路产品，打造户外运动品牌赛事是值得探究的问题。

学习目标

<table>
<tr><td rowspan="4">项目目标</td><td>基本理论与知识</td><td>1. 掌握户外活动策划流程
2. 熟悉徒步、登山、攀冰、轻奢露营等经典户外线路产品的线路特点及行程安排
3. 熟悉户外运动赛事的类型
4. 了解打造品牌赛事的意义及思路</td></tr>
<tr><td>基本技能与能力</td><td>1. 具备参与策划户外线路产品的能力
2. 具备参与打造户外运动品牌赛事的能力</td></tr>
<tr><td>基本素养与价值观</td><td>1. 引导学生在户外线路产品策划中，主动挖掘户外运动文化内涵，融入户外运动精神体悟的理念
2. 培养学生的创新精神
3. 培育学生市场品牌意识</td></tr>
<tr><td>思政育人目标</td><td>1. 让学生感知坚持坚韧、永不放弃的户外运动精神
2. 培育学生精益求精的工匠精神
3. 增进学生地域文化认同感，坚定文化自信</td></tr>
</table>

项目实施

本项目由“户外线路产品策划流程”“经典户外线路产品示例”“户外运动品牌赛事打造”三个任务构成。通过任务实施，学生能了解并掌握户外线路产品策划全流程；在经典户外线路解析中了解徒步、登山、露营等产品的设计特点、行程安排、从中感知户外运动文化内涵；了解户外运动赛事的类型及品牌打造思路，为学生将来从事相关工作奠定基础。

学习笔记

任务一　户外线路产品策划流程

● 任务引入

携程入局户外，上线国内首个一站式徒步登山平台

2019 年 7 月 7 日，携程宣布以一站式平台模式入局户外市场。

携程度假事业部首席商务官杨蕾表示，目前旅游市场的头部人群已经渐渐转向户外市场为代表的主题旅行，户外将成为大众旅游市场的下一站。携程主题游平台总监张怡介绍，目前已经有上百家资质完备的户外机构在携程主题游平台开设“旗舰店”。携程希望通过这一模式，聚集最好的产品和服务，同时依托自身的流量、技术、服务优势，为合作伙伴进行赋能，最终将行业越做越好。

携程平台的徒步登山户外产品覆盖海内外最主要的徒步登山线路，包括国内的西藏、云南、青海、甘肃、新疆，海外的冰岛、坦桑尼亚、巴基斯坦、印度、尼泊尔、瑞士等著名的众山之国。此外，携程联合游侠客、般马户外等 100 多家户外机构发布并签署《徒步登山星级标准》，这是国内首个受到 70% 以上主流户外机构认可的徒步登山标准体系。该标准分为 9 个难度等级，对应零经验、初学、进阶、资深、专家五种人群，消费者可以依照这个星级标准，高效地进行自身定位并选择合适的线路。

（资料来源：央广网，有删减）

户外出行需求和户外运动项目供给总是相辅相成的。安全专业的户外线路产品，既能满足零经验者户外运动旅游需求，又能增加户外爱好者进阶线路黏性。户外市场大有文章可做。

● 任务描述

户外线路产品策划是根据户外运动资源、旅游资源优势和户外爱好者的实际需求，将活动创意和各项必备要素进行组合、优化的过程。户外线路产品策划步骤主要包括：需求研判、规划线路、实地考察、编写户外线路行程计划书和团队手册、市场推广等。

● 任务学习目标

知识目标	技能目标	价值目标
1. 了解户外线路规划的要点 2. 熟悉户外线路发布的内容和平台选择 3. 掌握户外线路行程计划书的内容	1. 能策划构思户外主题线路产品 2. 能编写户外线路行程计划书	1. 提升学生市场敏锐度 2. 培养学生创新思维 3. 培养学生精益求精的工匠精神

● 任务必备知识

根据户外运动主题划分，户外线路产品有徒步、攀岩、攀冰、登山、滑雪、骑行、露营、垂钓、潜水等类型，虽然不同主题的户外线路产品策划侧重点不同，但策划流程基本一致。户外线路产品策划按照需求研判、规划线路、实地调查、编制户外线路行程计划书、市场推广五个步骤来完成。

一、需求研判

与常规跟团游相比，户外线路产品定制化程度高。户外线路产品目标市场群体关注的体验获得、对产品构成要素的需求、购买户外线路产品的消费特点等，直接影响户外线路产品策划目的地选取、行程编排、住宿餐饮交通等服务采购、在途活动设计等。作为户外线路产品策划人员，在规划线路之前，应该分析以下几方面内容。

1. 明确目标市场群体关注的体验获得

（1）收获健康。走出家门，在大自然的怀抱中，呼吸新鲜空气，释放疲劳和压力；没有城市喧嚣，没有日常琐碎，尽享放松自在；锻炼身体，提升免疫力，收获健康。如骑自行车可以增强心肺功能，对于预防心脏病、高血压、糖尿病等慢性病发生有明显作用；登山能促进血液循环，刺激人体造血功能；徒步能降低体脂率，帮助稳定情绪，健胃助消化等。

（2）促进社交。在运动的状态下和户外大自然的环境中，大家更容易敞开心扉，在与户外领队、队友、目的地接待人员等的近距离深入接触中，可以扩大自己的社交面。参与户外活动可以结识新朋友，搭建新关系。

（3）提升自己。离开日常环境，穿梭在全新的目的地，可以丰富阅历，增长见识。在户外运动体验过程中，可以学习新的户外运动知识和技能，培养户外运动兴趣，享受内心深处纯粹深沉的热爱，重新认识自己，发挥自我潜能。

（4）自我实现。马斯洛需求层次理论将自我实现定为最高级别的需求。自我实现是指完成的事情能实现个人理想、抱负，发挥个人的能力到最大程度。一些户外运动资深专家或人群凭借自己专注的户外运动，挑战自我，获得更高成就，实现自我价值和梦想。

户外运动参与者关注的出行体验获得不同，对户外线路产品选择不同。如想通过户外旅行提升人际交往的企业人士，更愿意选择专门为商学院企业人员策划的徒步穿越挑战之旅；想实现自我价值的户外资深人士，更愿意选择高难度的户外线路，如攀登珠穆朗玛峰等。当然在一次户外旅行中，有时参与者期望的体验获得，并不一定是单一的，而是几项并存。期待的获得越高越多，对户外线路产品的策划要求越高。

学习笔记

2. 了解目标市场群体对户外线路产品构成要素的需求

户外活动策划案例分析

户外线路产品和常规旅游线路产品一样，也需要采购住宿、餐饮、交通、游览、娱乐等服务，不同参与者群体对户外线路产品构成要素的需求不同。

以户外露营产品为例，出行人员的年龄不同，对露营餐饮供应、活动元素、行进路线等的需求侧重点不同。如以未成年人为主的露营产品，就不能安排自驾出行抵达露营地，露营过程中要为他们设计趣味性强、益智类的游戏及团队配合项目，让活动尽可能地丰富多彩。以中青年人为主的露营产品，可以根据他们自驾的车型，酌情选择铺装路面、轻度越野路面、或专业越野行进路线。这种人群的活动重心更侧重于玩乐、风景，选择能玩得开的团建游戏，有助于快速破冰和深入交流。而对于老年人居多的露营活动，或是公司高层管理者居多的团体，就要特别注重餐饮搭配，最好选取沿途风景优美、平整柏油路的行进路线。穿插活动量不是很大的课程，比如茶艺、插花、雕刻、品鉴咖啡或红酒等。他们更注重的是品质、安静、大自然这些因素。所以我们一定要根据人群年龄、性格等，搭配相应的元素。

3. 分析目标市场群体购买户外线路产品的消费特点

户外运动参与者的年龄、性别、收入水平、所处人生家庭阶段、所在地域、文化教育水平等不同，其消费时间、消费偏好、消费频次、消费水平等消费行为会呈现不同特点，因此选取且愿意支付的户外线路产品也会不同。分析不同细分市场出行群体的消费特点，有助于策划适合目标市场群体的户外线路产品。

北京数字一百市场咨询有限公司发布的《2021 年专业户外人群趋势洞察》指出：近 6 成的户外专业运动人员分布在一线和新一线城市；在年龄分布上，“80 后”“85 后”“90 后”共占比 72%；30~45 岁、独立、高知、挑战、中产、持续运动等都是专业户外运动群体的关键词。选择参与的户外运动项目分别是徒步、骑行、自驾露营、攀岩登山、山地跑及半马类、滑雪、潜水等。71% 的户外专业运动人员每年用于户外运动项目的费用是 3000~10000 元。

二、规划线路

相较于常规旅游线路来说，户外线路远离人群，对天气情况、目标客户自身体能等因素更为敏感，涉及的变数多，策划难度大。具体来说，规划安全合理可行且匹配目标市场群体的线路，应注意以下环节。

1. 确定户外线路主题

结合出行群体的价值体验及需求描述，确定户外线路规划的主题。如对于行动力较弱，户外运动项目参与频次较少的零经验或初学客户，可以为其策划无需住宿的轻装徒步休闲线路。对于户外进阶或资深爱好者，可安排有露营、徒步穿越、攀岩等的探险或暴虐线路，该路线最好具有一定名气，但涉足的人又不是太多，以满足客户的猎奇心理。对摄影爱好者而言，考虑到其本身需要负重较多较重的摄影装备及对季节因素的要求等特点，可确定风景较好，线路难度不大，垂直度不高，沿途补给和充电方便的摄影赏景线路。风险低、强度适中的成熟线路适合招募数量多、体能实力等差异性大的队员；风险稍大、强度偏高的新线路适合招募数量少、体能实力等差异性小的队员。

2. 规划户外线路走向

一条成功的户外线路，一定是安全系数高，沿途景色秀美迤逦，参与者体验美好且能精准完成的线路。

（1）选定出行目的地

依照户外线路的主题，凭借户外线路策划人员自身经验，或通过查阅资料，或询问同行、当地人，或按目标市场群体的要求等择选可行性较大、安全性较强的出行目的地。从网络、书籍、杂志等渠道查阅、搜集并详细阅读目的地及相关线路的攻略、文章、游记等，从中获悉大家对目的地及该线路的认知和体验。

（2）规划计划线路走向

计划线路，是预计要落地实施行进的线路。除计划线路外，还有备用线路、临时更改的线路等。可借助纸质平面地图、等高线地图、电子地图或卫星地图软件，如 Google Earth Pro、Locus Map 等规划户外线路走向。

以应用 Google Earth Pro 规划推演徒步穿越线路为例。

第一步，打开 Google Earth Pro 软件，进入目的地区域地图。

第二步，添加地标。

地标包括线路关键点，辅助性参照地标和警示性地标三种。①线路关键点如起点、岔口、山口、达坂、转折点、涉水处、扎营处、终点等。这些关键点是线路必经点，必须一一标记在谷歌地球中。依照地形变化复杂与否，确定关键点的多少，如果地形复杂，岔口、达坂、转折点多，则在谷歌地球中需要标记的点就多，相反地形单一则标记的点少。②辅助性参照地标，如山峰、居民点、桥梁、水源、景区等。这些参照点，是用于临时调整线路或发送救援信息时参照使用，行进中并不一定经过，但有可能会用到的点。如在线路规划时本来安排涉水过河，但实施时发现因天气原因水量突然增大，无法涉水，如果预先知道不远处有桥梁能通行，就可以保证继续前行。还比如说，报救援时，以山峰为参照点，可以描述为，我在 ** 峰什么方向，距离 * 米。或者出现意外时，知道前方不远处翻过山坡就有村庄居民点，就能尽快实施自救。③警示性

学习笔记

地标，如断崖、沼泽、野生动物出没处、山难易发区等潜在危险地段。这些警示点是规划线路时避免接近的地方，其危险性极大。

标记地标时，可以在 Google Earth Pro 软件中，通过直观观察地形地貌，道路分布，点击鼠标完成地标标记和调整。也可以查阅网上资料、攻略，借助等高线地图，或向他人请教，获得地标经纬度，将数字输入“添加地标”菜单“经度纬度”条框中，完成地标的精准标记。

第三步添加路径。

在 Google Earth Pro 软件中，点击“添加路径”菜单，将线路关键点如起点、岔口、山口、达坂、转折点、涉水处、扎营处、终点等，通过点击鼠标，将各个点连成线，形成计划预走线路。

第四步检查核对。

研究核对预走计划线路，看清线路前行方向，检查线路走向拐点、重要节点、陡坡等的具体情况。凭借个人经验或软件中显示的数据，明确线路实施的难易程度和可行性。可以使用以下一种或结合几种方式进行核查。

方式一：利用 Google Earth Pro 软件“显示高度配置文件”功能，核查线路难易程度、可行度，尤其是坡度情况。在 Google Earth Pro 软件中选中要查看的路径名后，点鼠标右键，选“显示高度配置文件”，可显示线路里程（千米）、累计上升（米）、累计下降（米），海拔最高点（米）、最低点（米）、平均海拔（米），最大坡度、最小坡度、平均坡度等信息。坡度影响线路难度，因此根据坡度数值，可判定线路是否可以实施。

方式二：人工检查。仔细检查地标录入是否有误，查找地标的来源是否准确。考虑季节、地貌等因素，依照个人经验判断每天行进的线路长度是否合理可行，能否按预计完成。

方式三：通过 Google Earth Pro 软件中的播放游览按钮，或移动鼠标前行，以俯视角度直观观察行进线路。

方式四：将 Google Earth Pro 调成 3D 模式，用鼠标沿着计划线路模拟行走。直观核查线路的复杂程度和合理度。

如果通过检查核对，发现规划的线路无法正常通行，就需要再按照添加地标—添加路径—检查核对的步骤完成新一轮的线路规划和验证。

第五步导出数据。

在几经核查后，线路安全可行。就可以导出数据，将所有有关地标，输入 GPS，备用。

第六步打印路线图。

通过软件中的“视图”菜单，“添加网格”，选择“文件”菜单，点“打

学习笔记

印”，可以打印出纸质版的带网格坐标的线路图。

（3）考虑影响线路的因素

在确定线路的整体走向时，要对影响线路规划的因素做足功课。必要时对线路要进行临时微调。可采用彩云天气、windy 等天气软件实时了解出行时间段内目的地天气状况，如气温、日晒、降雨、风力、湿度等数值，明确风、霜、雾、雨、雪、酷暑对行走线路的影响程度。了解沿线是否有危及生命的野生动物出没，如毒蛇、荒郊野狗等，是否会遇到害虫叮咬，是否有伪猎户设置的套索等。

（4）规划备用线路

规划备用线路，即制定 B 方案，在主计划搁浅的时候，快速启动并实施备用方案。备用线路可以是平行线路、往返线路、O 型线路。线路规划可参照上述计划线路规划方案，同时考虑庇护所、应急撤离点位或线路、求救线路安排等。这些内容考虑的越多，户外线路落地实施越安全。

在使用各种地图进行线路规划时，都有一定风险。可能会出现地图上没有显示的陡崖、深坑等。因此使用者必须有足够的风险意识，在真正操作实施户外线路时，要带好绳索等户外装备。同时对于中高难度的线路规划，可结合多种地图方式综合判断策划。

你来找一找：

可以在哪些相关网站或书籍或杂志，找到户外运动与旅游方面的信息、文章、游记、攻略呢？

____

____

____

3. 估算行程距离和时间

通过谷歌地球、六只脚、两步路等地图、轨迹类软件，辅助估算线路总里程、每天须完成的分段距离、累计攀升高度、坡度等，依照这些内容可以使用奈史密斯定律（也被称为拿史密夫定律，Nasmith's Rule/Law），估算行程时间。

该定律是苏格兰登山家 Nasmith 发明的，是指一个人在正常负重（不超过体重 1/4）下，不考虑休息、进食时间，体能经验等因素，平路（水平距离）行走 4 千米耗时 1 小时，上山（上升高度）每 500 米耗时 1 小时；下山每 1000 米耗时 1 小时。

例：从 A 地出发去 B 地，平路距离为 4 千米，累计上升高度为 400 米，下降高度为 200 米，那么此次行程所需时间为：平路距离（千米）÷4+ 上升高度（米）÷500+ 下降高度（米）÷1000=4÷4+400÷500+200÷1000=2 小时

学习笔记

由于考虑到国人与西方人之间存在的差异，我国内地在翻译使用奈斯密斯定律做了“本土化”的处理。对一个成熟的徒步者来讲，山地行进的速度可以按下面的经验公式估算。

徒步时间＝（徒步距离 ÷ 徒步速度）+（上升高度 ÷ 上升速度）+（以上所用小时 ×5 分钟。）

其中徒步速度 3.2 千米 / 小时，上升速度 305 米 / 小时，每小时休息 5 分钟。

例：从 C 点到 D 点徒步 12.8 千米，上升 610 米高度，计算所用的时间。

总时间＝ 12.8 千米 ÷3.2 千米 / 小时 +610 米 ÷305 米 / 小时 + 以上所用小时 ×5 分钟＝ 4 小时 +2 小时 +（6×5 分钟）＝ 6 小时 30 分钟

这是一个粗略的时间计算方法，可以作为线路行程规划的参考。虽然受队员体能、经验、队伍规模、地形复杂因素的影响，但得出一个粗略的时间，再根据该时间进行修正，对计划准备会有极大的帮助。

除活动本身在途时间外，出行时间还应估算户外线路的去程、回程时间，要预留行进中进餐、摄影、观景、娱乐等时间及机动时间，以备意外情况。由于户外活动具有很多不确定因素，因此在估算时间方面，必须比常规旅游多做一些功课，并且要考虑到途中各种不确定因素对时间和距离的影响。

4. 规划外部及区间交通

户外线路中的交通包括外部交通和当地区间交通两部分。外部交通是指从客源地出发城市到达目的地城市或村庄的往返交通安排，一般指包车、班车或飞机、火车等公共交通，这部分的交通服务采购与常规旅游相同。如果外部交通所到达之地不是户外线路的起点，则还需要换乘当地区间交通继续深入。当完成活动到达终点后，有时也需要搭乘当地区间交通返回，然后再继续换乘外部大交通回家。需要换乘的当地区间车辆可能有越野车、甚至卡车和拖拉机等，有的车况条件比较差，管理不规范，采购交通服务时应根据实地情况随机应变。

以穿越车师古道为例，出行者乘车到达吐鲁番大河沿站后，距离徒步出发地还有 50 多千米的山路，必需换乘当地越野车。需要提前联系进山车辆，谈好价格，并且要考虑到车况、当地车辆管理、交通规则等具体情况。并将这种情况明示，让所有有意愿参加该徒步线路的人在出发前就清楚区间交通的实情。

5. 规划就餐地及就餐方式

户外线路的餐食安排包括抵达目的地城市、村庄及在行进途中的团餐和路餐。团餐可选择桌餐、自助餐等。团餐以体现当地风味的特色餐为主，应考虑餐食卫生和口味差异，例如有些地方重油，有些地方偏辣，有些地方只能提供清真餐，有些地方则完全没有清真餐，有些地方只有素餐等，因此在规划的时候要充分考虑目标群体本身生活地域的饮食习惯。收集沿途餐饮供应商服务信息，可以与供应商负责人和去过的人联系，获取有用信息，并确认其是否是合法企业。特色餐要提前预订，并在计划书中注明。

路餐指在行进中无饮食点的情况下，食用携带食物的就餐方式。在线路规划确定路餐地点时，最好是有水源补给的地方。在徒步时，全队往往相隔一段距离，不能一直在一起，路餐时间也是一个很好的团队聚集交流的时段，因此一般户外领队会利用这一时段，强调接下来的行程安排，行进要求，并鼓舞士气。

6. 规划住宿点

户外线路住宿休息点的选择依照线路走向及行程安排的实际情况，考虑目标参与群体的需求，可选择酒店、民宿、客栈、汽车旅馆、农家宾馆、寺庙或道观挂单、营地等。在确保能进行水源补给的情况下，优先安排干净安全、设施齐全、安静舒适的住宿地。良好的睡眠是消除疲劳，恢复体力的好方式，因此住宿点的选择也至关重要。

7. 穿插在途活动

除基本的户外线路主体项目如登山、徒步穿越、露营等外，可在行车过程中或抵达目的地休息时穿插一些愉悦性强、文化氛围感好的活动。如露营中的篝火晚会、团建游戏、手作项目等，有内容的户外活动才会有人参加。这些活动可以预先设计好，也可由户外领队根据带队实际情况安排。

8. 制定户外线路预算

户外线路产品同样要进行财务预算，要核算成本、利润，并留出备用金。与常规旅游产品不同的是，有的户外线路行进中的落脚点无法预订，因此很多财务支出无法事先确定。只能根据行情随机应变，所以这部分的财务计划要具有一定的灵活性。

三、实地勘察线路

由于户外活动具有一定的风险性和不确定性，尤其是沿途的服务体系有时并不完善，随时有可能发生变化。户外线路往往远离城市，参与人员在户外行进途中，有时无法获得外界帮助，小小的意外有可能导致活动失败。因此无论是初次行走的线路还是熟悉的线路，每次出行前都要通过各种渠道核实线路情况，条件允许的情况下，一定要实地勘察线路，并做好细节记录，以备后期线路修正使用。尤其是计划带队出发的户外领队，尽量要提前踩线，以保证户外线路行进项目顺利安全开展。

学习笔记

思政园地

没有最好，只有更好——发扬精益求精的工匠精神

《诗经》中的《国风·卫风·淇奥》写到“有匪君子，如切如磋，如琢如磨”，描述了古人对“精益求精”的追求，这也是我们当下提倡的“工匠精神”。很多人常常把“工匠精神”理解为追求最好甚至追求完美。其实“工匠精神”是永无止境的追寻“没有最好，只有更好”。牢固树立认真、勤勉、从严、谨慎、精细的工作态度，注重细节把控，时刻提醒自己要有精品意识，并为此全力以赴。

（资料来源：搜狐网，有删减）

常言道：“差之毫厘，谬以千里”，作为户外线路产品策划人员，应发扬精益求精的工匠精神，锤炼“匠心”，在规划线路时不怠慢、不马虎，确保线路节点顺畅安全、科学合理。

四、编制户外线路行程计划书

户外线路行程计划书是详细描述行程安排、领队及队员个人信息、装备物资要求、队员工作分配、求救资料、财政预算等相关内容的文本，是参与者了解户外线路内容的重要媒介。编制户外线路行程计划书是将户外线路产品有关内容形成文字的过程。完整的户外线路行程计划书包括以下内容：

第一，户外线路名称。

户外线路名称可以包含活动目的地城市或区域名称、线路主题、行程天数、价值体验等内容。如人文南疆—穿越独库公路、探秘帕米尔高原、重走塔莎古道、沙漠公路、体验异域风情 14 日之旅等。

第二，行程简介。

1. 活动时间、地点

包括活动的出发时间、时间跨度、集合出发地点和活动开展目的地。

2. 活动等级

明确线路适合人群，参与难度，让参与者自我评估自身能力是否合乎参与活动的要求。

知识卡片

优胜美地十进制系统（YDS）

即“尤塞米提十进制系统”（Yosemite Decimal System），主要在美国和加拿大的登山者中广泛采用，是用来对徒步、攀登路线进行难度分级的一

个主流标准。

美国 Sierra 俱乐部将攀登路线的难度制定为以下等级：

一级是一般不用手帮助平衡；

二级是有时用手，但不必用绳子保护；

三级攀登路线艰险，经常用到手，需要准备好绳子，如果坠落后有相当的危险；

四级是须要一定的攀登技术，使用绳索，攀登者需要保护，保护点容易找到。

五级是必须用绳子和保护措施防止坠落，要求特别的攀登和保护技术。从这个等级开始叫“技术攀登”。

人们把第五级进行了扩展，分为 10 个等级，以小数将攀岩的难度做进一步的细分。也就是“尤塞米提十进制系统”，形式为 5.1，5.2，……5.10（颇有难度），随着攀岩技术和装备的进步，YDS 变成了开放等级，所以有了“5.11，5.12，5.13，5.14，5.15……”细分等级，5.10 后的每个“数字级”中又按难度分了 a，b，c，d 四个次“字母级”。如 5.10a，5.10b，5.10c，5.10d，5.11a，……

第三，行程安排。

1. 线路特色（活动亮点）

要逐条列出户外线路设计、目的地、沿途景观、体验价值等方面的吸引力和独特之处。如小羊军团户外探险自助旅行网推出的徒步南疆 14 日游的产品，将线路特色描述为：全程穿越中国最美公路—天山独库公路；区别常规南疆环线，不走回头路；沿途景观丰富：雪山、草原、峡谷、戈壁、高原风光、人文民俗。

2. 线路图

线路图的呈现是非常有必要的。可以直观地让参与者感受到路线走向，整体布局。

3. 行程安排表

按照出行天数的顺序，分天列出当天出发地（起点）、途径地（区域或中转点）、目的地（终点），车程、户外行进、早中晚三餐、住宿、娱乐项目等的具体内容及时长。并描述沿途景色，如能图文并茂，效果更佳。

第四，全队信息资料。

包括领队的姓名、联系方式等；队员的姓名、年龄、性别、身份证号、血型、过往病史、联系方式、紧急联络人及联系方式等。

学习笔记

第五，装备要求。

列出必须携带的个人装备、团队装备、个人药品、团队药品、证件等的具体内容、数量等。

第六，活动人员分工。

列出总负责人、组织者、先锋、协调、收队、行程拍摄、营地管理、环保监管、应急医疗、对讲机通联等相关角色姓名、联系方式等。

第七，救援队资料。

列出救援队人员姓名、联系方式。以防发生紧急情况时，能精准对接救援人员。

第八，费用预算说明。

列出人均费用，包括车费、餐费、住宿费、可能产生的门票费、备用费用等。

第九，活动报名。

写清楚拟定参与总人数；参与人员年龄、性别限制条件；对个人户外运动经验的要求；报名方式，标明报名联系人、联系方式、付款方式等。或以报名表的方式呈现（见样表）。报名表格的设计，应考虑多种信息扩散的渠道特点，应搜集最重要的信息，不宜过于复杂。

报名表（样表）

姓名		网名	
性别		身份证号	
血型		民族	
手机号		参加户外活动次数	
亲属联系方式		是否走过同一线路	

第十，注意事项。

1. 纪律要求

要求参与活动的队员遵守某个团体活动或某种户外活动的规则、制度和公约；保护环境；旅途、行进、宿营等活动的纪律要求；并说明户外领队有权根据突发情况临时更改计划。

2. 出行须知

就以下内容（不限于以下内容）进行告知和提示，如财产、人身安全，出行目的地近期天气情况、风俗禁忌、目的地餐食口味特点、住宿条件等。

第十一，免责声明。

可列出如下（不限于以下）条款：

（1）活动发起人有权在不可抗拒的恶劣天气下取消活动；

（2）本次活动有一定的危险性，参与者须对自己的安全负责；

（3）本人自愿参加本次户外活动，并对此次出行活动的时间、路线都已进行详细了解，对活动中可能出现的风险有足够认识等。

第十二，活动应急预案。

当环境变化时、突发意外事件时，是否有应变措施，说明造成的损失，或损失概率有多大。

第十三，其他事项。

根据具体实际情况列出。

计划书编制好后，应一式多份，机构负责人、活动策划者、户外领队等应各执一份，互相监督和提醒。

五、市场推广

户外线路产品策划制作完成后，就要进行市场推广，招募团员。市场推广是企业为提高产品知名度，扩大销售量，将产品或相关服务的信息传递给目标客户消费者，激发和强化其购买意愿，并促使这种购买意愿转化为实际购买行为而采取的一系列措施。因此，对户外线路产品进行市场推广时，应基于目标客户群体的实际情况，择选适当的宣发内容和渠道。

（一）选择发布信息的平台

户外活动多采用网络发帖招募方式，即在国内各大户外探险和自助旅行网站发布活动计划书，网友根据自己的兴趣选择团队进行报名。由于大部分户外活动爱好者具备一定的网络信息搜索能力，并且通过网络发布具有成本低、速度快、扩散面广、交互性强的特点，因此很多户外活动组织机构都以网络组团为主。

1. 择选相应网站发布信息

由于网站数量众多，各有规则，发布效率也有区别，因此在发帖的时候，应根据户外线路产品的具体情况，选择最合适的网站、效率最高的发布方式。如徒步、登山、攀岩等主题线路，应多在户外类网站发布；摄影、自驾露营类的线路产品，应多在旅游类网站发布。

（1）在自己企业或俱乐部的网站进行发布。即使自己的网站浏览者较少也要发布，因为这关系到企业的形象。

（2）在客户群相对集中的地域属地网站上发布。例如某条户外线路的客户群集中在上海、广州等城市，那么就可以选择当地归属的户外探险和旅游网站进行发布。

（3）在户外线路目的地的户外门户网站进行发布。由于户外爱好者对某一

学习笔记

学习笔记

地区的线路感兴趣时，往往会先搜索这一地区的户外门户网站，寻找合适的线路参团。因此户外线路产品策划者或组织者可将自己的线路计划发布在目的地门户网站。

有些网站谢绝商业活动发布，或者网站部分版块可以发布，部分版块不能发布。因此发布活动信息时应尊重网站规则，避免不必要的麻烦。有些网站尽管不欢迎商业活动，但却支持论坛、攻略、游记、图片、文字等信息上传发布，此时可以采取“迂回战术”，撰写和发布高质量的攻略、游记，以参与者身份角度完成户外线路产品的宣传。

2. 使用其他平台发布信息

在本地户外装备店、户外俱乐部、户外运动主题酒吧等张贴海报或线路宣传页。前往这些场所的客户一般都是喜爱户外运动的潜在客户，在这些地方宣传，针对性强。利用 QQ、MSN、微信群、朋友圈等将信息传递给喜爱户外运动的好友，有时会吸引一个户外运动爱好者微信群或 QQ 群全体成员集体参与活动。此外，还可以在公共媒体、抖音、公众号上发布线路产品信息。对于自己的固定客户群，可以采用短信群发的方式通告活动信息。

3. 向合作伙伴发布信息

合作伙伴是本地或者异地能够直接组团或者承载户外活动的组织机构或者俱乐部。类似于旅行社组团和地接合作的形式。在旅游行业这种合作形式是主流，但在户外行业这种形式仅仅是多种组团形式的一种。这种方式是将合作伙伴作为销售渠道之一，完成户外线路产品信息宣传和销售。

（二）确定发布内容

对接户外线路行程计划书，线上产品信息发布内容可包括线路名称、线路价格、出行时间段、集合地、目的地、活动亮点、行程安排、费用说明、报名方式、装备要求、队员要求、出行须知、活动风险评估、应急方案、免责条款等基本信息。发布的内容要站在参团人员的角度，阐述他们最关注最可能问到的问题，避免客户猜测，同时还可附上完整清晰图片吸引大家眼球。户外活动客户在选择线路时，是以网上发布的线路产品为基本信息来做出决策，因此内容必须真实，不得有误导、夸张信息，不随意更改已经发布的活动内容。

（三）线上跟踪与回复

多数户外线路都是比较新奇的线路，了解线路的人相对较少，因此对于客户而言具有一定的新颖性和挑战性。因此，他们也会提出各种各样好奇或疑惑的问题。在线上及时进行跟踪、回复，恰当解答问题是非常必要的。在论坛上自己发布的活动计划书下面，在回答一个人的问题的同时，会有更多的人看到问题和答案，这也是网络的优势。

学习笔记

（四）收款

在确认报名后，要协助客户提前付款。由于户外线路出行组团多采用直销方式，往往没有当地合作伙伴的配合，因而及时确认参团和付款非常重要。公布便捷明确的付款方式，并对收到的款项及时进行回复确认，以便让客户放心。

（五）整理信息，确认最终名单

在报名工作的尾声部分，要进行信息的整理和汇总，要将来自各个网站、各个渠道的报名信息汇总到一起，制作表格。还要及时进行甄别，避免遗失和重复。逐一向队员反馈，确认队员最终名单。

● 任务实施

以本地周边户外旅游资源为依托，策划一日游户外线路产品。要求写出行程计划书。（另附活页作答）

● 任务评价

评价形式	评价标准	评价等级（优/良/中/差）
自评	1. 行程计划书内容齐全，框架清晰 2. 线路主题突出、安排合理 3. 行程计划书美观，具有实施价值	
小组评价		
教师评价		

● 任务巩固

查阅网络资源，对比分析滑雪、骑行、徒步、露营、登山等不同主题户外线路产品策划的要点和注意事项。

____

____

____

任务二　经典户外线路产品解析

● 任务引入

行走的力量一行走不止，初心未变

“行走的力量”(Power To Go) 是由著名演员陈坤于 2011 年发起的心灵建设

学习笔记

类公益项目。倡导通过“止语”行走（行走中禁言），用心感受行走本身，关注内心、锻炼心智、找到自己，传达积极向上的人生态度和生活理念。“行走的力量”每年上半年针对不同人群进行行者招募，每年7—9月由陈坤带领行者队伍在不同目的地进行为期一周左右的止语行走。行走结束后，举办慈善艺术展览、慈善演唱会、慈善义卖、支教等活动，用多种方式传播行走精神，并将善款给予需要帮助的组织机构。以下为“行走的力量”历年主题、行走目的地、行走天数统计。

时间	“止语”行走目的地	活动主题	“止语”行走天数
2011年	西藏	1+N去西藏	11天
2012年	阿尼玛卿山	观·心 青海	10天9夜
2013年	珠穆朗玛峰东坡嘎玛沟	行·静 喜马拉雅	7天
2014年	敦煌	心·迹 敦煌	6天
2015年	云南香格里拉	青年梦想计划	8天
2016年	川藏线	让心开出花来	8天7夜
2017年	西藏山南	走一段有心的路	6天5夜
2018年	滇西北	每一刻都是最好的自己	5天4夜
2019年	川藏线	看见自己本来的样子	6天5夜
2020年	内蒙古多伦湖畔	十年，行走不止	8天7晚

资料来源：根据网络资料整理。

人生最朴素的力量，莫过于行走。用善意的眼睛看美好的世界，以行走的力量听内心的声音，探寻真实的自己。一条独特的户外线路，一次有意义的户外活动，可以让参与者求解“行走的力量”，感悟坚持坚韧、永不放弃的户外徒步精神。

● 任务描述

精选部分徒步、登山、攀冰、轻奢露营线路产品，从目的地概述、线路特点、行程安排、出发准备等方面进行解析。通过学习户外线路产品特色提炼及行程编排要点等内容，感悟户外线路产品赋予参与者的益处和获得感。

● 任务学习目标

知识目标	技能目标	价值目标
1. 了解五台山徒步、敦煌徒步、日本熊野古道、西班牙朝圣之路不同的走法 2. 熟悉五台山徒步线路、敦煌徒步线路、四姑娘山登山线路、嗨king轻奢露营线路的行程安排	1. 能解析经典户外主题类线路产品的特点 2. 能解析户外主题类线路产品的行程安排	1. 培养学生的创新思维 2. 培养学生精益求精的工匠精神

● 任务必备知识

学习笔记

一、徒步主题线路

徒步是最为典型、深受大家喜爱的一种户外运动。按照徒步线路依托资源不同划分为自然类、人文类和特殊综合类徒步线路（如：丝绸之路、茶马古道、玄奘之路等）。按照徒步线路所在地理环境不同划分为山野徒步、城市徒步、山地公路徒步线路。按照徒步线路的地形地貌不同划分为江河徒步、沙漠徒步、草原徒步、古道徒步、山地丛林穿越、峡谷穿越等。此处解析个别类型的徒步线路。

（一）五台山大朝台徒步线路

1. 目的地概述

五台山位于山西省忻州市五台县境内，由五座山峰（东台望海峰、西台挂月峰、南台锦绣峰、北台叶斗峰、中台翠岩峰）合抱台怀镇组成，峰顶平坦如台，故名五台。五台山拥有独特而富有生命力的组合型文化景观，是世界文化景观遗产。它珠联璧合的将自然地貌和佛教文化融为一体，完美体现了中国“天人合一”的哲学思想，是持续 1600 多年的佛教文殊信仰中心。

2. 线路特点

五台山朝台分为小朝台和大朝台。小朝台是在台怀镇黛螺顶朝拜五方文殊菩萨，大朝台是连穿东西南北中五个台顶。虽然有坐车朝台的方式，但徒步穿越五台山五个台顶是众多户外爱好者选择的朝台方式，也许这样才能更深刻地感受到它的特殊性。

五台山大朝台徒步之旅有顺朝（顺穿）、逆朝（逆穿）两种类型。顺朝可设计四天三晚徒步之旅，按照南台、西台、中台、北台、东台顺时针方式完成徒步。逆朝可设计三天两晚徒步之旅，按照东台、北台、中台、西台、南台逆时针的方式完成徒步。依照客户群体抵达五台山景区乘坐交通工具的不同，五台山大朝台徒步线路起点、终点、下撤线路亦不同，因此可组合搭配多种多样的徒步线路走法。五台山徒步线路除全程徒步外，还有半程、四分之一程的设计。徒步路途类型有山野路径、高山草甸、防火道、土路，柏油石板路等。

你来查一查：

五台山大朝台徒步线路的起点和终点分别有哪些地方，可以组合哪些转山走法？

____

____

____

____

学习笔记

五台山大朝台徒步之旅，每次都会收获不同的体验。一路景色宜人、一路相互扶持；时而谈笑风生，时而静默深思，时而仰望天空，时而专注脚下……在行走的路上享受徒步与登顶的快乐，在欣赏美景的同时强健身体、挑战自我、体验乐趣、提升智慧、觉知生命。

3. 行程安排

以五台山大朝台四天三晚顺朝徒步线路为例（见图 5–1）。

图5–1 五台山大朝台顺朝徒步线路图 马素萍提供

第一天：各地—五台山。

入住酒店休息。

第二天：鸿门岩—东台望海寺—华坪垭口—护银沟垭口—护银沟村—宽滩村—南台顶—大南庄村。

乘车到鸿门岩，徒步约 1.5 小时到东台望海寺。天气合适时，可在东台观日出。东台望海峰，海拔 2795 米。顶上有望海寺，内供聪明文殊。东台日出是五台山的一大自然景观，历来吸引着无数的僧俗登山朝日。每当旭日初升，霞光万道，静谧的望海寺完全沉浸在一片云山雾海之中，配上浑厚的晨钟声，愈发显得庄严肃穆。

从东台出发徒步走高山草甸，穿松林，走山脊，翻山越岭，上上下下，过华坪垭口，约 4.5 小时后到达护银沟垭口。走马路穿护银沟村，用午餐。

走马路至宽滩村，连续爬升，行走在土路上，有简易的路标。徒步约 2 小时后到达南台顶。南台锦绣峰海拔 2485 米，是五个台中春季来的最早，冬季来的最晚的台，也是山形最平缓自然风光最绚丽的台。农历四月，东、中、北、西四台还是冰天雪地，而南台山腰却是百花怒放。山峰耸峭，烟光凝翠，繁花似锦，千峦弥布，五彩缤纷，因此取名为 " 锦绣峰 "。顶上建有普济寺，内供智慧文殊佛像，寺内可提供免费热水。

从南台到大南庄村，徒步约 2 小时，经过下切公路、穿越树林，溯溪上坡，就能抵达大南庄村。夜宿大南庄村农家院，吃农家饭，可洗澡泡脚。

第三天：大南庄村—金阁寺—狮子窝—吉祥寺—西台顶—中台顶—澡浴池—北台顶—“华北屋脊”牌坊—法云寺—鸿门岩。

早餐后，从大南庄村徒步约 1 千米左右到达金阁寺。唐代宗大历元年（766 年），不空三藏派其弟子含光到五台山创建金阁寺。金阁寺曾在“会昌法难”中被焚毁，至明嘉靖三十四年（1555 年），寺内部分建筑得以恢复。金阁寺因拥有造像一千余尊而成为五台山造像最多的寺院。

从金阁寺到狮子窝，徒步约 2 小时。此路段都是小缓坡，土石渣路。狮子窝寺亦名大护国文殊寺，始建于明万历十四年 (1586 年)，可惜寺院已毁，仅存琉璃佛塔一座。塔为八角十三层密檐式塔，高三十五米，塔身中空，可登至五层，一至四层有砖券拱门，供人眺望；塔身饰黄、绿、蓝三彩琉璃，上置万尊佛像。

从狮子窝到吉祥寺，徒步约 1 小时。吉祥寺，原名古佛庵，明末三昧寂光律师在此建立戒坛，始称律院，名声大振。寺内有山门、天王殿、文殊殿、大雄宝殿、东西配殿、客堂、经房、方丈院等。

从吉祥寺到西台顶，徒步约 1.5 小时。环穿松林，石渣路和山路交替行走爬升。穿过西台底牌坊，就可到达西台台顶。西台挂月峰，海拔 2773 米，建法雷寺，内供狮子文殊像。西台北侧 1.5 千米处，有西来寺，可取八功德水。

从西台顶到中台顶，徒步约 1.5 小时。沿着路标走，没有下降拔高，路段较轻松。中台翠岩峰，海拔 2896 米，高度仅次于北台。台顶建演教寺，内供儒童文殊。中台顶巨石堆积，石面杂生苔藓，阳光照射，碧翠生辉，如蛟龙腾起，人们称之为“龙翻石”。

从中台顶到澡浴池寺，徒步约 1 小时。沿着路标走，一路下降，路都是山腰斜插。五台山澡浴池寺位于五台山中、北二台之间。现存古迹有一座古文殊洞，洞内佛像皆有千年之久。现供有木质三大士像，左洞普贤菩萨，中洞文殊菩萨，右洞观音菩萨。

从澡浴池寺出发徒步 3 千米，爬升三四百米，约 1.5 小时到达北台顶。此为高山草甸爬升路段，容易刮大风，要做好防风准备。北台叶斗峰，海拔 3061.1 米，是五台山最高峰，也是华北地区最高点，素有“华北屋脊”之称。台顶气候非常寒冷，通常每年 10 月便会下雪，翌年 5 月才会融雪。北台顶建灵应寺，内供无垢文殊，布局结构简单，山顶仅有十余间楼殿房舍。这里是总览台怀腹地风光的最佳位置。

学习笔记

从北台顶到华北屋脊牌坊，沿着石板路徒步约1小时。

从华北屋脊牌坊到法云寺，行程3.2千米，徒步约40分钟。法云寺有热水补给和简易厕所。

从法云寺到鸿门岩，行程3.8千米，徒步约1小时。沿石板公路一直走，没难度，没有可切可穿的线路。入住酒店休息。

第四天：五台山—各地。

乘车返回温馨的家，结束五台山大朝台徒步之旅。

4. 出发准备

（1）心理及身体准备

五台山大朝台徒步线路部分路程较难，虽然海拔不高，但对一些徒步者来说三千米左右可能会有高原反应。台顶条件相对艰苦，气候条件变化很大，一天内就可能经历一年四季的气候变化，所以需要做好心理和身体准备。建议提前进行锻炼，增强体质。

（2）装备准备

①衣物装备。携带雨衣、防水鞋套、防雨背包罩等防水装备；携带或穿戴羽绒服、冲锋衣、速干衣、速干裤、手套、魔术头巾；穿专业的徒步鞋或登山鞋，带好护膝，登山杖，双肩背包等。

②物资准备。携带饮用水、干粮（如面包、火腿、饼干、榨菜、葡萄干、巧克力、牛肉干等）、常用药物、垃圾袋、手机、手台等。

5. 五台山挂单住宿注意事项

五台山狮子窝、澡浴池、北台均可以挂单住宿吃斋饭。大部分挂单费用为50元/人，包含一顿晚饭和一顿早饭斋饭，单独吃早饭或午饭斋饭一般为10元。其中澡浴池住宿条件最好，淡季四人间，旺季八人间（加床），房间独立卫浴，有无线网覆盖，但挂单费用也最贵，100元/人。狮子窝是最常用的挂单点，住宿条件一般，费用分淡旺季，旺季每人70~80元，淡季50元每人。大南庄村有农家院，可以住宿、洗澡。

五台山各个台都有僧人居住，赶上饭点时可以在寺庙吃斋饭，大致开饭时间是早饭6:00，中饭11:00，晚饭18:00。吃斋饭和挂单住宿一定要尊重寺内规矩，不喧哗，不食用荤食，包括方便面的油料包。

（二）甘肃敦煌大漠戈壁徒步线路

1. 目的地概述

敦煌市位于甘肃省西北方，为县级市，隶属酒泉市。敦煌是古代中国通往西域、中亚和欧洲的交通要道，丝绸之路的重镇，是中国、印度、希腊、伊斯兰四大文化体系汇流的地方。拥有世界文化遗产莫高窟、鸣沙山月牙泉、玉门

学习笔记

关、阳关、雅丹国家地质公园等旅游资源。

2. 线路特点

敦煌戈壁徒步，按照天数，包括一天一夜徒步线路，行程约22–26千米；两天一夜徒步线路，行程约50千米；三天两夜徒步线路，如古阳关到阿克塞雪山三天两夜88千米、肃北巴音敖包到玄奘雕像三天两夜88千米；四天三夜玄奘之路或丝绸古道或沙漠挑战108千米徒步线路。五天四夜徒步穿越114千米的无人戈壁，同时六天五夜，七天六夜和十天九夜的徒步路线逐渐涌现。

根据徒步路线不同，途经敦煌戈壁的历史遗迹（如汉唐烽燧、阳关玉门关、鸣沙山月牙泉……）、自然地貌（如沙漠、戈壁、丘陵、峡谷、河道、梭梭林、雪山、湿地、雅丹地貌……）会大不同，线路组合不同，体验则不同。

行走于敦煌茫茫戈壁间，感受西北的自然气息，品读敦煌厚重的历史文化，体验古丝绸之路商人的艰辛，见证玄奘法师的历史之路。在沙漠扎营，观星揽月，感受边关戈壁的寂静；点燃篝火，围坐一起，聆听彼此内心深处的声音，让温暖的感觉流淌心间，找回你内在的力量。通过身体力行的方式，让身体和心灵与戈壁来一次真实的碰撞与对话，审视自我，发掘自身的不足与潜能，从心出发，突破自我。

3. 行程安排

以敦煌戈壁六天五晚徒步挑战线路为例（见图5–2）。

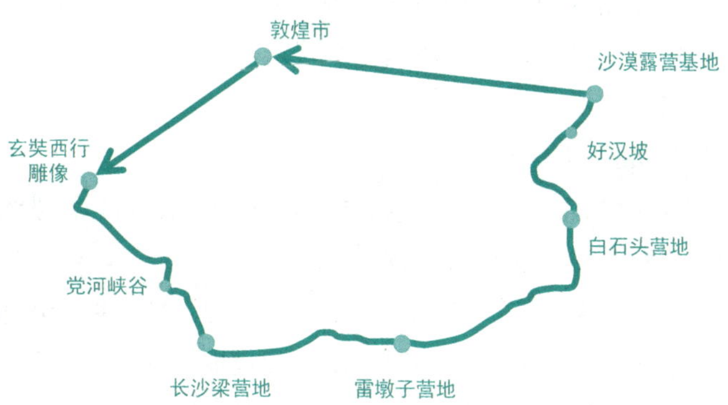

图5–2 敦煌戈壁六天五晚徒步挑战线路图 马素萍提供

第一天：各地出发，抵达敦煌市。

到达敦煌市，入住酒店休息。

第二天：玄奘西行雕像—现代石窟—党河峡谷—长沙梁营地。

徒步28千米，沿途地貌：峡谷、河道、沙漠、戈壁、梭梭林，晚宿长沙梁营地。玄奘西行雕像，距离敦煌市25千米，从这里徒步出发，向戈壁深处挺进。敦煌现代石窟位于党河峡谷岸边，距敦煌市区以西33千米，开凿

学习笔记

于 1996 年，是根据敦煌研究院创始人、“敦煌守护神”常书鸿先生“继续敦煌”的遗愿，由常书鸿先生的夫人、敦煌学者李承仙和儿子常嘉煌自筹资金开凿的。敦煌现代石窟的一号窟名为“海外遗宝窟”，通过传统绘画技巧复原流失海外的精美敦煌绢画；二号窟“唐代精华窟”尝试复原唐代石窟；此外还有“佛教净土窟”和“藏传佛窟”正在开凿中。现有石窟对参观者免费开放。

第三天：长沙梁营地—雷墩子营地。

徒步 35 千米，这是徒步强度最大的一天。沿途地貌：沙漠、戈壁、骆驼刺、梭梭林，晚宿雷墩子营地，仰望星空，分享徒步心得。雷墩子是汉代长城烽燧，在长城的防御体系里，是用于点燃烟火传递重要消息的高台。

第四天：雷墩子营地—白石头营地。

徒步 25 千米，沿途地貌：沙漠、河流、戈壁、梭梭林，晚上篝火晚会、沙漠 KTV、戈壁烧烤，晚宿白石头营地。白石头营地，因此地有一块露出地面的巨大白石而得名。

第五天：白石头营地—好汉坡—光明顶—沙漠露营地。

徒步 20 千米，沿途地貌：沙漠、梭梭林、戈壁，晚上庆功宴，晚宿沙漠露营基地。在沙漠中看一场无与伦比的大漠落日，不禁会让人联想起“大漠孤烟直，长河落日圆”的意境。

第六天：沙漠露营地—敦煌市—全国各地。

返回温馨的家，结束敦煌大漠戈壁徒步之旅。

4. 出发准备

（1）衣物装备

①中高帮徒步鞋，沙套。防水透气中高帮徒步鞋，可以减少沙漠戈壁的沙子进入鞋内，搭配一幅沙套效果更佳。

②衣服。沙漠温差很大，冬季、夏季衣物都应具备。白天沙漠的阳光会灼伤皮肤，可以选择长衫、长裤，同时可以有效减少水分蒸发；阳光不强时可以选择短袖、短裤。特别说明：因昼夜温差大，目的地夜间较冷，建议带绒衣或薄款羽绒服，以防着凉。徒步时深色衣物贴身穿，外面搭配浅色外套，原因是浅色衣服可以有效阻挡紫外线。

③防晒防沙装备。白天紫外线较强，准备宽檐遮阳帽、太阳镜、魔术头巾、长袖防晒速干衣或皮肤风衣、防晒霜，合理的防晒可以防止中暑，减少水分流失，保存体力。

④背登山包或运动双肩背包，男 20L 左右，女 15L 左右，建议背包适合自己徒步当天必备的物资容量。

⑤准备帐篷、防潮垫、睡袋、手杖、户外手套、手电、头灯、个人用品、干粮等。

（2）备好常用药品及应急药物

常用应急药物，如藿香正气液、创可贴、云南白药喷雾、跌打损伤酒等。

5. 注意事项

（1）饮食：在沙漠中饮食最重要的是能量，口感味道都是次要的。水果、坚果、士力架、能量棒这些都是值得推荐的选择，可以在食用很少的情况下为身体补充足够的能量。一定要带方便食用、不废水、不易变质，高热量的食物。

（2）饮水：要少量多饮，切忌暴喝牛饮，避免水分浪费流失，最好带保温杯装热水，补充身体热量；如果只有凉水，可在嘴里含住几秒再咽下，防止凉水刺激气管，引起身体不适。此外，每人每天饮水量建议控制在 4–5 升。

（3）方向：沙漠戈壁中参照物很少，戈壁的地貌相对复杂，虽然有山脉，但是沙漠中，漫天黄沙，这时候 GPS 就显得尤为重要。

（4）节奏：了解自己的体能，选择合适的行进速度并适当休息，匀速前行最省心省力，过度劳累可能导致中暑或受伤。调整呼吸吐息节奏，尽量用鼻子呼吸，避免用嘴呼吸，因为用嘴巴呼吸会带出身体大量的水分，长时间在烈日下很容易中暑。

（三）日本熊野古道徒步之旅

1. 目的地概述

熊野古道，位于日本本州纪伊半岛南部，横跨三重县、奈良县、和歌山县，全程 1000 多千米，有 800 多年的历史。2004 年熊野古道（除历史较短的纪伊路）被列入世界文化遗产名录。熊野古道不是一条路，而是熊野地区朝圣道路的总称，是日本徒步 + 禅修之旅主要组成部分。

2. 线路特点

熊野古道，共有 7 条路线：①大边路（田边—串本—熊野三山）；②中边路（田边—熊野三山）；③小边路（高野山—熊野本宫大社）；④伊势路（伊势神宫—熊野三山）；⑤纪伊路（渡边津—田边）；⑥町石道（高野山—金刚峰寺）；⑦大峯奥駈道（本宫大社—吉野·大峯）。其中，中边路是主要路线，也是如今最受欢迎最热门的徒步选择。中边路有两个方向：田边—熊野本宫大社（东西方向），熊野本宫大社—新宫（南北方向）（见图 5–3）。

徒步熊野古道，无论是在密林之间，温泉小镇，溪流旁边还是苍茫海边，都能感受到深山秘境的自然恩赐。沐浴在自然崇拜的光泽之中，这是一场深度体验自然和历史人文的盛宴。

学习笔记

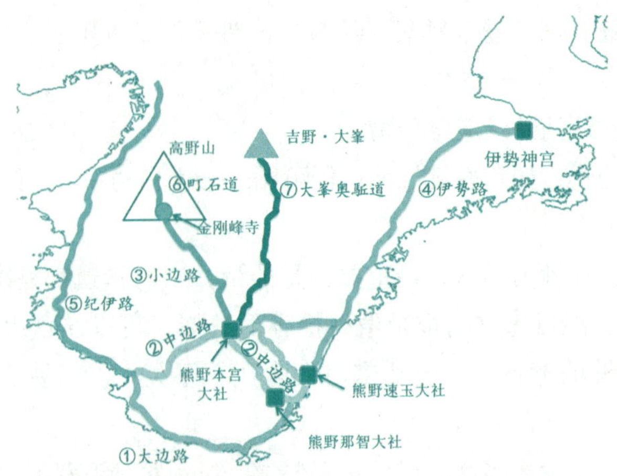

图5-3 日本熊野古道徒步线路总图 马素萍提供

3. 行程安排

此行程涉及熊野古道中边线路（见图 5–4）。7 日游行程，其中徒步三天，分别为第三天、第四天、第五天。

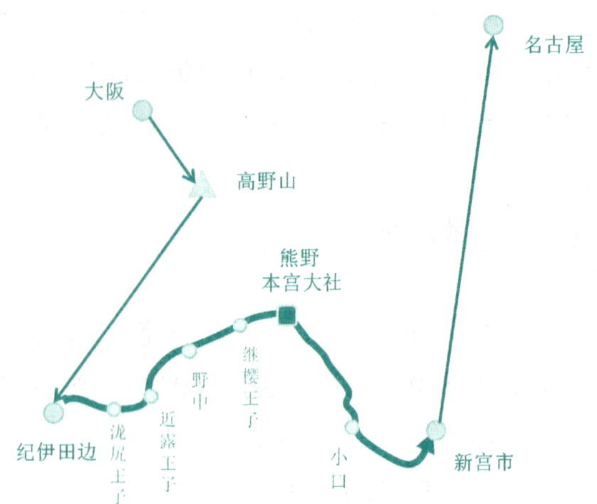

图5-4 日本熊野古道中边徒步线路图 马素萍提供

第一天：出发地—日本大阪—高野山。

乘坐飞机出发前往日本大阪，抵达后乘坐专用巴士前往高野山（车程约 1.5 小时），入住高野山寺庙的宿坊休息。在此感知僧侣的生活方式，参与诸如打坐、听道、抄写经书等种种练习。

第二天：高野山—纪伊田边。

早餐后在高野山自由活动。高野山位于日本和歌山县，是海拔约 1000 米左右的山群总称。2004 年 7 月，被列为“纪伊山地的圣地与参拜道”世界遗产之一。高野山有 3 大看点，分别是“坛上伽蓝”“奥之院”“金刚峰寺”。坛上伽蓝寺弘扬真言宗的道场，里面的朱红色“根本大塔”，是日本最早的方形双层宝塔建筑。奥之院里有弘法大师的灵庙，有很多日本名人如将军、诗人、作家、演员等的墓碑、纪念塔。金刚峰寺是高野山最大的寺庙，内有日本最大的石庭蟠龙庭，以及讲述空海东渡求法的精美绘屏。

下午乘坐专用巴士前往纪伊田边（车程约 2.5 小时）。入住酒店休息。

第三天：纪伊田边—泷尻王子—近露王子—野中。

从田边市乘坐公共交通到达泷尻王子（车程约 40 分钟），开启一天的徒步。徒步全程约 18.2 千米，时间约 7 小时。线路特点：路远，爬坡多，海拔最高 700 米。到达近露王子后结束这天的徒步，乘车（车程约 30 分钟）前往野中民宿住宿。

熊野古道有许多被称为“王子”的点，据说是旧时贵族朝圣熊野神社所建的简易设施。“王子”，有些仅为一块石碑，有些是佛像，多以童子形象出现。

第四天：野中—继樱王子—熊野本宫大社。

早餐后，乘车前往今天的徒步起点继樱王子。继樱王子到熊野本宫大社全程 27.2 千米，徒步耗时约 6 小时 50 分钟，外加休息时间共需 8 小时 50 分。路线特色：路远，上下坡多，较陡。之后，乘车前往温泉区，入住温泉民宿休息。

第五天：熊野本宫大社—小口—新宫市。

早餐后乘坐巴士到请川桥。从请川桥徒步到小口，也就是小云取越古道路段。云取越的意思是这段古道在山上，云雾缭绕，漫步其中好像在白云之中穿梭。全程 15 千米，标准步行时间 4 小时 25 分钟，实际加休息所用时间 5 小时 35 分。路线特色：多是缓坡，比大云取越上坡少，三分之一集中上坡。从小口乘车赴新宫市，入住酒店休息。

第六天：新宫市—名古屋。

早餐后在新宫市乘坐 JR（Japan Railways，日本铁路），车程 3 小时 20 分钟，到达名古屋，下午自由活动。

第七天：名古屋——客源地。

在指定时间地点集合乘车前往名古屋机场，乘航班返回到温暖的家！

4. 出发准备

（1）准备半年以上有效期护照、签证。

（2）带雨具。山里天气变化快，说下雨就下雨，打伞走湿滑的山路很不安全，所以要带雨衣。

（3）必须做好防晒，墨镜、手套、长袖速干衣裤、帽子甚至防晒霜都必须要有。虽然熊野古道大部分徒步路线都是山路，有森林遮阳，但还是有大段的路线是各种国道、县道之类的公路。

（4）穿舒适合脚的徒步鞋。熊野古道上石头路很多，小石粒很滑，大石头

学习笔记

硌脚，因此着徒步鞋更为合适。

（5）带手杖和护膝。熊野古道上有很多大段的下坡路，较陡，山路湿滑，而路上铺垫的石头棱角都很尖锐，不小心的话就会受伤，有手杖相对稳当，也可以借力，节省腿力。

（6）穿长袖速干衣裤，多带一件轻便的冲锋衣或者羽绒服，防止山上山下温差大。

（7）准备感冒、腹泻等常用药以及创可贴。最好自带旅行保温瓶。除了带每晚投宿的民宿或酒店准备的午餐便当，还要带一些补充体力的食物，如巧克力、牛肉干、能量棒等，爬山消耗大量体能，必须要保证能量供应。

（8）带一本可以盖印章的本子。熊野古道上沿途都有盖印章的地方，可以收集印章满足个人爱好。

（9）准备现金。古道上的民宿以及高野山上的宿坊很多都不能刷卡，只能付现金，所以现金要准备充分。如果现金实在不够，可以找一家便利店取钱。在日本全家、7-11 和罗森之类的连锁便利店，都可以刷银联卡取日币。

5. 注意事项

（1）在寺院点香烛，以及其他巡拜用品，均需各自前往购买。

（2）寺院里不可抽烟，不能大声说话，照相不可随意对他人。

（3）步行途中会有手机信号不好的时候，原则上必须集体行动。行程主要是在野外进行，会遇到一些生活条件上的限制。

（4）团餐以素食（精进料理）为主，自理餐饮是为了照顾到不同团员的需求，可以品尝到不同的日本料理，会安排特定的餐饮时间和餐品供自由选择。

（5）徒步最好选择春秋时节，夏季湿热台风多，不适合走山路，冬季高野山有时会大雪封山。

（6）熊野古道没有任何垃圾桶，不允许随意丢弃垃圾。所有随身带的便当、零食、饮料和卫生纸等物品，吃完喝完用完必须把外包装等垃圾全部随身携带。

（7）随身携带一些小礼物，一路上会遇到很多热心帮助的各国友人，小礼物可以很好地传达感激之情。

（8）在高野山住寺院的宿坊，要遵守时间规定。寺院都有非常明确的作息制度，比如：早晨 6 点半晨课（自愿参加）、7 点或 7 点半早餐、下午 5 点或 5 点半晚餐、上午 9 点到晚上 9 点开放浴池、晚上 10 点关寺门等。每家寺院时间规定略有不同，但还是需要每个住客能够遵守。

（四）西班牙圣地亚哥 · 德 · 孔波斯特拉朝圣徒步之旅

1. 目的地概述

圣地亚哥 · 德 · 孔波斯特拉（Santiago de Compostela），位于西班牙加利西

学习笔记

亚 Galicia 自治区的西部。因圣雅各布而得名。传说曾在西班牙布道的圣雅各布的遗骨被供奉在圣地亚哥大教堂内。由于战乱原因，当时欧洲人前往耶路撒冷或是罗马朝圣比较困难，因此当时欧洲各国国王、教皇等共同决定开辟一条前往西班牙圣地亚哥的朝圣之路。几百年来，朝圣之路上的行人络绎不绝。1993 年朝圣之路西班牙段被列入《世界遗产名录》。

2. 线路特点

西班牙朝圣有徒步、骑自行车等方式。路线众多，虽没有固定的起点，但是终点都是圣地亚哥 · 德 · 孔波斯特拉。其中著名的条件最好的陆路徒步朝圣路线为“法国之路”(Camino France)，从法国边境小镇 Saint Jean Pied de Port 出发，终点到达圣地亚哥 · 德 · 孔波斯特拉，全程约 770 千米（见图 5–5）。

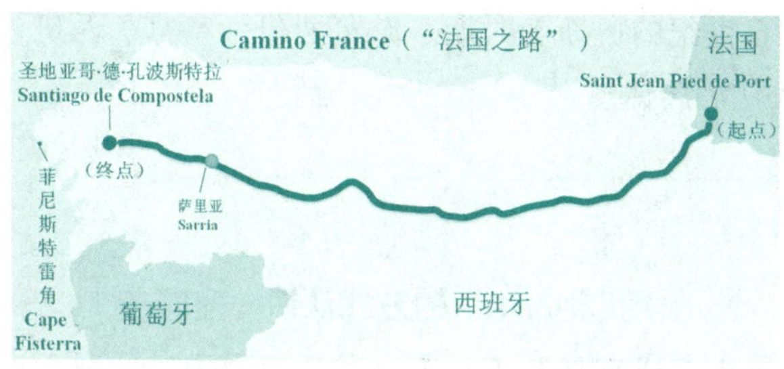

图5–5 西班牙徒步朝圣“法国之路”线路图 马素萍提供

将常规观光与户外徒步相结合，优美的自然风光与悠久的历史文化相融合，跟随贝壳或黄箭头路标指引，不论是攀越高山，还是跨越河流，沿途的风景都会带给你不一样的体验。挂一个独有的贝壳装饰行进其中，与心灵做深度的对话与思考，重新认识真实的自己并探索生命的价值。不同人生阅历的每个人，来此都是在创造只属于自己独一无二的故事。

3. 行程安排

此行程为西班牙 13 日徒步朝圣游（见图 5–6）。其中观光 6 日，徒步 5 日，往返 2 日，徒步的部分属于法国之路的最后一段（从萨里亚出发到圣地亚哥）。

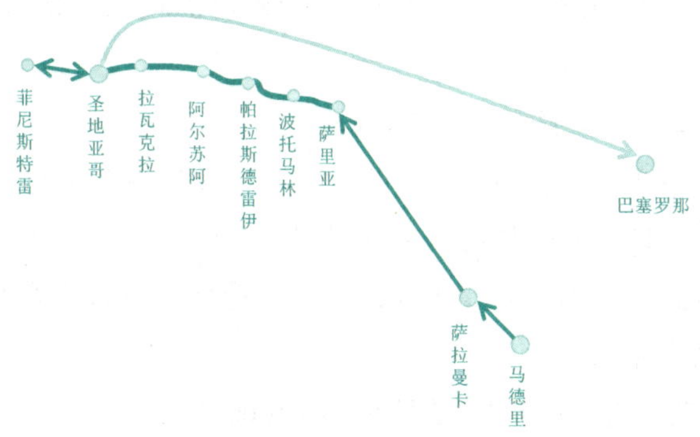

图5–6 西班牙13日徒步朝圣之旅线路图 马素萍提供

学习笔记

第一天：出发地—西班牙马德里。

乘坐国际航班到达西班牙首都马德里，入住酒店休息。

第二天：马德里。

早餐后游览马德里附近的风车小镇孔苏埃格拉和古城托莱多。孔苏埃格拉拥有 12 座风车和 1 座重新修建的城堡，在蓝天白云下显得格外漂亮。古城托莱多有两千多年来的历史和文化积淀，拥有各类教堂、修道院、王宫、城墙、博物馆等大型古建筑 70 多处。托莱多观光必不可少的是太阳门，它建于 13 世纪，具有典型的阿拉伯风格，高大，宏伟，挺拔。

第三天：马德里—萨拉曼卡。

在马德里老城区进行 Citywalk，穿梭在中世纪风格的老城街道，会让你恍惚瞬间回到了 16 世纪的奥斯曼时期。游览西班牙皇宫、西班牙广场，随后前往萨拉曼卡。入住酒店休息。

知识卡片

用Citywalk的方式认识一座城市

Citywalk 是指在城市里行走，是一种城市漫游。区别于无目的地无组织的暴走，Citywalk 是有计划地行走在独特的线路上。通过挖掘城市历史、人文、风俗、建筑、美食等，设计有一定专业性和知识性，能近距离阅读城市的线路。在专人的引导和讲解下，通过步行或骑行的方式丈量认知城市，感受城市的厚度和温度。参与者可以是外地游客，也可以是本地人。

第四天：萨拉曼卡—萨里亚（Sarria）。

早餐后，游览世界最古老的大学城萨拉曼卡。参观创立于 1218 年的萨拉曼卡大学，欣赏风格迥异的新旧大教堂等。乘车前往此次朝圣之路的出发点萨里亚（车程约 4 小时 20 分钟），抵达后入住酒店休息，为即将开始的徒步旅行做准备。

第五天：萨里亚—波托马林（Portomarin ）。

正式徒步第一天，徒步约 22 千米，徒步时长约 5~6 小时。途经巴尔巴德罗村（Barbadelo）时，可以驻足欣赏这里保存完好的罗马式教堂。当到达波托马林小镇，会看到一座因为修建水库而将古迹迁址重建的“新生”老城。入住波托马林小镇酒店休息。

第六天：波托马林—帕拉斯德雷伊（Palas de Rei）。

徒步约 22 千米，徒步时长约 8 小时。

学习笔记

从波托马林出发，穿过米尼奥河后，徒步行进地势逐渐上升。沿着道路继续前行，经过一些小村庄，能看到一些保留完好的罗马式教堂。夜宿帕拉斯德雷伊小镇，你可以从遍布的石墓与堡垒中窥见中世纪军事文化的一角。

第七天：帕拉斯德雷伊—阿尔苏阿小镇。

徒步约 27 千米，徒步时长约 8 小时。

从帕拉斯德雷伊小镇出发，穿越森林，穿越村庄，沿途风景变化多样，在梅利德（Melide），找一家餐厅品尝当地特色美食。之后，沿着森林小径前行，溪流穿过中世纪村庄，最终抵达阿尔苏阿小镇（Arzua）。到达小镇，可以尽情参观圣玛利亚教堂和拉玛格达莱纳教堂。此外，这里还是国家地理杂志观星的推荐地，夜晚你可以仰望星空，感受宇宙浩瀚之美。

第八天：阿尔苏阿—拉瓦克拉。

徒步约 28 千米，徒步时长约 8 小时。

徒步穿过大片灌木林，途经溪流与沉寂的村庄。悠闲地漫步在小教堂里，参观在这里的圣地亚哥雕像。晚上抵达拉瓦克拉，这是朝圣之路的倒数第二站。

第九天：拉瓦克拉—圣地亚哥。

徒步走完最后的 11 千米，到达著名的圣地亚哥·德·孔波斯特拉大教堂，这里已经有千百万人从步行街的大理石板上走过，街道两旁都是巨大的石屋和教堂。在大教堂参观每日的朝圣弥撒活动，之后领取朝圣之路徒步证书。下午可以自由漫步在这古老街道上，逛街购买伴手礼。

知识卡片

徒步证书

西班牙朝圣之路徒步证书有两种，一种是出于信仰完成路程的证书，一种是非信仰。前者颁发的证书是拉丁文，后者颁发的是西班牙文证书。要走朝圣之路首先要拿到一本朝圣者护照，也就是人们所说为“通关文牒”。在哪里能拿到朝圣者护照呢？可以选择在出发地的教堂，或一些户外用品商店购买，费用 1 欧元或 2 欧元不等。必须保证在这个通关文牒上每天有两个章。在路过的每一个地方的教堂，咖啡馆，酒店，旅舍都是可以盖章。徒步 100 千米或者骑行 200 千米后，凭一路上戳满印章的朝圣者护照，在到达圣地亚哥·德·孔波斯特拉后可领取朝圣者证书。

第十天：圣地亚哥—菲尼斯特雷角 Cape Fisterra—圣地亚哥—巴塞罗那。

早餐后从圣地亚哥出发，乘巴士前往菲尼斯特雷“角”（世界的尽头）。中

学习笔记

午品尝当地的海鲜大餐，然后返回圣地亚哥。乘坐航班前往巴塞罗那。抵达后。前往酒店休息。

第十一天：巴塞罗那。

早餐后在巴塞罗那入内参观古埃尔公园，之后参观高迪最重要的代表作圣家族大教堂，自高迪 1926 年去世后至今仍未建成，是世界上唯一仍在建造中就已经被列入世界遗产的大教堂。午后前往罗卡购物村，这里不光是购物的胜地，更是西班牙文化的浓缩。购物村内汇集 130 多家知名品牌精品店，店铺均尽情展现着加泰罗尼亚式的现代浪漫格调。晚餐结束后入住巴塞罗那当地酒店。

第十二天：巴塞罗那—出发地。

外观高迪成熟期的代表之作巴特罗之家，外观高迪设计的最后一个私人住宅米拉之家。乘坐国际航班飞回出发地。

第十三天：客源地。

回到温馨的家。

4. 出发准备

（1）旅行证件，办理签证，带好护照、银行卡、外币现金、备用身份照片等。

（2）个人用品：准备个人洗漱、化妆、卫生用品；电器用具，手机、转换插座、便携烧水壶、吹风机等；还有蚊不叮等旅行必备品。

（3）食品药品：可以准备零食（但要注意海关要求）；急救箱（绷带、纱布和邦迪、预防水泡的杀菌剂和消毒剂、抗真菌药膏和抗炎症药片、创可贴、止泻药等）。

（4）徒步装备：可准备背包、轻型睡袋、睡袋内胆、充气枕头等；衣裤主要有速干 T 恤，防雨外套，防水运动裤，短裤（运动型），徒步鞋等；其他类如太阳镜、太阳帽、登山杖、手电筒等。旅行装备尽量以轻便携带为主，以免增加自身负重而引起旅行不便。此外，还可准备湿纸巾、水壶、目的地指南、笔、便携小本、紧急联系电话等。

二、登山主题线路——四川四姑娘山攀登线路

登山是人们徒手或使用专门器械和装备，从低海拔地形向高海拔山峰进行攀登的一项体育活动。有高山探险、竞技攀登（包括攀岩、攀冰等）和健身爬山的区分。此处重点解析四川四姑娘山攀登线路。

1. 目的地概述

四姑娘山位于四川省阿坝藏族羌族自治州小金县四姑娘山镇境内，素有“东方圣山、户外天堂”的美誉，是距离千万人口城市成都最近的雪山群之一。

学习笔记

由四座绵延不断的山峰组成，分别是幺姑娘山（幺妹峰）、三姑娘山（三峰）、二姑娘山（二峰）、大姑娘山（大峰）。其中幺妹峰海拔 6250 米，攀登技术难度极大；三峰海拔 5355 米，属于初级技术性雪山，线路难度根据天气状况差异很大；二峰海拔 5276 米，大峰海拔 5038 米，大峰和二峰，雪线短，对体能和冰雪技术要求低，属于入门级雪山。

2. 线路特点

常见的入门级攀登四姑娘山的线路产品有：四姑娘山二峰 3 天 2 晚线路，四姑娘山大峰 3 天 2 晚线路，加上出发返程和在四姑娘山镇及大本营休整天数不同，会延伸为 5 日、6 日、7 日、8 日线路。

走出舒适区，走进心里的高山。在高耸的山峰，弯曲的山路间，释放你的不良心境。人生的道路，每一步皆是攀登。在攀登中学会坚持，学会感恩，学会享受生活中的小确幸！

3. 行程安排

以四姑娘山二峰 6 日登山之旅为例（见图 5-7）。其中真正登山为第三天、第四天。四姑娘山二峰外形酷似珠穆朗玛峰，因其挑战难度适中、攀登周期长、风险性低、体验感强且无须技术装备，成了很多登山爱好者的五千米雪山攀登首选。攀登四姑娘山二峰，途中进入海子沟，沟内分布十多个高山湖泊，宛如仙境。亲身经历原始的高原风光，体验嘉绒藏族文化。登上二峰之后，可以看到近在咫尺的幺妹峰，可以观赏云海。

图5-7　四川四姑娘山二峰6日登山之旅线路图　马素萍提供

第一天：出发地—成都。

抵达成都市，入住酒店休息，自由活动。

第二天：成都市—映秀镇—卧龙镇—巴朗山—四姑娘山镇。

早餐后，从酒店集合出发，途径 5.12 汶川地震中的映秀镇，经过“熊猫

学习笔记

之乡”“宝贵的生物基因库”“天然动植物园”卧龙镇，在卧龙镇用午餐；翻越巴朗山，观巴朗山草甸，领略巴朗山的雄奇自然风光，经过四姑娘山最佳拍摄点之一猫鼻梁，欣赏四姑娘山全景，入住四姑娘山镇酒店休整。全程 230 千米，车程约 4~5 小时。

第三天：四姑娘山镇—锅庄坪—打尖包保护站—二峰大本营。

全程 19.2 千米，徒步 8 小时左右，沿途景色以高山草甸和灌木林为主。今天相对强度较大，早餐后沿小路轻装进入海子沟，装备可由马驮。经锅庄坪、打尖包保护站，到达海拔 4300 米的二峰大本营，安营扎寨，吃完营地餐之后提早入睡。锅庄坪是山脊上面积约 300 多亩的草坪，距离沟口 3 千米。这里是俯瞰四姑娘山镇，拍摄四姑娘山的绝佳地点。打尖包，是海子沟内唯一的补给站，可以购买开水、矿泉水、方便面、咖啡、瓜子等。

第四天：二峰大本营—二峰登顶—二峰大本营—四姑娘山镇。

全程 35.2 千米，徒步 14 小时左右。（从二峰大本营至二峰顶七千米，从二峰顶下撤至大本营七千米，大本营至四姑娘山镇十六千米左右）。凌晨 3:00 点起床，早餐后出发，约 4 个小时左右可以到达顶峰。庆祝留念后安全下撤，约需 3 个小时到达营地，再从大本营返回四姑娘山镇。

第五天：四姑娘山镇—巴朗山—成都市。

全程 230 千米，行车 5 小时左右。抵达成都市，入住酒店休息。

第六天：成都市—客源地。

返回温馨的家。

4. 活动准备及要求

（1）参与者要有独立自主能力，能团结友爱，互帮互助。

（2）身体要求：活动参与人在出行前做一次身体检查，存在下列健康问题的队员不适于参加此次活动：心血管疾病患者、脑血管疾病患者、呼吸系统疾病患者、传染性疾病患者、精神病患者、贫血病患者、处于大中型手术恢复期的患者、孕妇及行动不便者、较重的骨质疏松患者、甲亢患者及其他慢性病患者、其他不适宜参加户外活动的人员。

体能要求：高原地区高寒缺氧，对于高海拔登山者，体能要求较高；而且攀登线路长，气候条件变化多样，需要队员前期做好身体和心理准备。建议活动前六周开始组织体能训练，训练内容包括有氧训练、负重登山、爬楼梯训练等。

（3）户外装备及辅助装备：冲锋衣、冲锋裤、羽绒衣、抓绒衣、速干内衣、防水保暖袜、高帮徒步鞋、睡袋、遮阳帽、抓绒帽、头巾、防水保暖手套、雪套、冲顶包、登山杖、雪镜、头灯、保温杯、防晒霜、餐具、唇膏、急救包以及个人的路餐。

学习笔记

思政园地

攀登精神=勇于担当+永不放弃

王勇峰（1963年—），中国登山协会副主席，中国登山协会对外交流部主任，兼中国登山队队长。

1987年登顶文森峰 Vinson Massif（5140m，南极洲最高峰），1992年登顶麦金利峰 Mt.McKinley（6195m，北美洲最高峰），1993年登顶珠穆朗玛峰 Mt.Everest（8844.43m）（亚洲及世界最高峰），1994年登顶阿空加瓜峰 Aconcagua（6962m，南美洲最高峰），1997年登顶厄尔布鲁士峰 Mt.Elbrus（5633m，欧洲最高峰），1998年登顶乞力马扎罗峰 Kilimanjaro（5963m，非洲最高峰），1999年登顶查亚峰 Carstensz Pyramid（5030m，大洋洲最高峰），2002年登顶麦金利峰 Mt.McKinley（6195m，北美洲最高峰），2003年登顶珠穆朗玛峰 Mt.Everest（8844.43m），2005年年初徒步到达北极点，2005年五一前后徒步到达南极点，2008年5月8日登顶珠穆朗玛峰 Mt.Everest（8844.43m）……

王勇峰的登山经历惊人，多次攀登世界级难度高峰，多次登顶世界七大洲最高峰，徒步到达南、北极，完成“7+2”（七大洲最高峰+南北两极）。他经历过生死的考验，他和队友们的倔强和志向，打破了外界对中国登山队的看法。他们将勇于担当、永不放弃的“攀登精神”带到全世界的各个角落。

（资料来源：根据网络资料整理）

“人为什么要登山？”“因为山在那里！”20世纪最成功的登山者之一英国探险家乔治·赫伯特·雷·马洛里（George Herbert Leigh Mallory）对登山缘由给予了独到的回答。其实人生就是一场跋涉，尽管颠簸，但脚步依然。在我们跨越攀登生命中的每一段路程、每一座高峰时，我们不禁会问自己为什么要攀登？因为我们生命中理想的山峰在那里。也许只有在攀登理想高峰时我们才能更深切地感知生命的意义。

三、攀冰主题线路——灵石石膏山攀冰线路

攀冰是攀岩运动发展中诞生的新的分支，是攀登高山、雪山的必修科目，也是登山运动的基本技能之一。目前攀冰可以选择自然冰和人工冰，包括冰瀑和冰挂两种类型。攀冰以其独特的装备、纯粹的活动环境、刺激的身心感受，成为众多户外运动爱好者心仪的冬季时尚运动。它所体现的冒险、刺激、技巧、力量、耐力、毅力和胆量令每一个亲身参与的人都能充分发挥自我潜能、

学习笔记

体验挑战的乐趣。

1. 目的地概述

山西省灵石县石膏山内的攀冰基地距灵石县城东南约 35 千米，北距太原 185 千米，与介休绵山、沁源灵空山鼎足而立，是省级风景名胜区。攀冰基地所在的滴水崖为天然冰瀑，距景区公园大门约 7 千米，交通便利。滴水崖冰壁宽 10 米左右，高 50 余米，难度从 WI3 到 WI5 不等。冰期从每年的 12 月底至次年的 2 月中旬，非常适合于各种级别、各种攀冰爱好者攀登体验。

知识卡片

攀冰难度等级WI系统

WI 系统，是对季节性冰壁（即冬天冰瀑布水冰 Water Ice）攀登难度的评价。

WI1：非常缓的冰坡，不需要用冰镐攀登。

WI2：连续性的 60 度冰壁，当中可能会有一些鼓包，保护容易设置，且很可靠。

WI3：连续性的 70 度冰壁，当中混合着较长的 80 度到 90 度的鼓包，休息的地方还可以，有比较好的平台可以利用，放置冰锥较容易，且很可靠。

WI4：连续性的 80 度冰壁，混合着相当长的垂直部分，当中会有较平缓可供休息的地方，冰锥的设置较容易。

WI5：长距离而且陡峭的冰壁，包括一个绳距长 85 度到 90 度的冰壁，好的休息点不多；或者是一个较短的薄冰壁，放置冰锥比较困难。

WI6：整整一个绳距都是接近垂直的冰壁，中途没有休息点；或者是一个较短的但比 WI5 更费力的冰壁，技术要求非常高。

WI7: 类似前一个等级，但冰壁是非常薄的黏合性冰壁；或者是负角岩壁上结合不牢固的冰柱；保护极为困难，质量极差，或者根本就不可能放置保护。

2. 线路特点

在晶莹剔透的冰瀑上，体验“冰壁上的芭蕾”，感受冰雪运动的魅力，攀登人生新高度。对于零基础的学员，通过此次攀冰线路可以学会基本的攀爬动作和顶绳保护技术，进而再选择攀爬中等难度的冰壁；对于会顶绳攀爬的学员，此次攀冰之旅可以让他们熟练掌握更多攀爬技术并攀爬更高难度的冰壁。

3. 行程安排

第一天：出发地—灵石石膏山滴水崖攀冰基地。

学习笔记

抵达滴水崖攀冰基地后，由专业教练讲解攀冰装备使用方法、调试穿戴、基本技术教学、进行顶绳攀登体验。

第二天：滴水崖—出发地。

在滴水崖攀冰基地跟着专业教练学习顶绳攀登、大冰洞教学、保护站建设、冰破行走技术，返程。

4. 活动准备及要求

（1）提前做好体能训练。攀冰并不是说走就走的旅行，需要有一定的经验积累，知识储备，再加上必要的身体素质。攀冰是一项几乎需要用到全身肌肉的运动，在开展攀冰之前，可以进行一段时间的针对性力量训练，加强力量和提升耐力。攀冰前期的体能储备可以经过攀岩的训练，通过攀岩可以积累必要的心理素质和技术操作。

（2）攀冰时节处于寒冬，冰壁的环境也分外寒冷，穿戴合适的衣物是非常必要的，身上穿戴的衣物要满足防水和保暖的需求。最外层的衣物会和冰壁直接接触，所以一件防水的冲锋衣是好的选择。在外壳防水的同时，外壳之下也需要穿一件抓绒衣或羽绒衣保暖。在冰壁攀登过程中，一双防水保暖的手套也是必备。

其他个人装备和物品包括：冲锋裤、速干内衣、防水保暖袜、冬季徒步鞋、抓绒帽、头巾、保温杯、急救包以及个人路餐。

四、轻奢露营主题线路——北京嗨king野奢营地2天1晚精致露营

Glamping，由“Glamorous”和“Camping”组成，也就是“富有魅力的、豪华的”和“露营”的结合。国内把它称为轻奢露营、野奢露营、豪华露营、高端露营、精致露营、搬家露营。轻奢露营是舒适度高、有趣味、便利且有特色的户外娱乐体验，与现代化的品质生活享受相结合的旅行方式。

轻奢露营—生活心灵之旅一日游

知识卡片

轻奢露营场地打造与活动设计

轻奢露营场所布置及活动设计注重以下几点：

1. 打造舒适放松有品质的休憩空间。帐篷卧室，可配置厚实气垫，漂亮柔软保暖的毯子、床单、薄睡袋，私人天幕，五颜六色的小抱枕；帐篷客厅，摆放扶手椅、沙发椅、吊椅、充气沙发、圆竹桌、可折叠的露营桌等。

2. 设置便利安全有讲究的公共区域。设立专门的卫生区，配上肥皂、洗手台、干净的水、消毒剂和毛巾；配置后勤服务区，带上太阳能充电

学习笔记

板，可以为电子设备充电。

3. 摆放温馨明亮有氛围的装饰小品。装饰彩色地毯、野餐垫、鲜花绿植、艺术版画、摩卡壶或其他小道具，增添家的氛围。在帐篷内外悬挂营地灯，迷你 LED 或摆放人造蜡烛、星星灯等，既能烘托气氛，又能照明。

4. 准备干净热乎有特色的美味佳肴。美食是露营的灵魂，带上大大的冰箱或保温包，装入食材——沙拉、水果、各式小蛋糕、饮料，烧烤、火锅、西餐等不同品类食材。带上烤炉、料理台吧、火锅等，让露营充满饱腹氛围感!

5. 设计动手动脑有参与的活动环节。穿插一些大家都能参与的有创意的活动，如观看户外露天电影；或者让每个人动手制作甜点，看看谁的户外烘焙最有创意；咖啡、茶的品鉴会；篝火晚会，一起跳一起唱；或是在风和日丽的草地上跟着老师做一次瑜伽，尽情舒展身体；体验劈柴、锯木头或其他野外生存技能……深度的、可体验的内容对于轻奢露营来说非常重要，内容才是决定企业运营轻奢露营能走多远的重要因素。

1. 目的地概述

嗨 king，是一个为中国家庭打造周边户外“微度假”的精致营地连锁品牌，公司成立于 2020 年。目前嗨 king 野奢营地已经在西安、昆明、上海、大连、哈尔滨、南宁、济南、嘉兴、北京、湖州等城市的 A 级景区、文旅地产、特色小镇、田园综合体等大的近郊空间，开辟 20 多家营地，采用直营、托管、加盟经营方式。

北京紫海香堤嗨 king 野奢营地位于北京市密云区古北口镇紫海香堤香草艺术庄园内，距离北京市区 120 千米（高速可达）。营地建设有轻奢帐篷区、户外美学区、亲子活动区、公共天幕区、户外烧烤区等可以满足全年龄段人群户外露营度假的需求。

你来查一查：

国内外有哪些轻奢露营品牌，并做简单介绍。

______

______

______

______

______

______

学习笔记

2. 线路特点

轻奢露营线路产品有过夜露营和不过夜露营两种。有营地自身打造的产品、也有户外俱乐部等组织机构设计的露营线路产品。

嗨 king 野奢营地实施区域管理，非常安全；配置轻奢帐篷、高档布草，热水、卫生间、淋浴间让你生活舒适；拎包入住，方便简单。丰富多彩的营地体验活动，让参与者感受“微度假”中的娱乐休闲。给自己和家人放个假，走向户外，赴一场露营之约，留一些精致回忆。

3. 行程安排

第一天：

14:00 自行前往嗨 king 野奢营地（周一到周五工作日 10:30，周末、节假日 14:00 提供接待）抵达后，办理入住，领取帐篷营地手环，自行游览熟悉营地环境；

15:30 可参与营地趣味活动，如非洲鼓学习、户外旅拍、涂鸦、DIY 手工等；

16:30 可参与营地户外运动项目，如攀树、GAGA 球比赛、飞盘活动；

18:00 观赏日落，享用晚餐，火锅或烧烤（可体验自助烧烤）；

19:30 仰望星空，聆听星空下的音乐会或观看户外露天电影；

随后入住营地帐篷，伴着星星入眠。

第二天：

8:30 在帐篷内享受提篮早餐；

9:30 可参与营地趣味运动会和游戏 PK 赛，如射箭等；

10:00 退还营地手环（周一到周五工作日退房 11:00，周末、节假日 10:00）

10:30 携带好随身物品，离营。

4. 活动准备及要求

（1）要求参与者有较高的安全、环保和团队协作精神，在参与过程中体现中华传统美德，拒绝随地吐痰、乱扔垃圾、乱涂乱画等不文明行为。

（2）需要在工作人员指导下完成的体验项目，切勿自己体验。

（3）法定监护人需照顾好随行老人和小孩，注意安全警示，遵守营地水电火的使用。

你来议一议：

轻奢露营和传统露营的区别表现在哪些方面？

____

____

____

学习笔记

● 任务实施

从滑雪、潜水、高尔夫、攀岩、骑行等户外运动主题中选取一种主题，查阅相关户外线路产品资源，阐述其线路特点及行程安排。

● 任务评价

评价形式	评价标准	评价等级（优/良/中/差）
自评	1. 户外线路产品主题突出，有创意 2. 行程安排合理，表述规范 3. 阐述过程自然流畅	
小组评价		
教师评价		

● 任务巩固

归纳徒步、登山、攀冰、轻奢露营线路产品赋予参与者的益处和获得感分别有哪些？

任务三　户外运动品牌赛事打造

● 任务引入

户外运动品牌赛事成为甘肃张掖城市宣传靓丽名片

甘肃省张掖市境内冰川雪山、森林草场、荒漠沙丘、七彩丹霞、绿洲沃土、湿地芦苇等各种地貌聚于一域，长城遗址、七彩丹霞、山丹军马场、肃南草原等冠绝华夏。独特的自然条件和资源禀赋，使张掖成为最适宜开展户外生态体育运动项目和旅游项目的城市。

学习笔记

近年来，张掖市整合全市户外运动资源，以“多彩张掖·运动之旅”为主题，创办中国·张掖户外运动节，形成以“赛”为龙头，建立健全以“赛”育“市”和以“市”促“赛”的产业发展机制，以赛事聚集产业要素和体育服务，带动体育娱乐、体育健身、体育用品、体育中介等产业发展。已多次举办环青海湖国际公路自行车赛（张掖段比赛）、全国徒步大会、全国群众登山健身大会、北京大学“丝路行知集结号”、马拉松自行车骑行大会、国际商学院丝绸之路丝域挑战赛、丝路大赛马、七彩丹霞热气球节、祁连山冰雪运动嘉年华、冰雪马拉松赛等全国性、省级户外赛事，户外运动由“夏秋火爆”向“全年恒温”转变。

品牌赛事，引领风尚。户外运动品牌赛事日益成为张掖对外宣传的“活名片”“活载体”。张掖市正努力走出一条以品牌赛事为引领，以户外运动为核心，以多元融合发展为模式，富有张掖特色的体育融合发展之路。

（资料来源：大漠户外网，有删减）

户外运动品牌赛事的打造一定是基于当地资源，融入地域特色，不断提高赛事体验、扩大赛事参与、激发赛事活力，才能让赛事走得更远更长久。

● 任务描述

户外运动品牌赛事的开展，对提高人民群众健康福祉、提升赛事举办地知名度、美誉度，聚集人气、吸引游客，推动产业融合，促进城市建设，带动当地经济发展等方面有积极作用。学习了解户外运动赛事类型，明确打造品牌赛事的意义和思路，体验“体育＋旅游”产业融合发展魅力。

● 任务学习目标

知识目标	技能目标	价值目标
1. 熟悉户外运动赛事的类型 2. 了解户外运动赛事品牌打造的意义 3. 掌握户外运动赛事品牌打造的思路	具备参与打造户外运动品牌赛事的能力	1. 培养学生的市场品牌意识 2. 培养学生崇尚健康、热爱运动的生活方式和理念 3. 培养学生国际化视野

● 任务必备知识

一、户外运动赛事类型

（一）按照参与者性质不同划分

1. 群众性户外运动赛事活动

群众性户外运动赛事对普通群众参与户外活动有着极大的激励和号召作用，是推动群众户外活动发展的有效载体。目前我国群众户外运动赛事的形式

学习笔记

多种多样，正确引导并有效利用这些赛事，有利于全民健身计划、全民健身文化的形成。

（1）户外运动节庆、嘉年华活动

如一年一度的江西省萍乡市武功山风景名胜区国际帐篷节，以各地驴友为主要参与对象，通过负重徒步、露营、山地车赛、高山拔河赛、户外电影、营地嘉年华等丰富的线下活动及美文大赛、摄影大赛等线上活动，达到推广普及户外活动，提升武功山“云中草原，户外天堂”品牌影响力，带动旅游经济发展的目的。

（2）单项或复合户外运动挑战赛

如敦煌戈壁徒步挑战赛，每年都吸引众多的商业精英、徒步爱好者、极限运动者、企业家等社会人士前来参赛，徒步四天三夜完成全程长达 108 千米的赛程。赛程长而远，大漠昼夜温差非常大，还会伴随着全程风沙和暴晒，但挑战者们内心充满力量和信心，背负荣誉和使命，坚定自己的信念，前往敦煌。

2. 竞技性户外运动赛事活动

以自行车、山地越野、皮划艇、帆船等常规户外运动项目或扁带、翼装飞行等极限类表演竞技为赛项，以专业运动员个体或团队为参赛主体的户外运动赛事活动。

（1）常规竞技类户外运动赛事活动

如环青海湖国际公路自行车赛，每年 6—8 月举行，比赛线路覆盖青海省、甘肃省、宁夏回族自治区部分地区，属于自行车公路多日赛。因赛事奖金多、规模大，吸引来自世界各地不同团队专业车手报名参赛。

1993 年创办的全国攀岩锦标赛，是国内创办最早、水平最高的攀岩赛事，每年举办一届。由国家体育总局登山运动管理中心、中国登山协会主办，分男、女两个组别，设难度赛、标准速度赛、攀石赛和全能赛等项目，每年吸引国内众多攀岩运动员报名参赛。

（2）极限表演类户外运动赛事活动

如在中国高空扁带运动发源地——浙江省台州市仙居县神仙居景区举行的高空扁带挑战赛，吸引众多中外扁带运动高手慕名而来，上演高空竞速、低空花式、高空倒走对抗、高空国风表演等极限竞技挑战。

（二）按照参赛者年龄不同划分

1. 青少年独立参与或亲子家庭参与的户外运动赛事

随着国家“双减”政策（减轻义务教育阶段学生作业负担、减轻义务教育阶段学生校外培训负担）的推出和深入落实，城市青少年参与户外运动赛事的需求正在被全面激活。小朋友们通过参赛，在锻炼身体的同时，养成坚韧、豁达的意志。亲子家庭通过参赛，促进家庭成员之间情感交流、团结协作及共同担当意识的养成。

如在广州、柳州、新乡等全国多个城市举行的DS（Discovery Star的缩写，意思是探索之星）自然探索赛是一项针对青少年群体及亲子家庭，融合户外运动及户外生存技能的赛事。竞赛内容包含越野障碍及户外技能闯关，分4~7岁亲子组，6~8岁、9~11岁、12~14岁单飞组。不同组别设计不同的竞赛距离和任务障碍，每个障碍的设计都来自世界各地知名自然景观或世界地理环境，参加完DS，等同于在赛道内完成一次环球探险。如6~8岁障碍项目有勇渡恒河、挑战帕米尔、亚马孙泥潭、因纽特猎场等；9~11岁障碍项目有巧渡马六甲、希腊圣火、跨越阿尔卑斯、西伯利亚寒风等；12~14岁障碍项目有飞渡尼罗河、迷失百慕大、玛雅传说、珠穆朗玛之巅等。通过比赛培养孩子探索超越、勇于克服困难、解决问题的精神，通过户外技能的设计帮助孩子建立科学的户外生存能力。

甘肃酒泉市金塔县博物馆举办的户外冰雪亲子运动比赛，对外招募33组家庭70余人参加竞赛活动，通过冬奥知识有奖互动问答和亲子冰雪运动竞赛项目（儿童独轮雪地车、滑雪橇、双人自行车、雪圈滑雪等），让大家了解冬奥知识，尽享冰雪乐趣。

2. 成人参与或同一赛事内区分不同成人年龄组别的户外运动赛事

此类户外运动赛事均是成年人参与，有的赛事会依照年龄段，分不同报名参赛组，设计不同比赛里程和难度，最后分组核算成绩和获奖名次。

如始创于1987年，每年9月举行的山东省泰山国际登山比赛，在2021年第35届竞赛规程中设置18~40岁青年组（岱庙北门厚载门至玉皇顶，长约8.9千米）、36~50岁中年组（岱庙北门厚载门至南天门，长约8.1千米）、51~65岁老年组（岱庙北门厚载门至中天门，长约5.4千米）、25~50岁泰安组（泰安市内各县\市\区参赛人员，从岱庙北门厚载门至中天门，长约5.4千米），共4个组别，每组别又分男子组和女子组。登山难度不同，青年组、中年组、老年组最后的录取名次和奖金也不同；泰安组不排名次，没有奖金奖励，在景区关门时间内到达终点的参赛者获得完赛证书。

（三）按照运作模式不同划分

1. 政府主导型户外运动赛事

政府主导型户外运动赛事是由赛事举办地政府独自组织或协同国家级体育行政管理部门、行业协会共同组织的大型综合化户外运动赛事。

如由国家体育总局登山运动管理中心、中国登山协会、成都市体育局主办的中国·成都首届城市户外多项赛于2021年10月17—18日在四川成都桂溪生态公园和青龙湖湿地公园举行。比赛设越野跑、山地车、皮划艇、定向、桨

学习笔记

板和障碍技能多个项目。来自全国各地 89 支代表队、178 名专业运动员参与角逐；40 多名国家级户外裁判员参与赛事评判。

2. 商业组织型户外运动赛事

商业型户外运动赛事是自主经营、自负盈亏的经营实体为获取最大利润，通过市场专业化运营，为目标群体提供的户外运动赛事活动。这些赛事活动一种是企业自主开发策划的，除组织已设计好的预制性户外赛事活动外，他们还可以承接满足不同团体需求的定制性户外赛事活动；另一种是引进国内或国外品牌赛事，在全国各地落地实施的赛事。

如甘肃中沙伟业户外探索旅行社有限公司推出自主设计的重走古商路·企业家戈壁徒步挑战赛。赛事活动地为甘肃敦煌，赛程有 56/60 千米·两天一夜、88 千米·三天两夜、108 千米·四天三夜。该企业拥有专属赛事实施团队，能提供赛事策划、赛事报名、赛事执行到后期赛事社交闭环服务。目前已带领超过 103 座城市、56 个行业的企业家、社会精英完成戈行壮举，活动影响人数超 210 万人次。并开发有新疆哈密魔鬼城雅丹徒步、云南丽江古道徒步、云南西双版纳雨林徒步、内蒙古锡林郭勒草原徒步、江西井冈山红色行（徒步 + 研学）等去往不同目的地、具有不同特色的活动挑战赛。

3. 混合型户外运动赛事

混合型户外运动赛事是指政府、行业协会、企业等多方合作筹办的赛事。政府开放户外运动目的地资源及基本的体育设施权限，行业协会提供技术、人力支持，企业分担赛事资金、组织、管理、执行等工作。各方各司其职，保障户外运动赛事安全、顺利开展。

如 2020 年在吉林省长白山池西区举行的长白山全国山地户外运动挑战赛，是在中国登山协会和吉林省体育局指导下，由长白山管委会主办，长白山管委会旅游和文化体育局、长白山保护开发区池西区管委会承办，长白山开发建设集团、长白山旅游股份有限公司、长白山登山户外徒步运动协会协办，吉林省白山市抚松县人民政府、长白山鲁能胜地旅游度假区、万达长白山国际度假区支持下的赛事。来自全国各地的百余名山地户外运动员和爱好者组成 25 支代表队参加本次比赛。赛事设置山地自行车、桥降、皮划艇、越野跑、定向越野 5 个项目。赛道设计巧妙，囊括万达度假区、鲁能胜地度假区、长白山风景区原始森林、高山草甸、高山苔原、长白山天池等精华区域，选手在比赛的过程中还能欣赏到如画美景。

（四）按照赛事级别不同划分

1. 国际性户外运动赛事

国际性户外运动赛事，指有国际代表队、参赛团体、个人和国内选手、团

学习笔记

体共同参与的赛事。如江苏宿迁的中国生态四项公开赛，2013 年创办，2014 年升级为国际性户外运动赛事。生态四项是将人类在绿水青山优良的生态环境中从事的水中和陆地最基本的行进技能——游泳、皮艇、山地自行车、越野跑，按上下肢交替作息原则科学分配，一次性连续不间断完成的运动项目。2014 年 228 千米国际公开赛（2 千米游泳、128 千米自行车、55 千米皮划艇和 43 千米越野跑）吸引 15 个国家的 24 支国际代表队和国内近万名爱好者参赛，2015 年 26 支国内外户外运动队伍参赛，2016 年来自 11 个国家和地区的 500 名选手参赛，2017 来自 14 个国家和地区的 31 支户外运动队 500 多名选手参赛，2018 年 108 名选手组成的 27 支国内外队伍参赛，2019 年来自全球各地的近千名选手参与赛事。

2. 全国性户外运动赛事

全国性户外运动赛事，指招徕组织全国各地的参赛者共同参与的赛事。如每年在河北省张家口市崇礼区万龙滑雪场举行的全国滑雪登山挑战赛，是国内滑雪登山界的盛会，是国内滑雪登山最高水平的集中展示。赛事项目有垂直竞速赛、短距离赛等，组别有男女子青少年组和男女子成年组。2017 年 2 月 21 至 24 日“搜狐杯”全国滑雪登山挑战赛来自全国 20 多个省区市的 60 多名滑雪登山高手参赛。2019 年 2 月 26—28 日“搜狐杯”全国滑雪登山挑战赛吸引全国 100 余名高水平运动员参加。2020 年“搜狐杯”全国滑雪登山挑战赛，来自 20 多个省区市共计 100 余名高水平运动员参赛。

知识卡片

滑雪登山运动=滑雪+登山

滑雪登山运动是一项起源于阿尔卑斯山的户外运动。它结合滑雪和登山的特点，是融雪山攀登综合技术、转换技巧、滑雪技术于一体的冬季山地户外运动项目，要求参与者拥有极好的体能、掌握高超的雪山攀登技术、绳索操作技术、雪崩判断技能和滑雪技术。需要背负雪板徒步登山，再沿山坡顺势下滑，是一种磨炼参赛者意志、享受滑雪乐趣、锻炼体魄的运动艺术，是一项集专业性、行动力、心理素质、体能要求、个人品德等要求颇高的体育运动项目。

滑雪登山项目于 2020 年成为冬季青年奥运会的正式比赛项目，被列为 2026 年米兰—科尔蒂纳丹佩佐冬奥会正式比赛项目。该项目共设有 5 枚金牌，分别是：男女个人短距离、男女个人越野赛、混合接力赛。

学习笔记

3. 区域性户外运动赛事

区域性户外运动赛事，指只限于规定地域范围内选手参与的赛事。如由南京市浦口区人民政府和江苏省户外和登山运动协会主办、浦口区体育局、浦口区城乡建设集团有限公司承办的“2021 首届长三角户外运动节”，主要定位是长三角区域江苏、浙江、安徽及上海市三省一市群众共同参与的综合性体育盛会。运动节包含攀岩比赛、扁带邀请赛、儿童自行车户外多项赛等分赛内容。值得注意的是，随着区域性赛事影响力、知名度的提高，可以逐步申办演化为全国性赛事或国际性赛事。

4. 企业性户外运动赛事

企业性户外运动赛事，一种是为不同企业的企业家量身打造的赛事，旨在通过赛事挑战，为企业家赋能。如在贵州省遵义市赤水河谷举行的长征之路全球商学院多项挑战赛，是为亚洲地区商学院和企业高管精英人群量身打造的以红军长征“四渡赤水”发生空间为主线的多项耐力赛，包含定向、越野跑、山地骑行、皮划艇、桥降、溜索等多个惊险刺激的挑战项目。赛程持续两天，全程 160 千米。将百折不挠、勇往直前的长征精神赋予时代内涵和国际化呈现，融合户外运动精神，让商学院和企业精英们在赛事中挑战自我、缔结友谊，积蓄力量，追梦人生长征。

另一种是为某一企业内员工策划的只限本企业人员参与的赛事，如各种户外趣味运动赛事活动、户外拓展团建活动等。旨在释放工作压力，增强企业团队凝聚力，增进沟通和信任，培养积极进取的工作态度，助力企业发展。

（五）按照品牌赛事的打造形式不同划分

1. 自主创立的户外运动品牌赛事

户外运动自主品牌赛事是指由举办地政府或企业原创，独具特色，拥有自主知识产权，能够延伸推广的比赛。自创的品牌赛事成本较低、发展空间巨大，但开发初期赛事知名度和商业价值欠缺，需要持续培育。

如湖南省的自主品牌赛事中国户外健身休闲大会，其前身是湖南户外健身休闲大会，2014 年创办。在湖南省体育局的支持下，经国家体育总局登山运动管理中心大会批准，2017 年升级为中国户外健身休闲大会，逐渐走出湖南。2019 年 8 月 16 日至 18 日，中国户外健身休闲大会走进贵州丹寨，在丹寨设自行车联赛、健康跑、徒步毅行等常规竞赛项目，以及开幕式、音乐狂欢晚会、露营等特色体验项目，此外还上演惊险刺激的水上走扁带和水上独竹漂两个特色项目。2020 年 10 月 24 日至 25 日，中国户外健身休闲大会走进贵州黎平肇兴侗寨，活动设“八寨一山”越野跑、自行车爬坡赛、趣味亲子定向赛、花式扁带表演、侗族长桌宴、篝火晚会等项目，约 1500 名户外运动爱好者参

学习笔记

加此项活动。

2. 签购引进的户外运动品牌赛事

赛事举办主体以一定金额购买国内外发展成熟的顶级或优质户外运动赛事IP，获得短暂的经营权或转播权。其品牌知名度高，商业价值释放力较大，但成本较高。

如2016年由中华户外网引入中国的Maxi-Race越野赛。Maxi-Race Annecy越野赛诞生于越野跑的发源地——法国小镇安纳西，是欧洲最负盛名的50英里越野跑赛事，中华户外网引入后构建出兼具法国越野跑文化基因和中国特色本土系列赛事MaXi-Race China。2016年11月26日中法双方赛事团队共同完成MaXi-Race浙江江山100国际越野赛的赛事执行。随后陆续举办MaXi-Race贵州毕节百里杜鹃国际越野赛，MaXi-Race四川广元曾家山国际越野赛，MaXi-Race广西阳朔国际山地越野赛，MaXi-Race苏州灵岩山风景区锦衣夜行越野赛，MaXi-Race中国·西峡伏牛山国际越野赛等。MaXi-Race越野跑赛事在一地落地后，一般每年都会举办。同时MaXi-Race China针对不同类型目的地资源、地形和线路难度，将逐步推出高海拔、海岛、丛林等系列赛事，满足国内外不同层次越野跑人群的需求。

你来说一说：

登录浏览中华户外网官网，说说中华户外网除组织Maxi-Race越野赛外，还举办过哪些户外运动类赛事？

____

____

____

____

当前我国户外运动赛事层出不穷，大部分还处于无品牌状态。因此，需要不断创新，砥砺前行，丰富户外运动赛事活动，打造自主品牌赛事。

二、打造户外运动品牌赛事的意义

户外运动品牌赛事因其知名度、专业度、贡献度、活力度都能达到一定水平，能够吸引众多社会力量参与，因此对赛事举办地户外运动资源开发，激发群众体育消费、引流、提升举办地知名度、增强城市活力、促进经济发展等各方面都有益处。

1. 有利于提高赛事举办地知名度和活力

户外运动赛事作为集旅游、休闲、竞技于一体的宣传载体，能够全方位迅速提升举办地的品牌形象，具有事半功倍的宣传效果。以户外体育赛事为平台和载体，打造旅游风景区品牌形象，提高美誉度和知名度。

学习笔记

在新疆鄯善县以库木塔格沙漠为品牌，连续几年举办沙漠徒步越野赛，2010年升级到国家级赛事。博尔塔拉蒙古自治州以赛里木湖为核心，连续多年举办环赛里木湖公路自行车赛。这些比赛以其精心的技术设计、有力的后勤保障、丰厚的物质奖励，吸引国内外广大户外运动爱好者不远万里前来参赛，有力地提升当地景区的美誉度和文化品位。户外体育赛事的竞技性、健身性赋予当地风景区更深刻的人文内涵，人与人之间、人与大自然之间的拼搏关系形成强烈的张力，增强人们的观赏欲望和参与热情，从而对当地景区旅游产生积极的带动效应和辐射效应。

2. 有利于推动赛事举办地“户外运动＋旅游”融合发展

近年来，国家体育总局鼓励各地发展山地户外运动，提倡“体育＋旅游”产业升级发展。基于当地户外运动资源特色开展的户外运动赛事，在城市基础建设、市容市貌改进、户外运动项目开发挖掘、户外天堂形象塑造、群众参与户外运动意识、举办地旅游吸引力、旅游产业发展等方面有明显的提升作用。

如贵州省赤水市建有赤水河谷旅游公路，该公路起始于仁怀市茅台镇，终止于赤水市区，包含山地自行车道和汽车道两部分，全线设置12个驿站、26个露营地、23个观景台和休憩点。该公路沿线除串联中国红色文化精神圣地、世界自然文化遗产旅游地、中国山水康养旅游胜地、中国国酒文化旅游区、中国民族文化传承发展区等自然风光和人文历史景观景点，还推出户外训练、极限绳降、骑行、漂流、房车露营等项目。基于这些丰富的户外运动及旅游资源，赤水市先后承办穿越中国侏罗纪山地自行车爬坡赛、“四渡赤水”赤水河谷户外三项挑战赛、长征之路赤水河谷全球商学院多项挑战赛等品牌赛事。通过举办赛事，进一步打响赤水河谷旅游公路户外运动天堂的旅游品牌，增强赤水河谷旅游公路建设世界级旅游休闲度假胜地和户外运动基地的影响力。

新疆结合伊犁河谷区域境内丰富多样的山地户外运动资源，在不同季节开展和举办包括山地越野赛、自行车赛、定向运动、登山、森林穿越、山地徒步、摄影野营等项目在内的户外运动赛事和户外探险旅游，吸引众多选手、国内外户外爱好者、摄影爱好者、生态环保人士前来参赛、观光旅游，促进伊犁河谷山地旅游资源的开发和宣传，推动伊犁河谷建设成为世界级旅游精品地区。

3. 有利于激发赛事举办地消费潜力，带动地方经济发展

户外运动品牌赛事的举办，需要依托完善的公共服务，赛事场地、餐饮、会展、住宿等相关配套设施。因此赛事筹备时，能加快城市建设，推动城市公共、商业体系优化完善。赛事期间，参赛者、观赛者大量的人流集聚，促进吃住行游购娱等基本旅游要素消费。赛后，激发群众参与赛事运动项目，购买相关产品，助力户外运动产业经济的发展。

学习笔记

2019 年柴古唐斯・括苍越野赛，参赛选手比赛期间在台州临海人均消费超过 3000 元，参赛选手和亲友团人数约 4000 人，在临海产生的直接消费超过 1200 多万元，产生 GDP 约为 2000 万元左右。广东省韶关市围绕丹霞山风景区举办的“环丹霞山自行车骑行赛”“穿越丹霞山 50 千米徒步赛”等一系列户外运动赛事活动为景区及周边的餐饮、住宿业发展提供了强大的推力。据当地民宿管理公司负责人介绍说，赛事举办的周末，公司旗下民宿入住率会比往常周末提升 30% 左右。

三、打造户外运动赛事品牌的思路

国家体育总局发布的《“十四五”体育发展规划》中提到，支持有条件的运动项目打造规则明晰、层次多样、群众喜爱的赛事活动体系，丰富户外运动赛事活动。“竞赛表演产业升级工程”中指出，加快构建自主品牌体育赛事活动体系，打造 100 个具有自主知识产权的体育竞赛表演品牌；支持引进并培育 100 项具有较高知名度的国际体育精品赛事；重点培育 10 个具有较大影响力的体育赛事名城。

打造户外运动赛事品牌，可从以下几个方面着手：

1. 树立品牌意识

美国市场营销协会（AMA）对品牌的定义是：品牌是一种名称、术语、标记、符号或设计，或是它们的组合运用，其目的是借以辨认某个销售者或某群销售者的产品或服务，并使之同竞争对手的产品和服务区别开来。户外运动赛事品牌是户外运动文化内涵、户外运动精神与赛事名称、品牌符号或相关标识的结合。户外运动爱好者通过户外运动赛事品牌区分识别不同赛事。品牌知名度越高，受众对赛事的信息、赛项规程、组织服务等关注度越高。随着关注度的增加，人们对赛事的熟悉度、信任和偏好就越高。较高的品牌认知度通常等同于较高的销售额和市场份额，因此创建户外运动赛事品牌非常重要。

明确户外运动赛事的市场定位，设定赛事名称、口号、Logo、会徽、吉祥物、赛事主题音乐等品牌认知识别要素，基于赛事初创地的户外运动资源，构建因地适宜的赛事活动。运用媒体、体育明星效应等提升赛事品牌知名度，不断创新赛事产品建设，持续提供优质服务，提高赛事品牌的忠诚度。

你来列一列：

查询网络资源，列举我国户外运动品牌赛事的口号。

____

____

____

____

学习笔记

2. 立足地域特色

创办自主品牌赛事，突出特色化、差异化，避免同质化，就需要因地制宜，结合城市文化、地域自然与人文景观的特点，打造包含多品种、多层次户外运动赛项的品牌赛事，也可筹划N个单一户外运动赛项组成的品牌系列赛。如江苏省宿迁市的中国生态四项公开赛，依据“错位发展，差别竞争”的思路，从传统赛事中突出重围，在短时间内取得良好的办赛品牌效应，成为宿迁绿色发展的文化名片。通过品牌塑造，赛事影响，提升宿迁市的城市知名度。甘肃省围绕“一带一路”主题建设，精心组织丝绸之路（国际）山地自行车赛，丝绸之路（张掖）国际商学院丝域挑战赛、中国丝路大赛马—肃南赛马会等品牌赛事，成为向世界展示“一带一路”建设成果的“甘肃名片”。

思政园地

弘扬地域文化，增进文化认同，增强文化自信

“一方水土养一方人”，每个地域都有其独具特色的地域文化。地域文化是一个地域的标志和符号，是一定地域范围内长期形成的历史遗存、文化形态、社会习俗、生产生活方式等。地域文化潜移默化地影响着当地人民的思维方式、行为习惯和自我认同。挖掘地域文化，弘扬传承地域文化，有利于增强文化自信，培养民族自豪感。大学生是民族复兴的希望和中坚力量，要加强对地域文化的深入了解，要主动担负起传承地域文化的职责，坚定文化自信。没有高度的文化自信，没有文化的繁荣兴盛，就没有伟大的民族复兴。

基于地域特色的户外运动品牌赛事，生命力、竞争力，发展力更强。

3. 加强专业运营

（1）注重品牌推广和维护

在赛前，可以通过各种传统媒体和新兴媒介，在线上线下宣传品牌赛事，以吸引更多人参与。在赛中，通过赛事场景营造，对现场的参赛选手、观赛群众以及工作人员进行品牌宣传，如发放印有品牌Logo的参赛物资，参与小游戏、趣味活动赢取参赛纪念品等，促进品牌认知和识别，加深赛事品牌在公众心中的印象。同时可以借助体育明星效应，邀请他们作为赛事品牌代言人，或作为运动员参赛，或作为嘉宾出席该品牌的户外运动赛事，并与参赛选手见面互动，以此增加赛事的热度，提升关注度，凝聚粉丝吸附力，从而为品牌培育一批忠实的消费群体。在赛后，重视维护赛事品牌忠诚度，在创新赛事赛项、规则、赛事荣誉、赛事服务、报名参赛价格、赛事衍生品创新以及满足参与者个性化需求等方面下功夫、花心思。

（2）实施科学的赛事组织管理

户外运动赛事组织管理是为保证户外运动赛事正常进行，实现赛事既定目标，对赛事进行安排、管控的过程。体育赛事的组织管理是影响参赛者是否有参赛意愿的重要因素，是决定赛事 IP 关注度、参与度以及赛事持久度的关键。参赛者能否在赛事中获得良好的体育参赛体验、能否被给予满意的赛事服务、能否充分享受赛事的乐趣，都是影响一项赛事 IP 是否能一直延续下去的重要指标。简化赛事参与方式，重视参与者的身体健康和人身安全；完善赛事晋升通道，兼顾业余与职业差异，增强赛事参与体验；规范赛事安保服务，鼓励各地建立由赛事风险评估、预案审核、防疫培训、应急响应、属地监管等构成的协同联动工作机制，推动赛事活动线上线下一体化发展。

（3）深化商业化运作

户外运动赛事商业化运作是赛事创办者给办赛所需各种资源或临时创设搭建的户外消费场景，寻找供应商或商业赞助商，以降低办赛成本，获得举办赛事所需资金，进而获取最大经济利润的过程。主要包括商业赞助、赛事转播权销售、观赛门票销售、特许经营权利或产品销售等。供应商或赞助商为户外运动赛事提供资金或物资，赛事为他们带来品牌曝光、产品展示和销售转换等多重衍生权益。双方目标利益契合，实现双赢。

4. 注重赛事可持续发展

户外运动品牌可持续发展，是指赛事的举办应常规化、持续化。在常规性持续化赛事开展的影响下，有意报名参赛的人员就会提前锻炼身体，做好备赛准备，期望在比赛中突破自己，展现魅力，提高参与赛事的积极性，进而提高参赛人员的广度和深度，提高参赛人员对举办地及举办方的认同感和信任感。如果赛事没有常规化，大众的参与度会逐渐降低，赛事举办的难度也在提升。随着时间的推移，每一次赛事的举办都将是全新的挑战。主办方、协办方、承办方既要做好赛事策划、组织、管理，又要斟酌活动举办的地方，还要充分动员人民群众来参与。因此，缺乏常规性的户外运动赛事更难以持久性的开展。

● 任务实施

查找资料，回答问题。除上文中提及的品牌赛事外，国内还有哪些自主户外运动品牌赛事和签购引进的户外运动品牌赛事？做简单介绍。

____

____

____

学习笔记

● 任务评价

评价形式	评价标准	评价等级（优/良/中/差）
自评	1. 答案扣题准确 2. 答案明了清晰，符合答题要求	
小组评价		
教师评价		

● 任务巩固

你认为我国户外运动品牌赛事的发展存在哪些困境？

● 项目总结

1. 进步之处

2. 不足之处

3. 自我总结

参考文献

学习笔记

[1] 国家体育总局职业技能鉴定指导中心 . 户外运动 [M]. 北京：高等教育出版社，2012.

[2] 鹿志海，钱俊伟，徐鹏 . 户外运动基础教程 [M]. 北京：高等教育出版社，2021.

[3] 中国登山协会 . 登山户外安全手册 [M]. 北京：人民体育出版社，2015.

[4] 牛小洪，董范，李伦 . 野外生存 [M]. 武汉：中国地质大学出版社，2016.

[5] 中华人民共和国国家质量监督检验检疫总局，中国国家标准化管理委员会 . GB/T 16766–2017 旅游业基础术语 [S]. 2017–09–29.

[6] 小羊军团户外探险自助旅行网，http://xyjt.360jlb.cn/.

[7] 中华户外网，http://www.huway.com/.

[8] 绿野，https://www.lvye.cn/.

[9] 中国登山协会网，https://cmasports.sport.org.cn/.

[10] 深圳登山协会网，http://www.smoa.org.cn/.

[11] 知乎网 .

[12] 腾讯网 .

[13] 搜狐网 .